Ludwig Wittgenstein
비트겐슈타인 철학으로의 초대

Ludwig Wittgenstein
비트겐슈타인 철학으로의 초대

| 박병철 지음 |

Man könnte den ganzen Sinn des Buches etwa

läßt sich klar sagen

Was sich überhaupt sagen läßt

und wovon man nicht reden kann

Die Welt ist alles, was der Fall ist

Die Welt ist die Gesamtheit der Tatsachen

Die Welt ist durch die Tatsachen bestimmt und dadurch

Ethik und Aesthetik sind Eins

daß es alle Tatsachen sind

dann sieht er die Welt richtig

darüber muß man schweigen

Wovon man nicht sprechen kann

P 필로소픽

‖ 목차 ‖

들어가는 말 __ 8

제1부   인간과 삶

1. 세기말 빈과 비트겐슈타인가家 ……………………………………… 14

2. 루트비히라는 이름의 소년 ……………………………………… 16

3. 케임브리지로 간 루트비히 ……………………………………… 19

4. 전쟁 중에 완성된 불후의 명작 ……………………………… 27

5. 초등학교 교사가 된 철학자 …………………………………… 31

6. 건축가 비트겐슈타인 …………………………………………… 34

7. 다시 케임브리지로 ……………………………………………… 38

8. 철학 교수 ………………………………………………………… 44

9. 멋진 삶 …………………………………………………………… 48

제2부 비트겐슈타인의 철학

제1장 시기 구분과 저작 스타일

1. 비트겐슈타인의 독창성 ·· 56

2. 시기 구분 ··· 58

3. 인간 비트겐슈타인 vs. 철학자 비트겐슈타인 ····················· 61

4. 저작 스타일 ·· 66

5. 비트겐슈타인 유고와 그 출판 과정 ································· 70

제2장 전기 비트겐슈타인

1. 《논리철학논고》의 문제의식 ·· 78

2. 철학의 기능과 역할 ·· 82

3. 언어와 세계 ··· 86

4. 명제의 그림이론 ··· 91

5. 참과 거짓 ··· 100

6. 진리함수론 ·· 108

7. 말하기와 보이기 ·· 117

8. 무의미의 의미 ·· 130

9. 전기 비트겐슈타인의 영향 ·· 136

제3장 전환기의 비트겐슈타인

　1. 전환의 계기: 〈논리적 형식에 관한 몇 가지 소견〉 ····················· 152

　2. 논리에서 문법으로 ··· 159

　3. 문법과 현상학 ··· 169

제4장 후기 비트겐슈타인

　1.《철학적 탐구》의 문제의식 ··· 176

　2. 언어게임의 아이디어 ··· 179

　3. 의미와 사용 ··· 189

　4. 규칙과 언어게임 ··· 198

　5. 사적 경험과 사적 언어 ··· 205

　6. 삶의 형식 ··· 216

　7. 확실성 ··· 221

　8. 철학과 문법적 탐구 ··· 229

　9. 후기 비트겐슈타인의 영향 ··· 234

부 록

용어 해설 __ 242

국내에 출간된 비트겐슈타인 관련 저작 __ 249

비트겐슈타인 연보 __ 259

참고문헌 __ 266

히틀러와 같은 고등학교를 다녔던 사람. 20대 초반까지 반복적으로 자살 충동을 느꼈던 사람. 군 면제자임에도 전쟁이 발발하자 가장 위험한 전선에 자원하였던 사람. 오스트리아의 최고 갑부였던 아버지로부터 상속받은 막대한 재산을 포기하고 가난하게 살았던 사람. 노르웨이의 오지에서 오두막을 짓고 살며 격리된 삶을 자청했던 사람. 결코 평범하지 않았던 이 사람은 한때 철학의 모든 문제를 해결했다는 선언과 함께 철학계를 떠났던, 그리하여 20세기 철학의 흐름을 완전히 바꾸어버린 루트비히 비트겐슈타인이라는 이름의 철학자다.

비트겐슈타인은 현대 영미철학은 물론 20세기 철학 전반에 지대한 영향을 미친 것으로 평가되지만, 20세기에 활동한 철학자 중에 가장 온전히 이해받지 못하고 있는 인물이기도 하다. 그의 사후 60년 이상이 흘렀지만 계속해서 새로운 해석들이 등장하는 등 여전히 그는 가장 논란 많은 철학자 중의 하나로 손꼽힌다. 철학의 흐름을 바꿀 정도로 이미 영향력을 행사했음에도 불구하고 해석과 관련하여 논란이 많다는 것은 그의 철학이 여러 방향으로 해석 및 재해석이 가능하다는 점을 보여준다. 또한 이는 아직 그 철학사적 중요성을 논하기 이른 시점임에도 불구하고 앞으로도 오랜 기간 계속해서 비트겐슈타인의 저작이 읽히고 논의될 것임을 예상하게 해준다.

그러한 해석상의 논란은 비트겐슈타인이 중요한 철학자임에도 불구하고 일반 대중에게 널리 알려지는 데 장애가 되는 듯하다. 물론 이러한 점은 그가 살아 있는 동안에 스스로를 드러내기를 꺼렸다는 점과도 관련이 있고, 그의 저술 방식이 매우 독특해서 이해하기가 어렵다는 점과도 관련이 있다. 그래서인지 오히려 비트겐슈타인이라는 이름은 영화의 제목(데릭 저먼 감독이 1993년에 만든 영화)이나 대중음악 밴드(신해철이 2000년에 결성했던 밴드)의 이름으로 사용되는 등 대중문화의 영역에서 예상하지 못한 방식으로 사용되곤 했다.

이 책은 이처럼 난해하고 덜 알려진 현대철학의 거장 비트겐슈타인이라는 인물의 파란만장한 삶을 소개하고, 그의 철학을 가능한 한 쉽게 설명하려는 개설서로 기획되었다. 이미 시중에 비트겐슈타인 개설서가 여러 종 나와 있기 때문에, 이 책을 냄으로써 서점의 책장 한 칸을 더 차지하게 만드는 일이 비트겐슈타인 연구자 한 사람의 개인적 욕심일 수도 있다는 우려가 없지는 않다. 또한 이 책은 2003년에 출간되었다가 절판되었던 것을 다시 출판하는 개정판이기에 출판을 결심하는 데 더 오랜 시간이 걸렸던 것도 사실이다.

그럼에도 불구하고 개정판 출판을 결심하게 된 이유 중 하나는 초판 절판 이후 학계에서 적지 않은 분들이 강의 교재로 사용하기 위해서 이 책을 구할 수 있는지 문의해주셨기 때문이다. 그때마다 속 시원한 답변을 드리지 못해 죄송스러운 마음이 들었다.

또 다른 이유는 여러 종의 비트겐슈타인 개설서들이 있음에도 불구하고 거의 모두가 번역본이라는 점이었다. 이 책의 뒷부분에 소개한 이들 번역본은 대부분 영향력 있는 해외 학자들이 쓴 것들이며, 나 역시 비트겐슈타인 철학을 공부할 때 읽고 도움을 받은 훌륭한 책들이다. 나의 책이 그러한 훌륭한 책들과 비교라도 될 수 있을지 부끄러운 마음이 들지만, 국내 학자가 쓴 비트겐슈타인 개설서가 독자들이 선택할 수 있는 폭을 넓혀주기를 바랐다.

초판 출간 후 10년 이상이 지났기 때문에 개정판을 준비하면서 원고 전반에 걸쳐 크고 작은 수정이 있었다. 최근의 학계 연구 동향을 반영하여 일부 내용은 추가하기도 했으며, 불필요하다고 생각되는 부분은 삭제하기도 했다. 책의 뒷부분에는 주요 용어에 대한 간단한 해설을 추가했으며, 국내에 출간된 비트겐슈타인 관련 저작들의 목록을 수록하고 간략한 설명을 덧붙였다.

개정판이 세상의 빛을 보게 된 데에는 많은 분들의 도움이 있었다. 먼저 감사를 드리고 싶은 분들은 초판을 읽고 의문점들을 말씀해주신 학계의 여러 동료 선생님들이다. 그분들의 지적 모두에 대해 수정과 보완이 이루어지지는 않았겠지만, 초판보다는 진전이 있었기를 바라며 감사의 말씀을 드린다. 또한 이 책의 출간 가능성을 타진했을 때 흔쾌히 출판을 허락하시고 꼼꼼하게 일을 진행해주신 필로소픽 이은성 대표께도 진심으로 감사드린다.

끝으로 나와 한 팀을 이루어 같이 삶을 나누어가는 가족에게 감사의 마음을 전한다. 각자의 영역에서 최선을 다하느라 바쁜 와중에도 언제나 위안을 주는 아내와 딸에게 무한한 고마움을 전한다. 두 여인의 응원과 격려가 없었다면, 아마도 새로운 작업을 시작하려는 엄두도 내지 못했을 것이다.

2014년 3월
박병철

제1부

인간과 삶

Man könnte den ganzen Sinn des Buches etwa

laßt sich klar sagen

Was sich überhaupt sagen läßt

und wovon man nicht reden kann

Die Welt ist alles was der Fall ist

Die Welt ist die Gesamtheit der Tatsachen

Die Welt ist durch die Tatsachen bestimmt und dadurch

Ethik und Aesthetik sind Eins

daß es alle Tatsachen und

kann sieht er die Welt richtig

darüber muß man schweigen

Wovon man nicht sprechen kann

1

세기말 빈과 비트겐슈타인가家

 루트비히 비트겐슈타인 Ludwig Josef Johann Wittgenstein은 1889년 오스트리아의 빈에서 태어나서 1951년 영국의 케임브리지에서 생을 마감했다. 그가 태어난 빈은 19세기 말과 20세기 초 유럽의 문화적, 학문적 격변기를 대표하는 도시로 지그문트 프로이트 Sigmund Freud, 아르놀트 쇤베르크 Arnold Schönberg, 구스타프 클림트 Gustav Klimt, 아돌프 로스 Adolf Loos, 에른스트 마흐 Ernst Mach와 같은 학계와 예술계의 거물들이 활동하고 있었다. 비트겐슈타인은 빈에서 활동하지는 않았지만, 이러한 문화적 전통의 연장선 위에 있었다.

 비트겐슈타인 집안은 유대계였으나 그의 증조부 때 가톨릭으로 개종했고, 이러한 사실은 비트겐슈타인이 자신의 정체성과 관련하여 많은 고민을 하게 했다. 그의 아버지 카를은 당시 오스트리아에서 가장 부유한 철강 산업가였으며, 부인 레오폴디네와의 사이에서 5남 3녀의 자녀를 두었는데 루트비히는 그중 막내였다. 미국의 카네기에 비교할 만한 부를 바탕으로 귀족적인 생활을 누렸던 비트겐슈타인 집안은 당대 빈 예술계의 가장 중요한 후원자였다.

 탁월한 음악적 감각을 지녔던 레오폴디네의 영향으로 비트겐슈타인 일가는 음악에 지대한 관심과 역량이 있었다. 카를과 레오폴디네는 브람스나 말러와 같은 작곡가는 물론 바이올리니스트 요제프 요아힘 Joseph Joachim, 첼리스트 파블로 카잘스 Pablo Casals, 피아니스트 겸 지휘자 브루노 발터 Bruno Walter 등 지금은 전설이 된 대음악가들을 그들의 저택에 정기적으로 초대하여 연주회를 열곤 했다.

또한 카를은 클림트가 주도한 빈 분리파Secession의 건축을 재정적으로 지원하는 등 미술계에도 상당한 후원을 아끼지 않았다. 클림트의 명화 목록에서 카를의 딸이 모델로 등장하는 그림을 찾을 수 있는 이유 역시 그러한 인연 때문이다. 클림트는 루트비히의 누이인 마르가레테의 결혼을 기념하여 그녀를 모델로 초상화를 그렸던 것이다.

이처럼 예술적인 배경을 가진 카를과 레오폴디네의 여덟 자녀 중에서도 음악적으로 뛰어난 아이들이 있었다. 사실 비트겐슈타인 집안 전체가 음악적으로 뛰어났다고 해도 과언이 아닐 것이다. 하지만 루트비히의 맏형 한스는 이미 네 살 때부터 작곡을 시작하면서 모차르트의 천재성에 비교될 만한 음악적 재능을 가졌던 것으로 알려졌다.

그러나 그러한 한스의 재능은 꽃을 피우지 못한다. 철강 산업가였던 아버지 카를은 자식들이 공학이나 비즈니스에 입문하기를 강요했고, 그러한 억압적인 분위기는 재능 있는 아들들을 가장 극단적인 반항의 한 방법인 자살로 몰아갔다. 루트비히의 네 형 중에 세 명이 스스로 목숨을 끊었는데, 그중 두 명의 죽음은 자신들의 예술적 재능에 반하는 아버지의 강압적인 태도와 관련이 있는 것으로 추정된다. 한스는 미국에서, 연극배우가 꿈이었던 쿠르트는 베를린에서 각각 스스로의 삶에 종지부를 찍었다.

두 아들의 비극이 가져온 충격 때문인지 카를은 어린 아들들이 원하는 진로를 더 이상 막지 않았던 것으로 보인다. 그 결과 루트비히의 바로 위 형인 파울은 성공한 피아니스트가 되었다. 파울은 제1차 세계 대전에 참전하여 오른손을 잃었는데, 작곡가 라벨은 그를 위해 〈왼손을 위한 피아노 협주곡〉을 작곡할 정도였다. 하지만 파울은 정작 비트 겐슈타인 집안에서는 그리 높이 평가받는 연주자는 아니었다. 어머니 레오폴디네의 음악을 보는 눈이 상당히 높았던 것이 하나의 이유였을 것이고, 어려서부터 천재적 재능을 보였던 한스와 비교될 수밖에 없었던 것이 또 하나의 이유였을 것이다.

2 루트비히라는 이름의 소년

언제나 최고의 안목으로 평가가 내려지는 분위기 때문이었는지 비트겐슈타인은 어려서부터 예술적으로든 뭐로든 그리 뛰어난 재능을 지닌 아이로 여겨지지는 않았던 것 같다. 어른이 된 후 루트비히는 웬만한 협주곡을 외워서 휘파람으로 부는 것을 즐겼고, 스스로 악기 연주를 익히기도 하였으며, 한때 교향악 지휘자가 되는 것을 심각하게 고려할 정도로 평범한 수준 이상의 음악적 감각과 재능이 있었던 것으로 보이지만, 그의 가족들 사이에서는 전혀 그 방면으로 주목받지 못했다.

자식들에 대한 나름대로 독특한 교육관을 가지고 있었던 카를 비트겐슈타인은 막내아들 루트비히의 경우에도 열세 살까지 학교에 보내지 않고 집에서 가정교사에게서 교육을 받게 했다. 특별한 재능이 발견된 것은 아니었지만 루트비히는 어린 나이에 재봉틀 모형을 만들기도 하는 등 공학적 소질을 보였는데, 공학을 권장했던 집안 분위기 덕에 자연스럽게 그는 린츠의 한 기술고등학교에 진학한다.

린츠에서 보낸 3년 동안 루트비히는 눈에 띄는 학생이 아니었다. 수업에 빠지는 날도 자주 있었고, 성적은 늘 중하위권에 머물렀으며, 친구 사이도 그리 원만하지는 않았다. 린츠에서 보낸 학창 시절이 루트비히에게 준 영향이 있다면, 그것은 아마도 그가 오토 바이닝거 Otto Weininger의 책을 읽고 깊은 감동을 받았다는 사실일 것이다. 스스로 사악하고 비겁한 유대인임을 혐오하면서 천재로서의 삶이 아니라면 살 가치가 없다는 내용의 책 《성과 성격 *Sex and Character*》을 쓰고 스물세 살의 나이에 베토벤이 임종한 집에서 자살한 바이닝거는 당시 빈의 컬트적 인물이었고, 루트비히는 그에 빠져들었다.

루트비히가 1903년경부터 버트런드 러셀 Bertrand Russell을 만나는 1911년까지 만성적인 자살충동에 빠져있었음은 그의 가계가 보여준 자살 성향과도 관계가 있겠지만, 바이닝거의 영향도 무시할 수 없을 것이다. 어쩌면 비트겐슈타인은 천재로서의 삶을 희구하고 있었는지도 모른다. 그에게 잠재된 천재성은 어린 시절 형들의 비극을 통해 상당 기간 동안 표면으로 떠오르지 못했고, 아버지의 공학에 대한 집착에 무조건적으로 순종하고 있었는지도 모른다.

바이닝거의 책은 '천재가 아니라면 죽는 것이 낫다'는 생각을 그에게 심어준 듯하다. 특히 가톨릭으로 개종한 유대계였던 루트비히는 바이닝거의 자조적인 유대인 혐오증을 체감하였던 것 같다. 그러한 유대인으로서 자의식은 비트겐슈타인의 여러 저작에서 나타난다. 일례로 그의 사후 제자들에 의해 여러 저작에서 발췌되고 편집된 《문화와 가치 *Culture and Value*》에는 다음과 같은 문장이 있다.

유대인 중에서 '천재'는 오로지 성자에게서만 발견된다. 유대인 사상가 중 가장 위대한 사람도 그저 재능이 있는 것 이상은 못 된다(예를 들면 나 자신).

Culture and Value, 18쪽

루트비히의 자살충동이 훗날 영국 유학 시절 러셀을 만나 그의 지도 아래 철학을 공부하면서 현저하게 줄어들었던 것으로 보아, 러셀의 인정을 받음으로써 그가 자신에게 주어진 천재성이 무엇인가를 확인하게 된 것으로 보인다.▪

비트겐슈타인이 다닌 린츠의 기술고등학교는 공교롭게도 히틀러가 중퇴한 곳이기도 하다. 나이는 같았지만 두 학년 아래였던 히틀러와 비트겐슈타인이 서로 알고 지내지는 않았던 것으로 알려졌다. 설사 같은 학년이 되었다 할지라도 동료 학생들과 편안한 마음으로 어울리지 못했던 비트겐슈타인이 히틀러와 친구가 되었을 가능성은 거의 없다. 합스부르크 제국의 가장 성공적인 기업가의 아들이었던 비트겐슈타인은 이미 학교에서 딴 세상에서 온 사람처럼 보였으며, 《나의 투쟁》에서 밝히고 있듯이 히틀러는 그 학교의 역사 교사로부터 배운 합스부르크 제국이 타락한 왕조라는 가르침을 자신의 세계관의 바탕으로 삼았던 터였다.

▪ 비트겐슈타인이 천재성을 확인하려는 노력과 그것을 실현하려는 과정을 통해서 그의 (철학적) 삶을 조명한 전기로서 레이 몽크, 《비트겐슈타인 평전: 천재의 의무》(필로소픽)가 있다. 1990년에 처음 출간된 이 전기는 비트겐슈타인의 철학과 그의 내면적 삶의 연관성을 보여줌으로써 비트겐슈타인의 철학에 어떻게 접근할 것인가의 문제를 부각시키는 계기가 되었다.

18

러셀의 인정을 받고 본격적으로 철학을 공부하게 되기 전까지 루트비히는 자신의 진로에 대해 여러 모로 생각을 했던 것으로 보인다. 한 때는 린츠에서 학업을 마치면 빈 대학의 물리학 교수였던 볼츠만 Ludwig Boltzmann 밑에서 공부하려 계획하기도 하였다. 그러나 1906년 볼츠만이 자살로 생을 마감하자 그 계획은 무산되었고, 그는 베를린의 샤를로텐부르크 기술전문대학으로 진학한다.

베를린에서 2년 과정을 마친 그는 영국의 맨체스터 대학으로 가서 항공공학을 전공하기로 하는데, 어느 정도 아버지 카를의 기대에 부응하려는 생각이 작용했을 것이다. 비행기 기술이 막 태동하던 당시에 첨단공학 분야였던 항공공학을 선택한 루트비히의 결정에 아버지 카를이 기뻐하며 적극적인 후원을 아끼지 않았음은 분명한 일이다.

3 / 케임브리지로 간 루트비히

1908년 만 열아홉 살의 나이로 영국 유학길에 오른 청년 루트비히는 비행기 엔진을 설계하고 실험하며 3년을 보낸다. 미국의 라이트 형제가 최초의 비행에 성공한 것이 1903년, 최초의 비행기 공장이 프랑스에서 세워진 것이 1905년이었던 것을 감안하면, 당시 항공공학은 엔진과 프로펠러의 설계와 제작에 비약적인 발전을 거듭하고 있을 무렵이었다.

어쩌면 비행기의 역사에서 우리는 라이트 형제에 이어 비트겐슈타인의 이름을 기억하게 되었을지도 모를 일이었다. 청년 공학도 비트겐슈타인은 비행기 엔진의 설계와 제작뿐 아니라 직접 비행하는 데에도 관심을 가지고 있었다. 그러나 그의 항공공학도로서의 업적은 1911년 자신이 설계한 프로펠러의 추진 장치에 대한 특허를 출원하는 것으로 막을 내린다. 공학을 공부하면서 루트비히는 공학 자체보다 수학적 문제들에 더 관심을 가지게 되었기 때문이다.

결국 맨체스터 대학에서 항공공학뿐 아니라 수학 강의를 듣기도 하고 수학적 문제들에 대해 동료들과 논의하는 모임을 갖기도 하던 비트겐슈타인은 수학기초론의 주요 저작인 러셀의 《수학의 원리들 *The Principles of Mathematics*》을 접하면서 그의 주된 관심사는 수학철학적인 문제로 전환된다. 이미 프레게 Gottlob Frege가 러셀과 유사한 관심으로 수학의 기초에 관한 책을 썼음을 알게 된 루트비히는 1911년 여름 독일의 예나로 프레게를 찾아간다. 하지만 이미 예순의 나이를 넘긴 프레게와 몇 차례 만남을 통해 비트겐슈타인은 케임브리지 대학의 러셀을 찾아가보라는 조언을 받는 것으로 만족해야 했다.

이렇게 해서 20세기 철학사에서 가장 운명적인 만남이 이루어지는데, 바로 1911년 가을의 어느 날 스물두 살의 청년 비트겐슈타인이 방에서 동료와 차를 마시고 있던 러셀 앞에 불쑥 모습을 나타낸 것이다. 러셀은 수학철학에 대한 열정 때문에 자신에게 배우고자 찾아왔다는 이 이국 청년을 그날 오후 자신의 강의실에서 다시 보았고, 이 사건은 케임브리지 대학의 연대별 주요사에 다음과 같이 묘사되어 있다.

1911년 ― 루트비히 비트겐슈타인이 러셀과 공부하기 위해 빈에서 케임브리지에 오다. 무어 G. E. Moore와 더불어 이 두 사람의 저작은 20세기 전반기 동안 철학을 변환시켰고, 케임브리지를 영어 사용권에서 철학 연구의 가장 중요한 중심지로 만들었다.▪

러셀의 기록에 의하면, 첫 대면 후 4주 동안 비트겐슈타인은 강의실과 연구실로 자신을 집요하게 따라다니면서 질문을 퍼부으며 토론을 이끌어나가다시피 했다. 러셀에게는 이 외국인 학생이 사뭇 새롭고도 신기했지만 그가 철학적으로 뛰어난 학생인지는 아직 알 수 없었다. 그에게는 미래의 철학자 비트겐슈타인이 자신을 강의실 안팎으로 쫓아다니며 독일어 억양의 영어로 질문을 퍼부으면서 귀찮게 하는 검증되지 않은 젊은이로 여겨졌던 것이다.

그 해 가을학기가 끝나던 날 루트비히는 러셀을 찾아가 자신이 철학과 공학 사이에서 무엇을 선택할 것인가를 고민하고 있으니 철학에 재능이 있는지를 알려달라고 요구했다. 그때까지만 해도 러셀은 그에게서 어떠한 철학적인 특이함도 발견하지 못했기 때문에 방학 동안에 글을 한 편 써오라고 주문한다. 물론 그 자신이 철학사의 출중한 인물이었던 러셀이 오스트리아에서 온 이 젊은이의 잠재성을 알아보는 데는 그리 오랜 시간이 필요하지 않았다.

겨울방학이 끝나고 이듬해 1월, 비트겐슈타인에게 재능이 있는지 판단하기 위해 요청했던 글을 받아보자 비트겐슈타인에 대한 러셀의

▪ 케임브리지 대학의 연대별 주요 역사 중 1911년(http://www.cam.ac.uk/about-the-university/history/timeline#C1900)

태도는 완전히 변하였다. 철학적 문제에 대한 집요한 질문으로 하루에도 몇 시간씩이나 자신을 괴롭히던 빈 출신의 공학도가 써온 글에서 러셀은 천재성을 발견했던 것이다.

러셀에게서 자신의 재능을 확인한 비트겐슈타인은 항공공학에 대한 계획을 완전히 접고 2월 1일 케임브리지 대학에 등록한다. 오랜 기간 자신의 진정한 재능을 찾아 진로를 고민하던 루트비히의 운명도 공학도에서 철학도로 완전히 바뀐 것이다. 그와 더불어 오랜 동안 루트비히를 괴롭혔던 자살충동 역시 많이 수그러졌다.

하지만 여전히 러셀의 눈에 루트비히는 심리적으로 불안정한 젊은이로 비쳤다. 실제 루트비히의 행동은 러셀에게 그런 인식을 심어주기에 충분했다. 이를테면 자정이 넘은 늦은 시간에 찾아와 문을 열어주자 말 한마디 없이 들어와 마치 야생마와도 같이 거실을 끊임없이 왔다갔다 하는 이 젊은이를 러셀은 내쫓을 수 없었다고 한다. 만약 그렇게 했다가는 그 길로 루트비히가 스스로 목숨을 끊기라도 할까 봐 두려웠다는 것이다.

비트겐슈타인이 러셀과 함께 케임브리지에서 철학을 공부한 것은 방학기간을 다 합해봐야 약 1년 반 정도밖에 되지 않는다. 러셀은 비트겐슈타인의 학문적 열정과 흡인력에 완전히 반한 나머지 그를 아들처럼 아끼고 사랑하게 되었다. 그의 자서전에서 러셀은 비트겐슈타인을 전통적인 의미로 볼 때 열정적이고 심오하고 강렬하며 우월한, 그가 아는 가장 완벽한 천재의 사례라고 평가했다(Russell, *Autobiography*, 329쪽). 그가 예전에 동료 철학자였던 무어에게서 발견했던 전형적인 천재성의 모델을 이제는 자신의 젊은 제자에게서 발견한 것이다. 그는 수학의 기초에 대해 연구를 끝낸 바로 그 지점에서 자신의 후계자로서 비트겐슈타인이 연구를 이어나가 주기를 기대하였다.

러셀은 논리학 교육을 받아본 적이 없는 비트겐슈타인을 위해 이미 저명한 논리학자였던 존슨 W. E. Johnson에게 지도를 받을 수 있도록 해 주었지만, 그 지도라는 것이 오래가지는 못했다. 비트겐슈타인은 존 슨과의 첫 만남에서 존슨이 자신에게 가르쳐줄 것이 아무것도 없다는 것을 발견했고, 존슨도 비트겐슈타인이 자신을 가르치려 하고 있음을 깨달았기 때문이다.

타고난 천재성과 더불어 비트겐슈타인의 직선적이고 다혈질이며 굽힐 줄 모르는 성격은 얼마 지나지 않아 그가 러셀의 학생으로만 머물 수 없게 만들었다. 러셀이 비트겐슈타인에게 준 철학적 영향력은 이제 부메랑처럼 방향을 바꿔 러셀 스스로에게 새로운 힘으로 다가오기 시작했다.

한때 러셀은 철학에 대한 자신의 열정이 눈덩이라면 비트겐슈타인의 그것은 눈사태와 같다고 했는데, 곧 그것이 열정에만 해당되는 비유가 아니었음을 절감하게 된다. 그는 발표하기 위해 쓰고 있던 글을 수시로 비트겐슈타인에게 보여주었고, 비트겐슈타인은 자신의 입장이 러셀의 것과 다르다고 생각되면 여지없이 신랄한 비판을 서슴지 않았다. 러셀은 그러한 젊은 제자의 비판을 불편해했고, 그러한 긴장은 1913년에 이르러 심각한 지경에 이른다.

러셀은 당시 《수학 원리 *Principia Mathematica*》 이래 자신의 철학 체계를 완성하기 위해 왕성한 의욕을 가지고 판단 이론에 관한 책을 쓰고 있었는데, 그때까지 쓴 원고 중 여섯 챕터의 분량만이 몇 년 뒤

철학지 《모니스트》에 실렸을 뿐 책으로 나오지는 않았다. 그 이유는 단순했다. 원고를 읽고 비트겐슈타인이 한 비판 때문에 충격받아 출판을 포기한 것이었다. 어느새 자신이 1년여 가르친 제자로부터 배우고 있는 자신을 발견하게 된 러셀은 한 편지에서 당시의 심경을 다음과 같이 내뱉고 있다.

비트겐슈타인은 그것이 전부 틀렸으며, 그 이론이 갖고 있는 난점을 내가 깨닫지 못하고 있다고 했습니다. 즉 그가 이미 내 관점을 고려해보았지만 그것이 제대로 안 된다는 결론에 도달했다는 것이지요. 하지만 나는 그의 반론을 이해할 수 없었습니다. 그의 설명이 무척 불명료했거든요. 그럼에도 불구하고, 나는 비트겐슈타인이 옳으며 내가 보지 못하는 무엇인가를 보았을 것이라는 느낌이 듭니다. 내 이론에서 무엇이 틀렸는지 나도 알 수 있으면 괜찮습니다. 하지만 걱정이 되는군요. 그리고 그런 우려가 계속해서 원고를 쓰는 기쁨을 앗아가 버렸습니다. 나는 내가 알고 있는 점만을 가지고 계속 쓸 수밖에 없는데, 그게 전부 틀린 내용인지도 모른다는 생각이 드는군요. 또, 그렇게 틀린 내용을 계속 쓴다면, 비트겐슈타인은 나를 정직하지 못한 사기꾼으로 생각할 것입니다. 아, 이제 젊은 세대가 문을 두드리고 있군요. 내가 그렇게 할 수 있을 때 비트겐슈타인에게 자리를 내주어야 할까 봅니다.

The Selected Letters of Bertrand Russell, 459-460쪽

케임브리지에서 비트겐슈타인은 러셀 외에도 무어의 강의를 들었고, 경제학자 케인스John M. Keynes, 평론가 스트래치Lytton Strachey와도 교분을 맺었다. 특히 그는 무어의 순수성을 좋아하여, 자주 만나 철학을 논하고 음악회에 같이 가기도 했다. 두 사람 모두 음악에 일가견이 있어서 바이올린 협주곡을 실내악으로 연주하곤 했다. 무어가 오케스트라 파트를 맡고 비트겐슈타인이 독주 부분을 연주한 이 간이 음악회에 사용된 악기는 오케스트라 대신 피아노, 바이올린 대신 휘파람이었다 한다.

케임브리지 학부 시절 비트겐슈타인이 알게 된 또 다른 중요한 인물은 수학을 공부하던 핀센트David Pinsent이다. 당시 비트겐슈타인은 음악감상에 있어서 리듬의 역할에 대해 심리학 실험을 하고 있었다. 처음에는 그 실험의 피실험자였던 핀센트는 나중에는 평생 동안 기억에 남을 가장 가까운 친구가 된다. 그들의 우정은 1915년 비행기 사고로 핀센트가 사망할 때까지 이어지는데, 비트겐슈타인은 《논리철학논고》의 앞부분에 그 책을 핀센트에게 바친다고 적었다.

한편 러셀로부터 배워야 할 모든 것을 배웠다고 생각한 듯 비트겐슈타인은 1913년에 케임브리지를 떠나 아이슬란드와 노르웨이로 여행을 한 뒤 노르웨이의 오지에 오두막을 짓고 1914년 여름까지 그곳에 칩거했다. 겨울에는 무어를 그곳으로 초대하여 그가 연구한 논리학에 대한 생각을 무어로 하여금 받아 적게 했다. 다시 케임브리지로 돌아갈 생각이 없었던 그는 무어에게 그 글을 학사학위 논문으로 제출해 줄 것을 요청하지만, 케임브리지로 돌아간 무어로부터 서문과 각주 등 논문 형식을 갖추지 않은 글을 논문으로 인정할 수 없다는 학교당국의 입장을 전달받는다.

무어에게 아무 책임이 없었음에도 불구하고 비트겐슈타인은 격노하여 무어에게 저주에 가까운 편지와 더불어 절교를 선언한다. 어린이와 같은 순수한 영혼의 소유자라는 평을 듣는 무어 역시 비트겐슈타인의 납득할 수 없는 편지를 감당하기는 어려웠다. 그는 두 달쯤 후 비트겐슈타인으로부터 날아온 화해의 편지에 답하지 않기로 했다고 일기에 적었다. 결국 그로부터 15년 후의 어느 날 비트겐슈타인이 철학을 하기 위해 다시 케임브리지로 돌아오던 날 기차 안에서 우연히 만날 때까지 둘의 관계는 소원했다.

이처럼 무어와 비트겐슈타인의 관계는 굴곡이 있었지만, 사실 참을성 없고 다혈질인 비트겐슈타인은 가까이 지낸 어느 누구와도 늘 평탄한 관계로 일관하지는 못했다. 러셀과의 관계는 몇 번의 절교와 화해 끝에 1922년 이후 회복되지 못할 정도로 소원해졌으나, 반대로 무어는 비트겐슈타인과 평생 친분을 유지했다. 무어의 자서전을 보면 비트겐슈타인에 대한 그의 평가를 엿볼 수 있다.

내가 비트겐슈타인을 알게 되었을 때, 나는 이내 그가 나보다 철학에 훨씬 재능이 있을 뿐 아니라 훨씬 더 깊이가 있으며, 진정으로 중요하고 추구할 만한 최상의 가치가 있는 종류의 탐구, 그리고 그러한 탐구를 해나가는 최상의 방법에 대해 더 나은 통찰력을 가지고 있다는 것을 알게 되었다. 나는 1914년부터 그가 1929년 케임브리지로 되돌아올 때까지 그를 만나지 못했다. 하지만 그의 《논리철학논고》가 출간되자 나는 그 책을 읽고 또 읽

으면서 이해하려고 노력했다. 그 책은 내가 경탄했고 지금도 정
말로 경탄해 마지않는 책이다. 물론 그 안에는 내가 이해하지 못
했던 부분이 많이 있지만 상당 부분은 이해했다고 생각하며, 그
것들은 무척 유익한 것이었다.

Moore, "An Autobiography", 33쪽

이처럼 비트겐슈타인에 대한 무어의 높은 평가와 달리 비트겐슈타
인은 무어를 결코 독창적인 철학자로 인정하려 들지 않았다. 그는 순
수한 인간 무어를 좋아했지만, 철학적으로는 너무나 순박한 나머지 깊
이 있는 문제를 다루지 못한다고 본 것이다. 어쨌거나 이제 두 사람은
마치 그들이 피아노와 휘파람 연주로 콤비를 이루었듯이 몇 발자국을
사이에 두고 케임브리지의 성 자일스 교회 묘지에 나란히 묻혀 있다.

4 / 전쟁 중에 완성된 불후의 명작

1914년 제1차 세계대전이 발발하자 비트겐슈타인은 오스트리아
군에 입대한다. 탈장으로 인해 군 면제 판정을 받았으나 자원한 것이
었다. 대학 교육을 받았고 공학적 지식이 있었으므로 장교가 되거나
후방에 배속되어 전차 수리 등의 임무를 부여받을 수 있었음에도 그는
최전방의 가장 위험한 지역에 배치되기를 강력히 원했고, 한때는 그러
한 지역에서 목숨을 건 전투에 참여하기도 했다.

최전방에 주둔할 때 그는 그곳에서 가장 위험한 장소인 관측소에서 근무하기를 자청했으며, 치열한 전투를 직접 경험하면서 삶과 죽음의 경계를 넘나드는 실존적 체험 속에서도 용감성을 잃지 않으려고 노력했다. 결국 그는 자원병에서 장교로 진급하였고, 전투에서 보여준 용기 있는 행동으로 훈장을 받기도 했다. 그는 죽음에 몸을 던지는 자신의 체험을 일기장에 기록하는 한편 케임브리지에서 러셀과 논의했던 철학적 생각들을 발전시켜서 틈틈이 적어나갔다.

참전용사로서 비트겐슈타인의 군 경력은 1919년 8월 이탈리아의 포로수용소에서 풀려남으로써 마감하게 된다. 약 10개월간의 포로생활을 포함한 5년여의 참전 기간 동안 그는 훗날 《논리철학논고 *Tractatus Logico-Philosophicus*》로 알려진 책의 원고를 완성한다. 원고는 그가 포로가 되기 전에 이미 완성되었지만, 몬테카시노의 수용소에서야 러셀과 프레게에게 그 사실을 알리고 복사본을 보낸다.

비트겐슈타인은 자신의 철학에 가장 직접적인 영향을 미친 이 두 사람의 반응을 기다렸지만, 프레게에게서 날아 온 편지를 보고 그가 자신의 원고를 단 한 줄도 이해하지 못했다고 생각하게 된다. 그는 러셀만은 그의 저작을 이해할 수 있으리라는 희망을 가졌다. 하지만 러셀의 답장을 보고 그 역시 책의 요점을 제대로 이해하지 못했다는 느낌을 받게 된다. 결국 그는 하루 빨리 자유의 몸이 되어 러셀과 만나 책에 담긴 자신의 생각을 설명해줄 수 있게 되기를 기대한다.

《논고》는 마치 잠언과도 같이 축약적이고 간결한 문체로 씌어진 100쪽이 채 안 되는 분량의 책으로 철학적으로 어느 정도 훈련이 된 사람이라 할지라도 그 책에 쓰인 내용에 대한 배경 지식 없이는 이해하기가 무척 어렵다. 책 자체가 설명이나 논증으로 이루어졌다기보다는 일종의 선언 혹은 단언의 형태로 되어 있기 때문이다. 그로 인해 러셀도 《논고》의 내용을 이해하는 데 어려움을 겪었던 것이다.

결국 종전 후 두 사람의 만남이 이루어진다. 영국과 오스트리아는 전쟁 중에 적국이었기 때문에 중립국에서 만나기로 결정한 그들은 1919년 겨울 헤이그에서 만나 서로의 의견을 교환하게 된다. 그 결과 비트겐슈타인의 입장이 전부 옳다고 생각하지는 않았지만, 러셀은 《논고》를 매우 훌륭한 저작으로 인정하고 출판을 추진하기로 한다. 그러나 세계대전을 치른 유럽의 어려운 경제사정은 둘째 치고, 무명인 비트겐슈타인을 자사의 출판 목록에 올리기를 원하는 출판사는 쉽게 나타나지 않았다.

비트겐슈타인은 《논고》가 출판되기를 무척 고대했지만, 출판이 되고 말고의 여부를 떠나 이미 철학을 계속할 생각이 없었다. 그는 초등학교 교사가 될 작정으로 사범학교에서 교사자격증 준비를 하였다. 그가 철학을 포기하기로 결심한 진정한 속내는 알 수 없지만, 적어도 그러한 결심을 하게 된 논리적 이유는 《논고》의 내용에서 살필 수 있다. "서문"에서 비트겐슈타인은 자신이 철학의 모든 문제를 해결했을 뿐 아니라, 자신의 저작이 완전무결하다고 썼기 때문이다. 철학에서 풀어야 할 모든 문제를 해결했다고 믿은 사람에게 철학을 떠나는 것은 당연한 논리적 귀결이었던 것이다.

결국 출판 문제를 위임받은 러셀의 노력으로 《논고》는 세상 빛을 보게 된다. 1921년에 독일어 원본이 출판되었고, 1922년에는 영국에서 독영 대역본이 나왔다. 독일어 판은 출판사가 성의가 없어 논리적 기호들을 포함한 많은 오자가 교정 없이 그대로 인쇄된 반면, 독영 대역본은 번역에서 교정까지 비트겐슈타인과의 접촉 아래 이루어졌다.

출판사 케건 앤 폴Kegan and Paul은 러셀의 해제를 본문 앞에 실을 것과 인세를 줄 수 없다는 조건 아래 출판을 승낙했다. 러셀은 기꺼이 10여 쪽 분량의 해제를 씀으로써 이 20세기 철학의 걸작이 출판되어 나오는 데 가장 많은 노력과 공헌을 했다. 그러나 정작 비트겐슈타인은 그 해제를 만족스럽게 생각하지 않았고, 러셀에게 해제가 자신의 작품과 함께 실리지 않았으면 좋겠다는 편지를 보내기까지 했다. 불만의 주요 이유는 《논고》가 신비주의 색채를 지녔다는 언급 때문이었는데, 비트겐슈타인은 자신의 저작이 신비주의로 규정되는 것을 받아들일 수 없었던 것이다.

그러나 이러한 우여곡절 끝에 출간된 《논고》에 진정 특이한 점이 있다면, 그것을 영어로 번역한 사람이 당시 열여덟 살의 케임브리지 학부생 램지Frank Ramsey였다는 것이다. 그의 어린 나이 때문에, 《논고》의 표지에는 번역자로 램지가 아니라 비트겐슈타인과 접촉하는 것부터 편집과 출판 등 모든 과정에 이르기까지 작업을 주관한 오그던C. K. Ogden의 이름이 인쇄되었다.

1922년의 독영 대역본은 독일어 원어의 문자적 의미에 충실하기보다는 자연스러운 영어가 되도록 하는 데 신경을 쓴 경향이 있고, 그러한 점은 1961년 페어스David Pears와 맥기니스Brian McGuinness에 의한 《논고》의 새로운 영어 번역본이 나오는 데 기여했다. 새로운 영역본은 역자들의 주장대로 좀 더 철학적이고 매끄러운 번역으로 현재 널리 사용되고 있다. 그러나 최초의 독영 대역본은 비트겐슈타인과의 서신

교환을 통해 교정을 거쳤으며, 까다롭기로 소문난 비트겐슈타인이 승인한 유일한 영어 번역이었다는 것을 염두에 둘 필요가 있다.

5
초등학교 교사가 된 철학자

책이 출판될 무렵 이미 비트겐슈타인은 초등학교 교사가 되어 있었다. 20세기 철학에서 가장 중요한 책 중의 하나로 꼽히는 《논고》의 저자는 이제 더 이상 철학자가 아니었던 것이다. 물론 초등학교 교사 이전에도 비트겐슈타인의 삶은 직업적 의미에서 철학자의 삶은 아니었지만, 5년간의 참전은 그를 완전히 다른 사람으로 만들어놓았다.

무엇보다도 그는 훨씬 더 종교적인 사람이 되어 있었다. 그는 주둔지에서 구해서 읽은 톨스토이의 《복음서》에 감동하여 늘 그 책을 지니고 다녀 군 동료들로부터 '복음을 지닌 자'라는 별명을 얻었을 정도였다. 종교적 테마가 스며있는 도스토예프스키의 《죄와 벌》, 《카라마조프가의 형제들》도 탐독하였으며, 전장에 투입되기 전에는 일기장에 신의 가호를 비는 기도를 자주 적었다.

전쟁에서 돌아온 비트겐슈타인은 1913년 세상을 떠난 그의 아버지로부터 막대한 재산을 물려받아 갑부가 되어 있었다. 빈에서 가장 부유한 사람의 리스트에 오를 운명이었던 것이다. 실로 케임브리지 학부생 시절 그는 돈에 전혀 구애받지 않는 부잣집 자제로서의 삶을 살았다. 외모도 언제나 깔끔한 청년의 면모를 과시했고, 가구 하나를 골라도 값에는 신경 쓰지 않고 자신의 마음에 드는 예술 작품 수준의 물건을 고르는 데 여러 날을 소비할 정도였다. 노르웨이로 여행할 때는 친구 핀센트를 위하여 고급 호텔 숙박을 포함한 여비 일체를 대신 지불하기도 했던 비트겐슈타인이었다.

그러나 그가 5년 동안 경험한 전쟁이 모든 것을 바꾸어놓았다. 특히 그때 읽은 톨스토이와 도스토예프스키의 종교적이고 실존주의적 작품들은 비트겐슈타인의 내면에 많은 영향을 주었던 것 같다. 그는 아버지로부터 상속받은 막대한 재산을 한 푼도 남기지 않고 전부 그의 누이들과 형에게 나누어주었는데, 이러한 행동 역시 종교적 영향과 무관하지 않은 것으로 여겨진다. 재산 양도를 위한 공증 절차를 밟으면서 자신에게 남겨진 재산이 단 한 푼도 없어야 한다는 것을 여러 번 확인했다고 하니 그는 단순히 철학자에서 교사로 직업만 바꾼 것이 아니라 마치 무소유를 실천하는 불교의 구도자와도 같이 완전히 다른 사람이 된 것이다.

이렇게 변해버린 인간 비트겐슈타인의 교사로서 새로운 삶은 그리 만족스럽거나 성공적이지 못했다. 그가 처음 부임한 곳은 벡셀Wechsel 부근의 트라텐바흐Trattenbach라는 산간마을이었다. 그는 그곳에서 2년 정도를 지냈지만, 학생들은 물론 마을 사람들과 관계가 그리 순탄치 않았다. 그는 아이들에게 너무 높은 수준의 산수를 요구하곤 했고, 자신의 방식대로 잘 하지 못하는 학생들에게는 체벌을 가하기도 했다. 그의 수준과는 결코 어울리지 않는 시골 사람들의 눈에 빈에서 온 이 무뚝뚝한 교사는 선생님이기 이전에 이상한 사람으로 여겨졌다.

비트겐슈타인은 초등학생들을 위한 철자 사전을 만들어 출판할 정도로 소명의식을 가진 진지한 교사였지만, 그러한 진지함만으로는 충분치 못했다. 그는 때때로 정해진 수업 시간을 넘겨가면서 학생들을 가르치는 데 열정적이었다. 공부에만 매달릴 수 있는 도시 환경에서라면 환영받았을 그러한 방식은 부모의 일을 같이 도와야 할 산간마을의 아이들에게는 필요 이상의 투자였다.

비트겐슈타인의 교육 방식은 시간이 흐르면서 학부모들의 반감을 사게 되었고, 동료 교사들로부터도 환영받지 못했다. 결국 그는 처음 부임했던 트라텐바흐를 떠나 푸흐베르크Puchberg로 자리를 옮겨야 했는데, 그곳 생활도 그리 만족스러운 것은 아니었다. 특히 지적으로 심오하고 특이한 성격의 소유자였던 그는 소박한 삶을 사는 산간마을 사람들을 이해하지 못했다. 러셀에게 보낸 편지에서 마을 사람들이 진정한 인간이 아니라 1/4은 동물, 3/4은 인간이라고 쓸 정도였다.

이렇게 비트겐슈타인이 결코 행복하지 못한 교사 생활을 하고 있을 때 케임브리지로부터 방문객이 한 명 찾아온다. 《논고》의 숨은 번역자 램지가 저자를 직접 만나기 위해 1923년 가을 푸흐베르크로 찾아간 것이었다. 램지는 약 2주간 그곳에 머물면서 비트겐슈타인과 《논고》를 함께 읽으면서 상세한 설명을 듣고 케임브리지로 돌아갔다.

이 무렵 비트겐슈타인은 교사직을 그만두고 케임브리지로 돌아가 철학을 계속할지에 대해서 진지하게 고민하고 있었던 것으로 보인다. 사실 그러한 생각이 실현될 조건은 충분히 무르익어 있었다. 램지는 케인스의 종용으로 비트겐슈타인을 케임브리지로 복귀시키는 임무를 띠고 비트겐슈타인을 몇 차례 더 찾아갔고, 케인스는 비트겐슈타인이 우려할지 모르는 경제적 문제 역시 해결해주려는 계획을 가지고 있었기 때문이다.

그러나 정작 비트겐슈타인은 케임브리지로 돌아가지 않았다. 산간 마을에서 교사로서 지내면서 느꼈던 불만족이 철학을 계속해야겠다는 생각으로 이어지지는 않았던 것 같다. 결국 비트겐슈타인을 철학계로 복귀시키려는 케인스와 램지의 노력은 비트겐슈타인이 1925년 여름 런던을 잠시 방문하여 친구들을 만나게 한 것으로 만족해야 했다.

그러는 와중에 비트겐슈타인은 또 다시 학교를 옮기게 된다. 하지만 오스트리아의 여러 외진 마을을 옮겨다닌다고 해서 교사로서 비트겐슈타인의 문제가 해결되지 않으리라는 것은 너무 당연했다. 오히려 문제가 커질 뿐이었다. 마지막 부임지가 된 오테르탈Otherthal에서는 체벌 중에 한 학생이 쓰러졌다. 이 사건은 결국 비트겐슈타인을 교직에서 떠나게 만들었다. 1926년 4월이었다.

6 / 건축가 비트겐슈타인

고향 빈으로 돌아온 비트겐슈타인은 교사로서의 삶에서 맛본 좌절을 치유할 계기가 필요했다. 그는 가톨릭 수사가 되는 것을 진지하게 고민했지만, 수도원 관계자와 면담한 결과 받아들여지지 않았다. 성직자가 되려고 하는 그의 동기가 적절치 못하기 때문에 그가 추구하는 바를 성직자의 생활에서 얻지 못할 것이라는 회답을 받았던 것이다. 결국 빈 외곽의 휘텐도르프Hüttendorf에 있는 한 수도원에서 정원사로

일하면서 상처받은 영혼을 위한 안식을 꾀했다. 그러다가 누이 마르가레테가 추진하고 있던 저택 건축 작업에 관여하게 된다.

사실 이 일은 건축가였던 그의 친구 엥겔만Paul Engelmann에게 주어진 일이었다. 엥겔만은 아돌프 로스Adolf Loos의 제자로서 참전 중에 비트겐슈타인과 친구가 되었다. 비트겐슈타인은 건축을 제대로 공부한 적은 없었지만 청년시절 로스의 근대 건축에 매료될 정도로 건축에 관심을 가지고 있었고, 자연스럽게 누이의 저택 설계와 건축에 관심을 보였다. 그 결과 초기에는 엥겔만과 공동으로 작업했으나 얼마 지나지 않아 작업을 주도하였고, 건물의 내부에 한해서는 완벽히 자신의 작품으로 만들어갔다. 그는 마치 《논고》의 논리적 엄밀성을 건축에 체현하기라도 하듯이 밀리미터의 오차에 신경을 써가며 문짝과 창문틀 그리고 문고리 등이 디자인에 맞게 정확하게 시공이 되는지를 철저하게 감독했다.

'모든 장식은 악'이라는 로스의 모토를 충실히 따라 일체의 불필요한 장식이나 치장이 결여된 이 저택은 만 2년 만에 완성되었고, 이 작품으로 비트겐슈타인은 빈의 인명부에 건축가로 등재되기도 했다. 많은 사람들이 이 저택에 찬사를 보냈는데, 비트겐슈타인의 제자 폰 리히트G.H. von Wright는 그 건물이 《논고》의 정적인 아름다움을 간직하고 있다고 했다. 비트겐슈타인의 큰누이 헤르미네 역시 그 건물을 '논리학을 구현한 저택'이라고 불렀으며, 그것이 사람들보다 신들을 위한 숙소처럼 보였다고 했다.

마르가레테와 그의 가족은 이 저택에서 산 지 10년 만에 히틀러가 오스트리아를 합병하자 미국으로 떠나게 된다. 이 건물은 2차 대전 시에는 러시아 군이 접수하여 사용했고, 전쟁이 끝난 후 미국에서 돌아온 마르가레테 가족의 보금자리가 되었다가 1958년 그녀가 세상을 떠나자 아들 토마스 스톤버러에게 상속되었다.

1971년 토마스 스톤버러는 자신의 삼촌이 지은 이 저택을 매각하는데, 그것은 시대적으로나 경제적으로나 그런 저택을 유지하면서 사는 것이 현실적으로 불가능해졌기 때문이었다. 스톤버러로부터 저택을 인수한 건설업자는 재개발을 추진했고, 이른바 비트겐슈타인 하우스는 허물어질 위기에 처하였다.

빈 당국의 무관심은 철학사에 유례가 없는 한 철학자의 건축물을 땅 위에서 영원히 사라지게 만들 뻔했으나, 빈 출신으로 뉴욕에서 활동하던 한 건축가의 헌신적인 노력으로 비트겐슈타인 하우스는 문화재로 지정되는 데 성공했다. 베른하르트 라이트너라는 이름의 이 건축가는 1969년 미국의 한 예술 잡지에 비트겐슈타인 하우스에 대한 글을 쓰기 위해 빈으로 토마스 스톤버러를 찾아갔다가 그가 그 건축물을 매각할 생각이지만 헐리게 되는 것에 대해 우려하고 있음을 알게 된다.

라이트너는 기고문에 20세기의 한 위대한 철학자가 지은 건축물의 불투명한 미래를 언급했고, 이 글의 영향으로 이 건물이 곧 헐리게 된다는 기사가 《뉴욕 타임스》에 실리면서 국제적인 뉴스가 되었다. 라이트너는 그 후 2년간 빈의 건축 전문가들에게도 알려져 있지 않던 이 건물의 중요성을 부각시키는 등 비트겐슈타인 하우스 살리기에 개인적인 노력을 아끼지 않았고, 그 결과 비트겐슈타인 하우스는 오늘날 쿤트만가세 19번지에 그대로 서 있다. 지금은 몇 차례의 개보수로 비트겐슈타인이 설계했던 원래의 모습과는 약간 차이가 있으나 불가리아 문화원으로 사용되고 있다.

이렇게 그가 교사와 정원사, 그리고 건축가로서 30대를 보내고 있을 때, 철학자 비트겐슈타인은 케임브리지에서 이미 전설적인 인물이되어 있었다. 일부 철학자들은 《논고》의 가치와 중요성을 알아보았지만, 너무도 간결하게 쓰인 그 책을 잘 이해할 수는 없었다. 비트겐슈타인을 철학계로 돌아오게 하려고 노력한 것은 케임브리지의 케인스와 램지뿐만 아니었다. 비트겐슈타인의 명성은 그의 고향 빈에서도 이미 전설이었다.

1920년대 초 새로운 논리학과 과학적 세계관으로 무장한 카르납Rudolf Carnap, 슐리크Moritz Schlick, 노이라트Otto Neurath 등 빈 대학의교수들이 주축이 되어 결성된 '빈 서클'에서는 비트겐슈타인의 《논고》가 마치 그들의 성서처럼 읽혀지고 논의되고 있었다. 그중 《논고》의영향을 가장 많이 받은 슐리크는 수년간 비트겐슈타인과의 만남을 추진하지만, 그 모임은 1927년에서야 실현된다.

슐리크는 비트겐슈타인에게 자신의 서클에 참여하도록 권유하지만 거절당하고, 결국 서클의 몇몇 멤버들과 비트겐슈타인의 집에서 주기적인 모임을 갖는 것으로 만족하게 된다. 첫 모임에는 슐리크와 더불어 카르납, 바이스만Friedrich Waismann, 파이글Herbert Feigl 등이 참여하였는데, 철학적 주제에 대한 진지한 의견을 듣기 위해 찾아온 이들에게 비트겐슈타인은 철학을 이야기할 기분이 아니라며 등을 돌리고 앉은 채로 타고르의 시를 읽었다고 한다.

빈 서클의 멤버들과 모임이 이루어지던 시기에 비트겐슈타인은 그의 누이를 위한 저택을 건축하는 데 몰두해 있었다. 그러나 그들과의 만남은 궁극적으로 비트겐슈타인이 다시 철학을 하기 위해 케임브리지로 돌아가는 데 중요한 역할을 한다. 물론 비트겐슈타인이 빈 서클과 사상적 동질성을 공유한 것은 아니었고, 서클의 일부 멤버들도 비트겐슈타인과 조우함으로써 그의 입장이 자신들의 생각과 사뭇 다르다는 것을 깨닫게 된다.

그럼에도 불구하고 비트겐슈타인은 슐리크를 통해 수학의 기초에 관한 램지의 논문을 접하고, 편지를 통해 램지와 철학적 아이디어를 교환하게 된다. 램지는 《논고》를 기초로 하여 러셀이 《수학 원리》에서 제시한 논리주의 관점을 발전시키고자 했는데, 이 점에 자극받아 비트겐슈타인은 《논고》를 다시 돌아보면서 서서히 철학적 사색을 다시 시작하게 된다. 결국 건축 작업이 마무리된 1928년 말 비트겐슈타인은 케인스에게 편지를 보내 케임브리지를 방문하겠다는 의사를 전달한다.

7 / 다시 케임브리지로

1929년 1월 비트겐슈타인은 케임브리지로 돌아왔다. 기차역에서 케인스의 영접을 받기로 되어 있었지만, 그의 귀환을 축하라도 해주듯 비트겐슈타인은 기차 안에서 우연히 자신의 옛 스승 무어와 마주친다. 1914년 절교한 후 첫 만남이었지만, 이 둘은 다시 만나는 순간 15년의 세월을 뛰어넘어 다시 우정을 이어간다.

비트겐슈타인은 무어와 케인스 외에도 램지와 급속히 친해진다. 사실 그는 램지를 지도교수로 한 학생 신분으로 케임브리지에 복귀한 것이었다. 이미 전설 속의 인물이었던 비트겐슈타인에게 케임브리지에서 그의 자리를 찾아주기 위해 《논고》를 논문으로 하여 박사학위를 받을 수 있게 하자는 의견이 대두되었다. 결국 무어와 러셀이 심사위원이 되고, 26세의 수학교수 램지가 지도교수가 되어 비트겐슈타인의 박사학위 심사가 이루어졌다.

1920년대 초반 이후 예전처럼 비트겐슈타인과 친밀한 관계를 유지하지 않았던 러셀은 불편한 마음으로 마지못해 심사에 응하면서 "내 생애에 이렇게 불합리한 일을 해본 적은 없었다"라고 말했다고 한다. 이미 철학적으로 적지 않은 영향력을 미치고 있던 책을 심사하여 학위를 주는 일은 분명 불합리할지도 모른다. 그러나 박사학위를 받은 바로 다음 날 비트겐슈타인은 트리니티 칼리지로부터 연구비를 지원받을 수 있었다. 그에게는 남아있는 재산이 하나도 없었기 때문에 생활을 유지하기 위해서 재정적 지원이 필요했던 것이다.

이듬해 5년간의 펠로십을 받은 비트겐슈타인은 강의를 맡게 된다. 강의의 제목을 무엇으로 했으면 좋겠냐는 브레이스웨이트R. B. Braith-waite 교수의 물음에 그는 "강의의 주제는 철학이 될 것입니다. 철학 외에 어떤 다른 제목이 붙을 수 있겠습니까?"라고 대답했다. 그리고 그 이후의 비트겐슈타인의 모든 강의는 "철학"이라는 제목 아래 이루어졌다.

그는 처음에는 강의실에서 강의를 했지만, 대학 내에 숙소를 배정받은 후부터는 주로 자신의 숙소에서 15명 남짓한 학생들을 대상으로 가르쳤다. 그 학생들 중에는 옛 스승 무어도 끼어 있었는데, 무어는 3

년간 충실히 노트를 해가며 옛 제자의 강의를 들었다. 비트겐슈타인의 강의 방식은 그의 글만큼이나 독특했다. 미리 강의안을 준비하는 일은 없었고, 항상 진지하고 심각한 생각을 짜내듯이 강의했다. 때로는 오랜 침묵을 동반했으며, 때로는 자신의 멍청함을 질책했고, 때로는 놀라운 집중력으로 스스로를 탈진시키곤 했다.

제자들의 증언에 따르면, 강의할 때 비트겐슈타인은 무척 무서운 선생님이었다고 한다. 참을성이 없고 쉽게 화를 내던 그의 성격은 강의 시간에도 그대로 나타나 누군가가 강의에 늦기라도 하면 심하게 질책했다고 한다. 결국 늦은 학생들은 질책을 듣느니 차라리 발길을 돌려 결석을 택했다고 한다. 또한 강의 중에 누군가가 자신의 입장에 반대 의견을 제시하면 그러한 반대 의사를 명료하게 드러내기를 원했고, 그렇게 하지 못했을 때 역시 심한 질책을 감수해야 했다고 한다.

강의실 밖에서도 비트겐슈타인은 학생들에게 영향을 미쳤는데, 학생들은 자기네들끼리 대화할 때 그의 어조나 제스처를 유행처럼 따라하곤 했다고 한다. 하지만 이러한 외면적인 영향보다 더 중요한 영향은 학생들의 진로에 관한 것이었다. 그는 자신의 학생들에게 학문의 길을 포기하고 실용적인 삶을 찾으라고 권유하곤 했다. 그는 케임브리지 대학의 분위기를 혐오했는데, 숨 쉴 산소가 부족하다는 말로 그런 분위기를 제자들에게 전달하기도 했다. 그 결과 철학을 포기하고 의사가 된 제자도 있었고, 촉망받는 수학도에서 노동자의 길로 진로를 완전히 바꾸어버린 제자도 있었다.

박사과정 중에 미국에서 유학을 와 그의 제자가 된 맬컴Norman Malcolm에게는 케임브리지에서 한 학기 동안 좀 더 머무를 수 있도록 아무 대가 없이 돈을 마련해주기도 했지만, 대학교수가 되려는 그의 계획에 대해서는 재고해볼 것을 여러 차례 권유하곤 했다. 맬컴의 증언에 따르면, 비트겐슈타인은 직업 철학자로서의 삶을 혐오했는데 정상적인 사람이 대학교수이면서 동시에 정직하고 진지한 사람이 될 수는 없다고 생각했다고 한다.

이러한 비트겐슈타인의 태도는 그의 지나치리만큼 철저한 지적 결벽성에서 나온 것 같다. 미국으로 돌아간 맬컴이 박사학위를 받았다는 편지를 보냈을 때 그에게 보낸 비트겐슈타인의 답장은 다음과 같은 것이었다.

> 박사학위 취득을 축하하네! 이제 자네가 그것을 잘 사용하기를 바라네! 무슨 뜻인가 하면, 자네 자신이나 자네의 학생들을 속이지 말기를 바란다는 것이네. 왜냐하면 내가 그리 잘못 생각한 게 아니라면, **바로 그런 행동**이 자네에게 기대될 것이기 때문이지. 그리고 그렇게 하지 않는 것은 **매우** 어렵거나 어쩌면 불가능할 것일세. 그리고 그런 경우에 자네에게 **그만둘 수 있는 힘이** 함께 하기를 바라네. 오늘의 설교는 이것으로 끝이네.
>
> Malcolm, *Ludwig Wittgenstein: A Memoir*, 36쪽

비트겐슈타인은 강의와 더불어 방대한 양의 글을 쓰고 있었는데, 참전 시에 그랬듯이 공책에 일기 쓰듯이 날짜를 적어가며 철학적 사색의 결과물을 토해냈다. 일단 쓴 글을 뒤에 다시 고치고, 어느 정도 마음에 들면 타자본으로 만든 후 다시 고치는 방식으로 그의 사상의 발전을 기

록해나갔다.

이제 군인도, 교사도, 정원사도, 건축가도, 부자도 아니었으므로 연구비로 연명할 수밖에 없었던 그는 1930년에 쓰고 있던 원고를 펠로십을 신청할 때 심사를 위한 글로 제출한다. 이것이 사후에 《철학적 의견 *Philosophical Remarks*》이라는 제목으로 출간된 책이다. 또 그는 자신의 강의를 학생들로 하여금 받아 적게 하곤 했는데, 그 결과물 중의 하나가 우리가 지금 《청색책과 갈색책 *The Blue and Brown Books*》으로 알고 있는 책이다. 비트겐슈타인의 1930년대의 생각을 대변하는 이들 저작은 《논고》에서 그가 제시한 내용과는 다른 생각들을 포함하고 있다. 과거 그가 확신했던 것과는 달리 《논고》에서 시도한 철학적 문제들에 대한 그의 해결책은 완결적이지는 못했던 것이다. 철학의 모든 문제를 해결했기 때문에 철학을 떠난 것이 그에게는 논리적 귀결이었듯이, 이제 그러한 생각이 잘못된 것이었음을 깨닫고 다시 철학으로 돌아온 것 역시 당연한 논리적 귀결인 것이다.

초등학교 교사라는 역할이 그에게 잘 어울리지 않았듯이 그의 대학 강의가 성공적이었다고는 쉽게 말할 수 없다. 그러나 여느 교수들과 다른 독특함이 비트겐슈타인에게서 발견되는 것은 분명하다. 대학에서 연구하고 가르치기는 했지만, 그가 그런 생활을 편안해하고 만족해한 것 같지는 않다.

권위적인 케임브리지의 분위기에 대한 혐오감은 그의 일상에도 그대로 반영되었다. 일례로 그는 넥타이를 매고 점잖게 식사하기를 요구하는 교수식당에서 식사하지 않았다. 형식에 얽매이기보다 그는 언제나 열정적으로 학생들을 가르쳤다. 그는 강의 중에 친근한 얼굴을 볼 수 있기를 원했고, 아마도 그것은 그의 강의가 철학적 사고를 짜내는 열정을 동반한 작업이었기 때문인 듯하다. 자연스럽게 그의 강의는 소수의 충성스런 학생들을 대상으로 했고, 이리저리 몰려다니는 철새와 같은 학생들이 강의에 들어오는 것을 원치 않았다. 나중에 가장 아끼는 제자 중 하나가 된 폰 리히트가 그의 강의에 처음 참석했을 때 비트겐슈타인의 반응은 그 이유를 잘 설명해준다.

지난번에 나의 수업에 새로 들어온 두 사람이 왜 나를 무척 방해했는지에 대해 설명하고자 합니다. 나는 내 수업에서 이번 학기 수업에 참여해온 학생들에게 매우 어려운 문제를 설명하려고 최선을 다하고 있습니다. 나는 학기 중간이나 끝 무렵에 새로 참여하는 어느 누구도 우리가 진정 추구하는 것이 무엇인지 전혀 이해할 수 없다는 것을 알고 있습니다. … 다른 사람들처럼 나도 강의안을 미리 써서 학생들 앞에서 읽는다면 새로 온 사람들이 나를 방해하지는 않을 것입니다. 그러나 나는 그렇게 할 수가 없고 내가 말하는 동안 생각들을 새롭게 해야 하기 때문에 쉽게 방해가 되는 것입니다. … 그러니 만약 나의 수업을 듣고자 한다면 다음 학기가 시작할 때 오기 바라며, 이번 학기의 마지막 두세 강의에는 오지 말아주었으면 좋겠습니다. 내가 말하고자 하는 바를 이해하기 바라며, 이렇게 제안하는 것에 대해 나를 비우호적으로 보지 말기를 바랍니다.

"Letters from Ludwig Wittgenstein to Georg Henrik von Wright", 459~460쪽

케임브리지의 경직된 분위기에 대해 계속 혐오를 느끼던 그는 1935년 소련을 여행한다. 톨스토이와 도스토예프스키를 열렬히 존경했고 러시아에 오랜 애착을 가지고 있었던 그는 궁극적으로는 소련으로 이주할 계획을 갖고 사적으로 무척 가까웠던 제자 스키너Francis Skinner와 러시아어를 배우기도 했다. 아마도 그는 그곳에 정착하여 노동자로서 살려고 했던 것 같다. 그러나 그는 그곳에서 노동자 대신 모스크바의 카잔 대학 교수직을 제안받는다. 비트겐슈타인은 한동안 그 제안을 받아들일지를 고민했지만 결국 소련으로 이주하려는 계획을 포기한다. 그 이유를 정확히 알 수는 없지만 친구들에게 한 여러 이야기들을 종합해볼 때, 그는 여행을 하면서 모스크바의 분위기가 케임브리지 이상으로 경직되었음을 깨달았던 것 같다.

8
철학 교수

1936년에 트리니티 칼리지에서 펠로십이 끝나자 비트겐슈타인은 다시 고독을 즐길 수 있는 노르웨이로 가서 칩거하며 연구 활동에 전념한다. 그러나 1937년 나치 독일이 오스트리아를 점령하자 그는 영국으로 귀화할 의향을 가지고 케임브리지로 돌아온다. 오스트리아 출신의 비트겐슈타인은 자신이 이제 독일 국적을 가지게 될까 봐 염려했으며, 유대계인 빈에 있는 가족들에 대해서도 걱정했다.

평소에 영국의 분위기를 불편해한 그로서는 영국인이 된다는 것은 상상도 못한 일이었지만, 결국 독일 국적을 갖느니 차라리 영국 국적을 취득하는 것이 낫다는 생각을 가지게 되었다. 이와 더불어 그는 케임브리지에서 다시 강의를 하려고 했는데, 이 역시 안정적인 신분을 확보하기 위한 노력의 일환이었던 것 같다.

마침 1939년 무어가 철학 교수직을 퇴임하자 비트겐슈타인은 그 자리에 지원하여 선임된다. 심사위원 중에는 비트겐슈타인과 친분을 유지해온 케인스 외에도 철학적 경향이 달랐던 옥스퍼드의 철학자 콜링우드R. G. Collingwood가 포함되어 있었기 때문에 비트겐슈타인은 자신이 선임되지 않을 것에 대해 우려했다. 그러나 당시의 분위기는 누가 심사를 하든 비트겐슈타인이 철학 교수가 될 것이라는 생각이 지배적이었다. 비트겐슈타인에 대해 좋은 인상을 갖고 있지 않았던 브로드C. D. Broad 교수조차도 "비트겐슈타인을 철학 교수직에 앉히지 않는 것은 아인슈타인을 물리학 교수직에 앉히지 않는 것과 다를 바 없다"고 말할 정도였다.

하지만 철학 교수로서 비트겐슈타인의 삶은 오래 지속된 것도 행복한 것도 아니었다. 제2차 세계대전이 발발하자 그는 이번에는 영국의 병원에서 자원봉사자로 활동한다. 전쟁 중에 대학에서 가르치는 일은 정당하지 못하다고 생각했던 것이다. 1944년 케임브리지로 복귀하지만 3년 후에 연구와 집필에 전념하기 위해 교수직을 사퇴한다.

그가 출판을 염두에 두고 글을 쓰고 있었던 것은 사실이지만, 교수직을 그만두려는 생각이 그 때문만은 아니었던 것 같다. 결코 원만하다고 할 수 없는 그의 성격이 철학 교수로서 책무를 매끈하게 이행하는 것을 어렵게 했던 점은 무시할 수 없는 이유였을 것이다.

1946년 10월 도덕과학 클럽에서 철학자 포퍼Karl Popper와 벌인 설전이 그러한 성격을 보여주는 한 사례이다. 비트겐슈타인이 철학 교수생활을 마무리해야겠다는 생각을 가질 무렵 런던 정경대학에서 가르치던 포퍼가 도덕과학 클럽의 초청 연사로 발표를 했다. 이 모임의 좌장이었던 비트겐슈타인은 발표 주제가 마음에 들지 않았고, 마침내 벽난로의 부지깽이를 휘둘러 포퍼를 위협했다는 일화가 전해진다.

뜨거운 논쟁을 벌이던 중 도덕 법칙의 예를 들어보라는 비트겐슈타인의 질문에 포퍼가 '초빙 교수를 부지깽이로 위협하지 않는 것'이라는 말로 대응하자, 격앙한 비트겐슈타인은 부지깽이를 던지고 자리를 떠났다는 것이다. 포퍼가 훗날 자신의 자서전에 소개함으로써 널리 알려진 이 일화는 참석자들에 의해 여러 다른 버전이 생산되었지만, 그진위 여부를 떠나 마음에 맞지 않는 동료 학자들과 잘 어울리지 못했던 철학 교수로서 비트겐슈타인의 불편한 삶을 잘 대변해 준다.

1929년 이후 비트겐슈타인은 대학에 속해있기는 했지만, 그 전과마찬가지로 자원봉사, 여행 등 학문 외적인 활동들을 계속해서 하고있었다. 물론 철학 연구도 지속적으로 해나갔다. 그는 1930년대 중반부터 써온 원고를 묶어 책으로 출판하려고 시도했는데, 그것은 통상적으로그의 후기 철학의 대표작으로 알려지는 《철학적 탐구Philosophical Investigations》의 원고였다. 그는 1938년과 1944년에 각각 케임브리지 대학 출판부와 접촉하여 출판에 합의했지만, 그가 살아있는 동안책이 나오지는 않았다.

이처럼 그는 자신을 학계로부터 격리하면서 소수의 학생들을 대상으로 강의를 했기 때문에 살아있는 동안 사람들은 《논고》 이후에 그의 사상이 어떻게 변화하고 발전해갔는지 잘 알 수가 없었다. 1930년 대에 그가 그의 강의를 학생들로 하여금 받아 적게 했던 노트들은 청색 표지와 갈색 표지로 각각 제본되었고 손에서 손으로 전해져 케임브리지뿐 아니라 옥스퍼드 대학의 철학자들 사이에서도 읽혔는데, 이것이 오늘날 《청색책과 갈색책》이라는 이름으로 알려진 책이다.

그의 철학이 비공식적으로 전파되는 것이 때로는 비트겐슈타인을 무척 화나게 했다. 그는 자신이 그러한 방식으로 알려지면서 자신의 입장이 완전히 왜곡되거나, 아니면 다른 사람들이 자신의 생각에서 힌트를 얻어 그들의 독창적인 생각으로 세상에 발표할 것을 두려워했다.

일례로 비트겐슈타인은 1933년 브레이스웨이트가 쓴 "철학"이라는 글을 읽고 격분하는데, 그것은 당시 케임브리지에서 가르치고 있던 브레이스웨이트가 그 글에서 최근 자신의 철학적 경향에 대해 서술한 부분이 자신의 입장을 왜곡한다고 생각했기 때문이었다.

비트겐슈타인은 영국의 저명 학술지 《마인드》에 기고문을 보내어 브레이스웨이트의 글이 자신의 입장을 제대로 나타내지 못하고 있음을 알렸고, 브레이스웨이트로 하여금 역시 《마인드》에 그 점을 인정하는 기고문을 게재하라고 요구한다. 이러한 비트겐슈타인의 완벽에 가까운 지적 결벽증은 많은 사람들에게 '가까이 하기 어려운 사람'이라는 이미지를 심어준 것은 물론 1951년 그가 세상을 떠난 후까지도 그의 철학에 대한 접근을 어렵게 만드는 데 일조했다.

9
멋진 삶

교수직을 그만둔 비트겐슈타인은 아일랜드의 한적한 해변가 마을에 칩거하는데, 1949년에는 맬컴의 초청으로 미국을 방문하기도 한다. 옛 제자를 만나기 위해 퀸 메리 호에 몸을 싣고 뉴욕으로 향한 그에게 미국 방문이 처음은 아니었다.

히틀러에 의해 오스트리아가 독일에 합병되었을 때 빈에 살고 있던 비트겐슈타인의 형과 누이들은 유대계로 신변의 위협을 받았으므로 비트겐슈타인은 우려의 나날을 보내게 되었다.

미국인과 결혼한 마르가레테는 뉴욕으로 안전하게 떠날 수 있었고, 피아니스트였던 파울은 우여곡절 끝에 역시 뉴욕으로 피신할 수 있었다. 그러나 빈에 남아 있던 두 누이 헤르미네와 헬레네가 문제였다. 이로 인해 뉴욕과 빈 그리고 케임브리지에 흩어져 있던 비트겐슈타인의 남매들은 이 두 누이의 안전을 확보하기 위해 각각 나름대로 노력하게 되었다.

당시 전쟁을 확대하기 위해 독일은 막대한 재정이 필요했고, 오스트리아의 갑부 비트겐슈타인 가는 유대계 신분을 벗어나 독일제국의 시민으로 인정받아야 할 상황이었다. 결국 그들의 막대한 재산을 나치 당국에 헌납하는 대가로 독일 시민 자격을 얻는 협상을 벌이게 된다. 어려움이 없었던 것은 아니지만 결과적으로 비트겐슈타인의 형제자매 모두는 유대인이 아니라 단지 유대 혈통이 섞였다는 보증서를 받아냄으로써 나치 정권으로부터 안전할 수 있었다.

케임브리지에 있던 비트겐슈타인도 그러한 노력에 동참하였는데, 그가 영국 시민권을 신청한 것과 철학 교수직에 지원한 이유 중의 하나는 영국에서 안전한 신분을 확보함과 더불어 누이들의 문제를 해결하기 위해 자유롭게 독일과 오스트리아를 여행할 수 있도록 하기 위한 것이었다. 그가 1939년 영국 시민권을 취득하자마자 베를린과 빈을 거쳐 뉴욕을 방문한 사실이 그 점을 잘 설명해준다.

이제 옛 제자를 만나기 위해 다시 미국 여행길에 오른 비트겐슈타인의 마음이 10년 전과 같았을 리는 없었을 것이다. 3개월 동안 미국에 체류하던 중 그는 맬컴이 가르치고 있던 코넬 대학에서 몇몇 철학자들과 토론 모임을 가지곤 했는데, 맬컴의 스승이었던 바우스마 O. K. Bowsma와는 가까운 친구가 된다.

비트겐슈타인은 영국으로 돌아간 후에도 바우스마와 1년 이상 가까이 지낼 수 있었는데, 그것은 바우스마가 옥스퍼드의 초청으로 영국에서 머물렀기 때문이다. 이미 나이 50을 넘긴 명망 있는 철학자였지만 비트겐슈타인과 대화할 때는 언제나 겸손하게 배우는 입장으로 일관했던 바우스마는 인간 비트겐슈타인의 매력에 빠졌으며, 자신을 압도한 그러한 존재를 다음과 같이 묘사하였다.

예언자는 어떤 모습일까? 비트겐슈타인은 내가 아는 가장 예언자에 가까운 사람이다. 그는 탑과 같이 높이 서서 어디에 소속됨이 없이 어느 누구에도 기대지 않는 사람이다. 그는 어떤 사람도 두려워하지 않는다. "아무것도 나를 해칠 수 없다!" 그러나 다른 사람들은 그를 두려워한다. 왜 그럴까? 그가 그들을 때리거나 돈이나 명성을 빼앗기 때문은 결코 아니다. 사람들은 그의 심판을 두려워한다. 나 역시 비트겐슈타인을 두려워했고, 그 앞에서는 책임감을 느꼈다. … 그가 멀리 떠나면 나는 편안함을 느꼈다.

나는 다른 어느 누구에게서도 이런 느낌을 받은 적이 없다고 생각한다. 물론 나는 그를 두려워했지만 동시에 철학에 대한 나의 희망 모두가 그에게 귀속되었다는 것을 깨달았다. 나는 그의 말을 보석과 같이 고이 간직했다. 그리고 지금도 그렇다. 하지만 중요한 점은 그가 나 자신의 평범성에서 나태한 안락함을 빼앗아 갔다는 점이다. 나는 어떤 누구에게도 이렇게 덕을 받은 적이 없으며, 다른 누구의 말도 그의 말처럼 귀 기울여 들은 적이 없다.

Bouwsma, Wittgenstein: Conversations 1949~1951, xv-xvi

미국에서 제자 맬컴과 지내는 동안 비트겐슈타인은 건강이 악화되었다. 영국으로 돌아와 진단을 받은 결과 암으로 판정되는데, 그는 호르몬 요법과 같은 특별한 치료법으로 자신의 삶을 인위적으로 연장하고 싶지 않다는 의견을 표명하기도 했다.

하지만 악화된 건강이 그의 철학적 사색을 멈추게 한 것은 결코 아니었다. 세상을 떠나기 이틀 전까지 글 쓰는 일을 중단하지 않았을 만큼 투병 중에도 왕성한 철학적 욕구를 뿜어내었던 비트겐슈타인은 여생을 과거에는 제자였지만 이제는 절친한 친구가 된 폰 리히트, 앤스콤Elisabeth Anscombe, 리스Rush Rhees와 같이 살기 위해 케임브리지, 옥스퍼드, 런던 등지를 오가며 보낸다.

마지막까지 그를 돌본 의사는 그의 제자 드루어리Maurice Drury와 폰 리히트의 소개로 알게 된 베번 박사였다. 비트겐슈타인은 영국의 병원에서 임종하는 것을 두려워했고, 결국은 베번 박사의 배려로 박사의 집에서 생의 마지막 몇 주를 보낼 수 있었다. 멋진 삶을 살았다고 사람들에게 전해달라는 말을 뒤로하고 그가 세상을 떠난 것은 1951년 4월 29일이었다.

62년간의 그의 생애가 과연 멋진 것이었는지는 물론 비트겐슈타인 자신만이 알 것이다. 그러나 여러 사람들의 눈에 그것은 결코 평범하거나 순탄한 삶으로 보이지는 않는다. 청년기까지는 오스트리아 최고 갑부의 집안에서 부를 향유하는 삶을 누렸지만, 30대 이후에는 스스로를 가난으로 몰고 가 소유하지 않는 삶을 살았다.

또한 그는 제1차 세계대전의 포화 속에서 자신의 삶의 가치를 확인할 정도로 일생 동안 일종의 종교적 죄의식에 시달렸다. 최소한 두 명의 제자와 동성애적 감정을 발전시키기도 했던 것으로 추정되지만, 조카의 소개로 만난 스위스 출신의 마르그리트Marguerite Respinger라는 여인과는 5년 가까이 이성으로서 친분 관계를 유지했으며 한때 결혼을 심각하게 고려하기도 했다. 그는 마르그리트와 노르웨이의 통나무집으로 단 둘이 여행을 갈 정도로 그녀와의 관계에 대해 진지하게 생각했던 것 같다. 하지만 당시 빈의 멋쟁이 여성과 팔꿈치가 다 헤어진 외투를 입고 다니면서도 아무렇지 않게 생각하던 비트겐슈타인이 잘 어울리는 커플은 아니었던 것 같다. 단 둘만의 여행에서도 비트겐슈타인은 마르그리트를 하루 종일 방치한 채, 책을 읽거나 기도를 하면서 자신의 문제에만 몰두했던 것으로 전해진다. 마르그리트가 그와 교제

하기는 했지만 결혼할 생각까지 하지 않았던 것은 어쩌면 당연한 일일지도 모른다.

결국 독신으로 외로운 삶을 마감했지만 그에게는 역시 진정한 제자와 친구들이 있었다. 그는 유언에서 자신의 전 재산이나 다름없는 원고에 대한 소유 및 처분권을 폰 리히트, 앤스콤, 리스에게 준다고 적었다. 이들 세 사람 모두 나중에 그 소식을 알고 비트겐슈타인이 남긴 원고를 검토했는데, 그 방대한 분량에 놀랐다고 한다. 특히 폰 리히트의 꼼꼼하고 탁월한 작업 덕으로 현재 비트겐슈타인의 유고는 매우 체계적인 카탈로그 분류가 이루어졌고, 그러한 분류는 이후 비트겐슈타인 연구에 크게 기여했다. 유고 중 상당수는 책으로 출간되었고, 2000년대에 들어와서 유고 전체가 CD로 출간되었다.

제2부

비트겐슈타인의 철학

Man könnte den ganzen Sinn des Buches etwa

läßt sich klar sagen

Was sich überhaupt sagen läßt,

und wovon man nicht reden kann

Die Welt ist alles, was der Fall ist

Die Welt ist die Gesamtheit der Tatsachen

Die Welt ist durch die Tatsachen bestimmt und dadurch

Ethik und Aesthetik sind Eins

daß es alle Tatsachen sind

dann sieht er die Welt richtig

darüber muß man schweigen

Wovon man nicht sprechen kann

제1장

시기 구분과 저작 스타일

1
비트겐슈타인의 독창성

비트겐슈타인의 철학은 철학사에서 유사한 사례를 찾아볼 수 없을 정도로 매우 독특한 개성과 특이성을 지니고 있다. 앞서 살펴본 것처럼 학생으로서 그가 받은 철학 수업은 케임브리지에서 러셀 아래서 수학한 1년 반 정도뿐이다. 체계적인 철학 교육을 받았다고 보기 어려우며, 철학의 고전을 두루 섭렵하지도 않았다.

그의 글에 플라톤이 인용되고 있는 것으로 보아 비트겐슈타인이 플라톤의 일부 저작을 읽은 것은 분명하다. 톨스토이의 《복음서》를 읽은 이래 종교적 성향을 내면 깊이 간직하고 있었던 그는 성 아우구스티누스St. Augustine의 저작들을 즐겨 읽었지만 아리스토텔레스의 저작을 읽었다는 증거는 찾을 수 없으며, 철학사의 주요 인물들의 저작도 일부를 제외하고는 관심이 없었다.

그는 대체로 다른 철학자들을 높이 평가하지 않는 편이었는데, 스승이었던 러셀에 대해서조차 1920년대 이후의 저작들의 가치는 거의 인정하지 않았다. 그가 그의 글에 인용할 정도로 예외적인 철학자는 쇼펜하우어Artur Schopenhauer나 키르케고르Søren Kierkegaard, 윌리엄 제임스William James 정도였다. 그는 분명 다른 철학자들의 사색을 토대로 철학을 하기보다는 스스로의 문제의식과 고민을 바탕으로 새로운 철학의 아이디어를 생산해내는 독창적인 철학자였다.

철학사의 다른 어떤 철학자들과도 비교할 수 없는 비트겐슈타인 철학의 한 특징은 그가 두 개의 매우 독창적이고 영향력 있는 철학적 입장을 제시했다는 점이다. 한 철학자가 시간이 흐르면서 사상적 성숙을 통해 젊은 시절의 생각을 완숙하게 발전시키는 경우는 드물지 않으나 비트겐슈타인의 경우처럼 완전히 독창적인 두 개의 사상적 경향을 발전시킨 예는 거의 찾아볼 수 없다.

그래서 비트겐슈타인의 철학은 이른바 전기 비트겐슈타인과 후기 비트겐슈타인, 혹은 비트겐슈타인 I과 비트겐슈타인 II로 구분하여 설명되곤 한다. 전기 비트겐슈타인은 이른바 《논리철학논고》에 나타난 생각들이 지배한 시기로 규정되며, 후기 비트겐슈타인은 그가 다시 케임브리지로 돌아온 이후 발전시킨 생각들을 정리한 책 《철학적 탐구》에 담겨있는 생각들로 대변되는 성숙한 철학의 시기로 간주된다.

물론 《논리철학논고》의 경우 프레게와 러셀의 영향을 무시할 수 없다. 비트겐슈타인은 러셀로부터 직접 지도를 받은 학생이었고, 길지 않은 기간이었지만 러셀과 매우 깊이 있는 철학적 교유를 나누었음을 부인할 수 없다. 특히 《논고》의 내용 자체가 프레게나 러셀이 가지고 있었던 철학적 문제의식을 기초로 하고 있으며, 끊임없이 그들의 입장에 대한 자신의 다른 견해를 드러내고 있다는 점에서 그들의 영향권 안에 있다고 할 수 있다.

프레게와 러셀의 영향에도 불구하고 비트겐슈타인은 《논고》에서 논리적 원자론에 기초한 이른바 그림이론picture theory으로 알려진 언어관을 제시함으로써 철학사의 흐름을 바꾸어놓았다는 평가를 받고 있다. 케임브리지에서 수학하는 동안은 러셀의 제자로서 러셀과 어느정도 문제의식을 공유하고 있었을 것으로 여겨지지만, 1913년 이후 이 스승과 제자는 서로 떨어져서 한 사람은 반전운동의 기수로 형무소에서, 다른 한 사람은 조국 오스트리아에 대한 의무감으로 전장에서 상당 기간을 보냈다. 정상적인 인간의 조건을 일부 포기한 상태에서 과거에 가지고 있던 동일한 관심사를 러셀은 논리적 원자론이라는 형이상학으로, 비트겐슈타인은 그림이론이라는 언어철학적 관점으로 각각 발전시켰던 것이다.

이처럼 《논고》는 독창적이면서도 그 내용에 있어서는 명백한 사상적 맹아를 몇몇 철학자들에게서 발견할 수 있다. 그러나 비트겐슈타인 사후 출간된 후기의 대표작 《철학적 탐구》는 그 선구를 찾아볼 수 없을 정도로 매우 독창적인 내용으로 이루어져 있다. 그러한 독창성은 전기의 그림이론에 비견될 수 있는 언어게임이론이라는 새로운 언어관으로 구체화되어 나타난다.

2
시기 구분

이러한 두 개의 독창적 입장은 후에 비트겐슈타인 연구의 방향을 결정하는 한 요인이 되었다. 비트겐슈타인의 독특한 성격은 그가 살아있는 동안 과연 무슨 연구를 어떻게 진행하고 있는지조차 알 수 없게 만들었다. 그는 살아있는 동안 거의 어떠한 글도 발표하지 않았고, 가끔 참석한 케임브리지 대학의 도덕과학 클럽에서는 연사들을 모욕해 분위기를 엉망으로 만들곤 했기 때문에 주류 철학자 사회에는 편입되지 못했다.

그렇다고 해서 다른 철학자들이 공개적으로 그의 입장에 대해서 나름대로 평가하는 글을 쓸 수 있는 것도 아니었다. 앞에서도 언급했듯이 비트겐슈타인은 다른 사람들이 자신의 철학을 평가한 것을 접하고는 매우 신경질적으로 반응했는데, 그것은 그들이 자신의 입장을 제대로 이해하지 못한 채 왜곡하고 있다는 의혹을 동반한 것이었다.

결국 비트겐슈타인에 대한 논의는 그의 사후에서야 서서히 이루어지기 시작했고, 1950년대 중반까지는 그가 남긴 방대한 양의 유고 가운데 오로지 《논고》와 《탐구》만이 출판되었기 때문에 그에 대한 연구는 이 두 대표작을 중심으로 크게 전후기 비트겐슈타인으로 나뉘어 진행되었다. 이러한 경향은 대학의 철학 강의에도 반영되어 미국의 경우 상당수 대학의 철학과에서 비트겐슈타인을 가르칠 때 강좌를 '전기 비트겐슈타인'과 '후기 비트겐슈타인'으로 나누어서 개설하기에 이른다.

이러한 상황에서 전후기 비트겐슈타인의 철학적 연속성에 대한 물음이 제기되는 것은 자연스러운 현상이라 볼 수 있다. 하나의 비트겐슈타인인가, 아니면 두 개의 비트겐슈타인인가 하는 것이 비트겐슈타인 연구자들 사이에서 그의 철학에 접근하는 데 있어서 매우 중요한 문제로 여겨지곤 하였다. 즉 《탐구》라는 저서의 성격이 《논고》와는 무척 달라 보이고, 또 그것이 담고 있는 내용 역시 전혀 뿌리가 다르다고 해석할 여지가 있기 때문에 두 시기의 연속성에 관한 문제가 자연스럽게 등장했던 것이다.

그러나 1980년대 중반 이후 비트겐슈타인의 철학을 전후기로 분류하는 것이 과연 적절한 것인가에 대한 물음이 제기되었다. 1951년 비트겐슈타인이 죽고 30여 년의 세월이 흐르는 동안 그가 남긴 유고들이 하나둘씩 출판되기 시작했고, 특히 비트겐슈타인 저작의 전체가 CD 형태로 출판이 되면서 그의 철학을 《논고》에 의해 대표되는 전기 철학과 《탐구》에 의해 대표되는 후기 철학으로 이분화하는 것이 반드시 바람직한 것은 아니라는 의견이 제기된 것이다.

그래서 구태여 시기적으로 구분을 시도한다면, 비트겐슈타인이 러셀의 문하에 들어가 철학을 시작한 때로부터 《논고》라는 저작과 더불어 철학을 포기하게 되는 시기까지를 전기 비트겐슈타인, 1929년 케임브리지로 돌아와서 다시 철학을 연구하면서 《논고》의 문제점들을 수정해나가면서 새로운 생각들을 발전시키는 1935년까지를 중기 비트겐슈타인, 그리고 언어게임의 아이디어를 구체화하면서 《탐구》에 담긴 성숙한 사상의 맥을 발전시킨 1936년부터 1951년까지를 후기 비트겐슈타인으로 분류할 수 있을 것이다.

이러한 분류는 어디까지나 그의 철학의 전모를 이해하기 위한 하나의 방편일 뿐 어떤 절대적인 기준이나 분류법이 될 수는 없을 것이다. 또한 전후기 외에 그 사이에 중기 비트겐슈타인이 추가됨으로써 하나의 비트겐슈타인인가, 두 개의 비트겐슈타인인가, 아니면 세 개의 비트겐슈타인인가 하는 새로운 문제가 등장한 것처럼 보일 수 있지만, 역시 그러한 분류 자체가 인위적일 수밖에 없다는 점에서 우리가 크게 얽매일 필요는 없을 것으로 보인다. 단 그러한 분류를 통하여 한 철학자의 사상적 발전이 어떠한 과정을 거쳐 어떻게 변화를 겪었는지를 읽어낼 수 있는 안목을 가지는 것이 더 중요할 것이다.

3
인간 비트겐슈타인 vs. 철학자 비트겐슈타인

비트겐슈타인의 철학을 처음 접할 때 많은 사람들이 보이는 공통된 반응 중 하나는 이해하기 어렵지만 묘하게 끌리는 면이 있다는 것이다. 끌리지만 잘 이해가 안 된다는 것은 많은 사람들로 하여금 이해하려는 시도를 하게 만들었고, 그 결과 아마도 20세기 철학자 중에 비트겐슈타인의 경우처럼 한 사람의 철학에 대한 해석을 시도하는 책과 논문들이 많이 나온 예는 찾아보기 힘들 것이다.

하지만 문제는 그 많은 연구들이 제시한 입장들 사이에 서로 일치하는 부분이 많지 않다는 점이다. 그래서 좀 과장해서 말하자면, 비트겐슈타인의 철학은 그에 대해 해석을 시도하는 사람의 수만큼 여러 다른 해석들이 가능한 것이 아닌가 하는 느낌이 들 정도다.

이러한 상황은 비트겐슈타인을 적절하게 이해하는 데 걸림돌이 될 수 있을 것이다. 한 철학자에 대해 해석자들 대부분이 공유하는 부분이 많지 않기 때문에 그만큼 그 철학자에게 관심을 가진 입문자들에게 그의 철학을 소개하는 것이 어렵다. 하나의 정설定說이 아니라 여러 이설異說들을 함께 소개할 필요가 있기 때문이다.

그러나 이러한 상황이 부정적인 측면만 지니고 있는 것은 결코 아니다. 뒤집어서 말하면 비트겐슈타인의 철학에 대한 해석이 분분하다는 것은 그만큼 당대의 많은 사람들에게 논의의 장을 제공하고 있다는 것이며, 또 앞으로도 얼마든지 재해석의 가능성을 열어두고 있다는 것을 의미하기 때문이다.

대체로 훌륭한 고전은 시대를 넘어 꾸준히 재해석을 통해 사람들에게 새로운 안목과 지혜의 길잡이가 된다. 그런 측면에서 본다면 좀 성급한 판단일 수는 있겠으나 비트겐슈타인은 천재가 없었던 20세기 철학에 드물게 미래를 위한 고전을 남기지 않았는가 하는 생각을 해보게 한다.

그렇다면 무엇이 비트겐슈타인의 철학을 이해하기 어렵게 만드는 것일까? 여기에는 분명 여러 가지 요소들이 작용하고 있겠지만, 가장 중요한 요소로 비트겐슈타인이라는 사람의 성격을 꼽을 수 있다. 대부분의 경우 철학자의 삶과 그 철학자의 사상이 전혀 연관성이 없거나 있다 하더라도 그리 중요하지 않지만, 비트겐슈타인은 삶과 철학이 서로 밀접한 관계를 가지고 있는 철학자이다.

비트겐슈타인의 경우는 철학적인 문제들이 그의 삶을 몰아가서 어쩔 수 없이 철학을 하게 된 것이라고 해도 과언이 아니다. 적어도 외적인 이유만을 본다면, 그가 《논고》의 완성과 더불어 철학을 그만둔 것은 그동안 그를 괴롭혔던 철학 문제들에 대해서 최종적인 해답을 제시했다는 확신 때문이었고, 1929년에 다시 케임브리지로 돌아간 것 역시 자신이 제시한 답이 최종적인 것이 아니었음을 깨달았기 때문이라고 볼 수 있다. 따라서 많은 에피소드가 전하듯이 그는 스스로를 몰아세우는 철학적 문제들을 해결하지 않고서는 일상적인 삶을 평범하게 살아갈 수 없었던 것이다. 그에게는 철학 문제들이 마치 고문과도 같이 그가 세상을 떠나는 순간까지 따라다녔음에 틀림없다.

철학에 입문한 이래 비트겐슈타인은 하나의 문제를 해결하고 나면 그 스스로의 내부에서 또 다른 위기에 의해 새로운 문제에 직면하게 되고, 또 그것을 해결하고 나면 다른 새로운 문제가 다가오는 식으로 철학적 문제들이 그의 일생 동안 내내 따라다녔다고 할 수 있다. 이점에서 그에게 철학자로서 궁극적인 업적을 남긴다는 것은 철학 자체를 불필요하게 만드는 그런 작업을 완수하는 일이었을 것이다. 분명 그는 그런 목적을 가지고 철학을 해나갔을 것이다. 그리고 그러한 작업이 자신의 사적인 삶과 분리할 수 있는 것은 아니었던 것 같다.

그가 철학적인 문제에 대해서 무엇인가를 적을 때 사용한 공책은 다름 아닌 그의 일기장이었다. 좀 더 정확히 말하면, 그는 하나의 공책에 그의 일기도 적고 철학적 사유의 결과물을 적기도 했는데, 철학적 사유도 마치 일기와 같이 날짜를 적으며 기록해나갔기 때문에 그것을 하나의 독립된 철학 저술로 보는 것보다는 차라리 한 인간의 일기의 철학적 확장으로 보는 것이 더 적절하다는 생각이 든다.

물론 이러한 저술 방식은 후에 비트겐슈타인의 저작 편집을 맡은 일부 제자들에게 완전히 사적인 일기의 내용으로부터 철학적 내용을 구별해내야만 하는 고충을 안겨주었다. 하지만 이러한 방식은 동시에 한 철학자의 사상이 발전해나가는 흐름을 날짜별로 확인할 수 있게 해주는 철학사에서 결코 찾아보기 어려운 특징이다.

최근 발견된 비트겐슈타인의 일기에서 그러한 생각이 결코 무리한 추측이 아님을 잘 보여주는 글을 찾아볼 수 있다. 산간마을에서 교사 생활을 하던 시절 동료였던 루돌프 코더Rudolf Koder의 가족들이 소장하고 있던 이 일기는 1930년대와 40년대의 글들을 담고 있다. 여기서 비트겐슈타인은 자신의 변화한 생각을 이해하려면 그가 예전에 가졌던 생각을 되돌아보는 과정에서 새로운 생각들이 나오게 되었음을 이해하면 된다고 적고 있다. 자신의 철학과 삶이 한데 어우러져 있음을 비트겐슈타인 스스로가 인정하고 있는 셈이다.

어찌 되었든 비트겐슈타인은 《논고》 이외의 어떤 철학 저술도 살아 있는 동안 출판하지 않았기 때문에 출판은 편집자들의 몫이었고, 편집자들은 편집 및 출판 과정에서 무엇을 어떻게 출판할 것인가의 문제로 어려움에 봉착했다. 왜냐하면 비트겐슈타인은 마치 일기 쓰듯이 철학적 단상들을 적어나갔고, 시일이 지난 뒤 과거의 생각이 틀렸다고 느꼈을 때는 자신의 수정된 생각들을 적었으며, 또 후에 다시 마음이 바뀌면 입장을 바꾸어 적기도 했기 때문이다.

하나의 철학적 문제에 대한 고민이 언제 시작해서 어떻게 변화했는가를 정확히 지적해낼 수 있다는 것은 무척 흥미로운 일임에 틀림없지만, 그 모든 과정을 활자화해서 출판한다는 것은 무의미한 일일 수도 있을 것이다. 사람들은 도대체 하나의 문제에 대한 그의 입장이 무엇인지 알기를 원하지만, 비트겐슈타인의 철학 일기는 그러한 독자들의 욕구를 충족시켜주기에는 그 내용이 지나치게 사적인 경우가 많다.

물론 비트겐슈타인은 시간이 흐름에 따라 오류 수정 과정을 여러 번 거친 후에 나름대로 만족할 만한 수준에 올랐다고 여기는 경우 타자수를 고용하여 준비된 원고를 타자본으로 만들기도 했다. 이를테면 이는 출판 가능성을 염두에 둔 예비 단계의 원고인 셈이다.

하지만 그렇게 어렵게 만든 타자본이 스스로를 만족시킨 적은 거의 없었던 모양이다. 그는 시간이 지나면 다시 타자본 위에 연필로 수정을 하곤 했고, 한동안 수정하다가도 그러한 수정 작업이 가치 없는 일이라고 여기게 되면, 그 작업을 아예 포기하고 다시 공책에 새로운 생각들을 적어나가기 시작하였다.

우리가 전기 비트겐슈타인의 대표작으로 알고 있는 《논고》의 경우도 전쟁터에서 쓴 일기장에서 시작되었음은 이미 언급한 바 있다. 하지만 《논고》의 경우는 끊임없는 수정의 결과물이라고 보기는 어렵다. 《논고》이전에 씌어졌으며 《논고》의 토대가 되는 《노트: 1914~1916 Notebooks: 1914~1916》이 없었던 것은 아니지만, 그래도 비교적 짧은 시간에 완성되었고 스스로 출판을 의도할 정도로 자신감이 있었다.

그러나 후기 비트겐슈타인의 대표작이라 할 수 있는 《탐구》는 반복된 수정과 개정 작업의 결과물이다. 그의 제자였던 앤스콤과 러시 리스가 편집하고 앤스콤이 영어로 번역하여 1953년에 초판이 출간된 《탐구》는 크게 1, 2부로 구성되어 있다. 1부의 경우 1936년 이후에 작성한 일기 형태의 여러 노트들에서 마음에 드는 글들을 가위로 오려서 하나의 책자에 보관한 자료를 이용하기도 했고, 일부 주제에 대해서는 1940년대 중반 이후에 덧붙여진 내용들로 이루어져 있다.

그런데 2부의 경우 원래 비트겐슈타인이 《탐구》라는 책에 수록하고자 했던 내용인지에 대한 의문이 제기되었다. 초판 출간 당시는 비트겐슈타인 유고에 대한 연구가 본격적으로 진행되기 이전이었으므로 편집 과정에서 편집자들의 자의적인 판단이 크게 작용했던 것으로 여겨진다. 결국 2009년에 출간된 《탐구》의 제4판에서는 유고 연구 결과를 반영하여 1부만이 《탐구》의 내용으로 수록되었고, 그와 독립적인 저작으로 판단되는 2부는 《심리철학 – 단편들》이라는 제목의 저작으로 분리되어 부록으로 실렸다.

4
저작 스타일

　자신의 삶을 철학과 분리하여 생각하지 않았던 비트겐슈타인의 특성은 그의 저작에 그대로 스며들어 있으며, 바로 그러한 측면이 그의 철학을 이해하는 데 하나의 장애로 남아있다. 물론 사람에 따라서는 한 철학자의 철학을 이해하려 할 때 그저 그가 남긴 저작물만을 토대로 연구해야 한다고 주장할지도 모르겠다. 어차피 후대에 남겨지는 사상의 구체적이고도 가장 확실한 증거는 문서화된 것들뿐이기 때문이다. 그리하여 설혹 비트겐슈타인의 철학을 그의 삶의 편력과 연관지어 이해하려는 시도가 옳지 않은 것이라 해도 비트겐슈타인의 독특한 저작 스타일이 그의 철학을 이해하는 데 장애물로 작용하고 있음은 틀림없어 보인다.

　이를테면 《논고》만 해도 앞서 말한 바와 같이 매우 짧은 분량의 책으로 경구 내지는 잠언과 같은 형태의 글들로 이루어져 있다. 만약 비트겐슈타인이 자신이 도입한 생소한 개념들에 대한 보충설명이라도 친절하게 제공했다면 문제가 다르겠지만, 《논고》의 글들은 구조적으로 서로 관련성은 있지만 어떠한 기준으로 보아도 상세한 설명들이라고 할 수는 없다. 게다가 그는 마치 도서관에서 책을 분류하거나 슈퍼마켓에서 물품을 분류하듯이 각각의 문장에 독특한 형태의 일련번호를 붙여가며 나열했다.

　그래서 《논고》의 첫 문장에는 1이라는 숫자가 붙어있으며, 마지막 문장은 7이라는 숫자로 시작한다. 그리고 그 사이의 문장들에서는 문장 1에 대한 언급이라고 할 때 1.1이라고 썼고, 다시 1.1에 대한 언급이 필요할 경우에는 1.11이라는 숫자를 사용하는 식으로 문장들에 대한 나름대로의 분류를 시도했던 것이다.

이러한 비트겐슈타인 스스로의 분류가, 도움이 되지 않는 것은 아니지만, 독자들이 《논고》를 한결 쉽게 이해하게 해주는 역할을 한다고 보기는 어렵다. 《논고》와 같은 성격의 책은 오히려 번호 대신 전통적인 책 쓰기 방법에 따른 장과 절에 의한 서술이 더 이해를 쉽게 했을 것이다. 하지만 아마도 비트겐슈타인은 자신의 글이 마치 하나의 논증과 같은 구조를 지녔다고 생각한 듯하며, 그런 이유로 인하여 전통적인 글쓰기 방법 대신 나름대로의 독특한 방법을 고안해낸 것 같다.

그의 글 쓰는 방법이 독자들에게 큰 도움이 되지 못했음은 분명하다. 《논고》를 대단한 책으로 여겼던 빈 서클의 구성원들은 독회 모임을 통해서 문장을 하나씩 소리 내어 읽으면서 토론을 벌이곤 했지만, 책 자체가 너무 간략한 설명밖에는 없었기 때문에 이해에 곤란함을 느꼈다. 《논고》에 대한 그들의 지적 호기심은 급기야는 그들의 공식적인 대표였던 슐리크로 하여금 산간마을에서 교사를 하고 있는 비트겐슈타인을 직접 찾아 나서게 만들기도 했다.

결국 빈 서클의 일부 멤버들은 빈에서 비트겐슈타인과 만나는 데 성공하고, 그러한 모임을 계기로 《논고》에 대한 해설서를 만들자는 아이디어까지 나오게 된다. 비록 성사되지는 않았지만, 《논고》가 출판된 지 10년도 채 되지 않아서 바이스만이 비트겐슈타인의 감수 아래 해설서를 준비하고 있었다는 것만 보더라도, 이 20세기의 명저는 이미 출판 당시부터 제대로 이해하기 위해서는 본문의 분량보다 훨씬 많은 설명이 필요한 책이었음을 짐작케 한다.

이처럼 비트겐슈타인 글의 독특함은 《논고》에서부터 이미 독자들을 곤경에 빠뜨리기에 충분했지만, 그러한 어려움은 중기 이후의 저작들로 넘어가면서 더욱 심화된다. 중기 이후 저작들의 특징은 일종의 대화의 형태를 띤다는 것인데, 이러한 특징은 《탐구》에서 눈에 띄게 잘 드러난다.

흔히 쓰이는 구성 방식인 장과 절의 구분이 없이 문단들 사이에 1, 2, 3, 4… 등의 일련번호가 부여되어있는 《탐구》에서 비트겐슈타인은 자신의 입장을 설명하는 듯하다가 따옴표에 의해 구분되는 가상의 대화자의 목소리를 등장시켜서 자신의 입장에 대한 반론을 펴게 한다. 경우에 따라서 비트겐슈타인은 가상의 대화자에 대한 재반론을 펴기도 하지만, 그러한 가상의 대화자와 나누는 대화가 우리가 통상적으로 이야기하는 논증이나 논쟁의 형태를 갖추었다고 보기는 어렵다.

어떤 때는 가상의 대화자의 발언이 어떤 의도에서 삽입된 것인지가 불분명하기도 하고, 또 어떤 경우에는 진정 비트겐슈타인이 자신의 목소리를 가상의 대화자를 통해서 드러내려고 한 것이 아닌가 하는 의혹이 들기도 한다. 바로 이러한 점들 때문에 《탐구》를 읽다보면 도대체 진정 비트겐슈타인이 이 책을 통해 말하고자 하는 바가 무엇인지를 파악하기가 무척 어려워진다.

결국 새롭고도 독특한 그만의 스타일로 써져 있는 《탐구》는 그러한 스타일이 매력적으로 느껴지기도 하지만, 바로 그러한 스타일 때문에 이해하기 어려운 책이 되고 말았다. 분명히 여러 주제를 다루고 있음에도 불구하고, 독자들은 책을 읽다보면 언제 어떻게 하나의 주제에서 다른 주제로 넘어갔는지를 깨닫지 못할 정도로 묘한 방식으로 기술되어있다. 물론 《탐구》의 경우에도 일련번호는 여전히 등장하지만, 이번에는 《논고》와는 다른 의미의 일련번호다. 적어도 《논고》에서는 자신의 입장을 부연 설명하려는 의도 아래 분류적으로 번호를 매겼지만, 《탐구》에서는 매겨진 번호들에서 그저 한 문단을 다른 문단과 구별해주는 성격 이상의 의미를 찾기는 어렵다. 그래서 새로운 번호로 시작하는 문단이 그 번호와 더불어 새로운 주제가 시작됨을 알리는 역할을 하는 경우가 없지는 않지만, 비트겐슈타인 자신이 그런 의도를 가지고 새 번호를 매겼는지는 알 수 없다.

이처럼 《논고》와 《탐구》 모두 비트겐슈타인 나름의 새롭고도 독특한 글쓰기로 인하여 전통적인 글에 익숙한 독자들을 사뭇 당황하게 만든다. 거의 대부분 독일어로 쓰인 비트겐슈타인의 글 자체는 그리 화려하거나 장황한 것은 아니다. 문장을 한 번 시작하면 한두 페이지가 지난 다음에야 마침표를 찍는 일부 독일 철학자들과 달리 그의 글은 군더더기 수식어가 거의 없는 간단한 문장들로 이루어져 오래 읽다 보면 담백하다 못해 건조한 느낌을 받게 된다.

그래서 한 문장이 한 줄 혹은 두 줄 만에 끝나는 비트겐슈타인의 독일어 문체는 장황하게 늘어지는 일부 독일 철학자들의 독일어에 대한 변증법적 반정립을 보는 듯한 느낌마저 준다. 아이러니는 독일 철학자들의 글이 늘어지기 때문에 이해하기가 어렵다면, 반대 극단에 있는 비트겐슈타인의 글은 너무 짧기 때문에 이해가 안 된다는 것이다.

이처럼 비트겐슈타인의 철학을 이해하기 어려운 이유들이 한 인간으로서 그리고 하나의 철학자로서 비트겐슈타인의 특이한 성격과 독특한 글쓰기 방식 때문이라면, 그의 철학을 이해하는 일이 그리 쉽지 않을 것이라는 생각이 든다. 하지만 그러한 난관을 극복하는 일은, 비트겐슈타인의 철학을 이해하기 어렵게 만든 또 다른 이유를 다음 절에서 살펴보고 그로부터 벗어나려는 시도를 통해서 가능할 것이다.

5 / 비트겐슈타인 유고와 그 출판 과정

비트겐슈타인은 그가 살아서 활동을 하고 있을 때부터 이미 전설적인 인물이었다. 전설이라면 이미 오래된 과거의 이야기일 텐데 멀쩡히 살아있는 비트겐슈타인에게 그런 표현이 따라다닌 것은 그만큼 그가 학계로부터 자신을 스스로 격리하면서 접근하기 어려운 사람으로 만들어버렸기 때문이다.

앞서 말했듯이, 그는 소수의 충성스런 학생들을 대상으로 강의를 하였다. 이미 1930~40년대에 그의 철학적 사고의 결과는 상당 부분 무르익어있었지만, 그러한 결과는 그의 강의를 듣는 소수의 학부생들만 접할 수 있었을 뿐 거의 알려지지 않았다. 따라서 영국 철학계에서는 《논고》이후로 그가 어떤 생각을 가지고 어떤 철학을 발전시키고 있었는지에 대한 정확한 정보를 알 수 없었다.

비트겐슈타인은 스스로를 그런 베일로 가린 상황에서 세상을 떠났다. 어쩌면 그야말로 철학의 전설 속 인물로 사라져버렸을지도 모를 일이었다. 그런데 놀랍게도 그의 유품에서 방대한 양의 원고가 발견되었다. 작은 노트와 큰 노트는 물론, 타자본으로 만든 원고와 노트들 중에서 발췌한 내용을 모아둔 또 다른 노트 등 전부 합하여 약 2만 페이지 분량의 유고에 대한 소유권과 처분권이 그가 아끼던 세 명의 제자들에게 돌아갔던 것이다.

이들 유고 중에서 오늘에 이르기까지 약 20권에 달하는 책들이 출판되었고, 앞서 언급한 것처럼 유고 전체가 CD로 제작되기도 하였다. 사후 60년 동안 20권 정도가 꾸준히 출판된 것은 결코 과소평가할 수 없는 노력의 결과라고 할 수 있다. 특히 《확실성에 관하여 On Certainty》나 《색채론 Remarks on Colours》, 《심리철학에 관한 마지막 글 Last Writings on the Philosophy of Psychology》과 같은 저작들의 출간은 《탐구》 이후 비트겐슈타인의 생각이 어떻게 변화했는지를 확인할 수 있게 해주었다. 그러나 일부 유고는 출판을 위한 편집 단계에서 편집자가 임의로 내용을 추려 출판되기도 하여 비트겐슈타인의 생각의 변화를 독자들이 적절하게 이해하는 데 장애가 되기도 했다.

이를테면, 이른바 《대타자본 The Big Typescript》의 운명에 관한 것이 그러한 장애물의 한 사례가 될 수 있을 것이다. 비트겐슈타인은 그의 방대한 양의 저작물에서 나름대로의 스타일로 글을 썼지만, 유일하게 이 하나의 텍스트에서만은 전통적인 글쓰기 방식을 취했다. 그는 완성도에 있어서 어느 정도 만족감을 느낀 텍스트를 타자본으로 만들어서 보관하고 있었는데, 이것이 오늘날 이른바 《대타자본》으로 알려진 것이다.

《대타자본》은 수백 쪽 분량으로 광범위한 철학 주제들을 다루고 있는데, 가장 특이할 점은 이 책이 장과 절의 구분에 의해 서술된 전통적인 형식을 취하고 있다는 것이다. 특히 타자본으로 만든 것으로 짐작건대 비트겐슈타인이 한때 출판을 심각하게 고려했던 것으로 보인다. 그러나 시일이 지난 후 그는 이 타자본에 불만족하였는지, 수정 작업을 하기 시작했다가 나중에는 그냥 미완성인 채로 내버려두었던 것으로 여겨진다.

문제는 유고에 대해서 전권을 행사하고 있던 제자들 중의 하나인 러시 리스가 《대타자본》을 출간하기 위한 편집 과정에서 타자본의 전체가 아닌 일부를 이곳저곳에서 발췌하여 출판했다는 데 있다. 편집자는 비트겐슈타인이 《대타자본》 자체에 대해서 만족하지 않았고, 수정 도중에 포기한 걸로 보아 전체를 출판할 필요가 없다고 판단한 것이었다. 비록 2005년에 원래의 타자본 전체가 독영 대역본의 형태로 출간됨으로써 논란의 종지부를 찍게 되었지만, 1969년 《철학적 문법》이라는 제목으로 처음 출간될 때 비트겐슈타인이 준비한 내용 전체가 아니라 그중 일부만이 책의 형태로 출간된 것이라서 중기 비트겐슈타인의 주요 관심사에 대한 올바른 이해에 장애가 되었다고 볼 수 있다.

실로 비트겐슈타인 사후 30~40년간 유고의 출판 양상은 비트겐슈타인을 《논고》와 《탐구》를 두 축으로 이해하는 데 일조를 했다고 해도 과언이 아니다. 중기의 저작은 그가 학생들에게 구술했던 《청색책과 갈색책》을 제외하면 단 두 권 《철학적 의견》과 《철학적 문법》으로 출판되었는데, 앞의 저작은 1930년대 초 케임브리지 대학에 연구비를 신청하기 위해 제출한 원고를 토대로 편집한 것이었고, 뒤의 것은 《대타자본》의 일부만 편집자가 임의로 편집한 내용을 담은 것이었다. 결국 중기에도 무척 생산적인 저작 활동을 하고 있었음에도 불구하고, 여러 이유에 의해서 이들 저작은 출판의 우선 순위에서 계속 밀려났던 것이다.

이러한 과정을 통해서 비트겐슈타인의 철학은 《논고》와 《탐구》 중심으로 이루어지게 된 것이다. 하지만 분명히 《논고》와 《탐구》 사이를 연결시켜주는 매우 중요한 시기의 저작들이 있었으며, 비트겐슈타인 사후 오랜 시간이 흐른 후에야 비로소 이들 저작이 인쇄되어 나오기 시작한 것이다. 그때까지는 한 철학자의 전체 저작에 대한 접근조차 용이하지 않았음을 고려한다면, 유고의 출판 과정에 의혹이 제기될 수밖에 없었을 것이다.

일부에서는 세 명의 유고 관리자들 중 일부는 자신들이 유고를 독점하고 있으므로 그들이 이해한 방향에 따라 비트겐슈타인을 철학계에 소개하려고 했던 것이 아닌가 하는 추측을 하고 있다. 일례로 널리 정착된 《논고》와 《탐구》 중심의 비트겐슈타인 이해, 즉 전기 비트겐슈타인과 후기 비트겐슈타인으로 구분하여 접근하는 방식은 유고가 소개되어 나온 방식에 영향을 받았다. 그러나 최근에는 비트겐슈타인의 중기 저작의 중요성은 물론 후기 비트겐슈타인과 구분하여 '제3의 비트겐슈타인'으로 칭해야 한다는 움직임이 있을 정도로 《탐구》 이후 비트겐슈타인 철학의 변화에 대해서도 비중 있게 논의되고 있다.

어쨌든 모든 연구자가 동등한 위치에서 비트겐슈타인의 유고 전체를 볼 수 있게 된 것이 그의 사후 50년 가까이 지난 뒤라는 것은 그만큼 비트겐슈타인에 대한 더 많은 새로운 연구 성과를 기대하게 한다. 물론 비트겐슈타인 외에도 많은 철학자들이 방대한 유고를 남겼으며, 일부 유명 철학자들의 경우 아직도 그 유고들이 채 출간되지 않거나 최근에서야 빛을 보게 되었다는 사실에 비추어 비트겐슈타인의 유고가 갖는 중요성을 그리 높이 평가할 수 없다는 주장도 가능할 것이다.

그러나 철학자 비트겐슈타인의 경우 그 독특성이 유고에서도 나타난다. 그는 살아있는 동안 글을 발표하기를 극도로 꺼렸던 인물이다. 바로 그런 이유 때문에 사람들은 그의 사후 그가 방대한 양의 유고를 남겼다는 사실을 알고 놀라지 않을 수 없었던 것이다. 그가 글을 발표하지 않았다고 해서 그 모든 유고가 가치가 없는 것이라고 볼 수도 없다. 왜냐하면 그는 일부 원고에 대해서는 가치가 없다고 언급하기도 했지만, 또 어떤 경우는 철제 금고 안에 원고를 보관하면서 '불이 났을 경우에 세상에 한 부밖에 없는 이 원고들을 살리기 위해서'라고 말했을 정도로 자신의 원고에 애착을 가지고 있었다.

바로 이러한 이유들로 인하여 1980년대 중반 이후부터는 비트겐슈타인의 철학을 좀 더 넓은 시각에서 재조명하려는 시도들이 나타나기 시작했다. '비트겐슈타인에 대한 신화 깨기'라는 말로 표현할 수 있는 이러한 움직임은 그동안 출판된 비트겐슈타인의 일부 저작을 토대로 그의 철학을 이해하려는 시도에서 벗어나 좀 더 폭넓은 텍스트를 기초로 연구를 진행해야 한다는 자각과 더불어 널리 받아들여지던 해석들에 대한 재조명을 시도하고 있다. 앞서 언급했듯이 비트겐슈타인 철학의 시기 구분에 대해서도 단순히 전기와 후기로 구분하는 것을 넘어 중기 비트겐슈타인의 중요성이 부각되기 시작했고, 제3의 비트겐슈타인 논의가 등장하기도 했다. 또한 특정 언어관을 제시하고 있다는 기존의 해석을 뒤집고 《논고》에는 어떠한 이론도 제시되지 않았다는 주장도 상당히 설득력 있는 해석으로 대두되었다.

　이러한 상황은 때때로 비트겐슈타인을 예수와 흥미롭게 비교할 수 있게 해준다. 예수는 12명의 가까운 제자들에게 가르침을 남겼다. 예수 사후 일부 제자들이 보고 들은 것에 대한 기록이 복음서로 전해지고 있다. 그런데 오늘날 복음서를 읽다보면, 가장 가까운 거리에서 예수를 모시면서 가르침을 받은 이 제자들이 진정 예수의 가르침을 가장 잘 이해한 사람은 아니었다는 느낌을 받게 된다. 마찬가지로 비트겐슈타인에게는 총애하는 제자들이 여럿 있었다. 그리고 그들은 비트겐슈타인에게서 직접 가르침을 받은 유일한 사람들이었다. 그러나 그러한 사실이 그들을 비트겐슈타인의 철학을 가장 잘 이해한 사람으로 만들어주는 것 같지는 않다는 생각을 지울 수 없다.

제2장

전기 | 비트겐슈타인

1

《논리철학논고》의 문제의식

비트겐슈타인이 20대에 그것도 전쟁의 포화 속에서 완성한 《논리철학논고》는 천재의 작품임에 틀림없다. 앞에서 소개했듯이 러셀은 비트겐슈타인이 지금까지 그가 본 다른 어느 누구보다도 더 천재의 모델에 적합한 인물이라는 평가를 하였는데, 그때 이미 비트겐슈타인이 훗날 《논고》와 같은 대작을 만들어낼 것이라는 점을 예측했을까? 아마도 비트겐슈타인은 스스로 100페이지가 채 안 되는 이 짧은 책의 가치에 대해서 충분히 확신을 했던 것 같다. 그는 서문에서 다음과 같이 자신 있는 어조로 선언한다.

> 아마도 이 책은 이미 여기에 표현된 내용을 생각해본 사람 혹은 적어도 그와 유사한 생각을 해본 사람들에게만 이해될 것이다. 그래서 이 책은 교과서가 아니다. 만약 이 책이 이 책을 이해한 한 사람에게 기쁨을 준다면 그것으로 이 책의 목적은 이루어질 것이다.
>
> 이 책은 철학의 문제들을 다루고 있으며, 내가 믿기에, 그 문제들이 우리의 언어의 논리를 오해한 데서 생긴다는 점을 보여주고 있다. 이 책의 전체적 의미는 다음과 같은 말로 요약될 수 있다: 말하여질 수 있는 것은 명료하게 말해질 수 있고, 말할 수 없는 것에 대해서는 침묵해야 한다.
>
> 따라서 이 책의 목적은 사고의 한계 ― 또는 사고의 표현의 한

계 — 를 그리는 것이다. 왜냐하면 사고의 한계를 그릴 수 있기 위해서 우리는 한계의 양 측면 모두를 생각할 수 있어야 할 것이기 때문이다. (즉, 사고될 수 없는 것도 사고할 수 있어야 한다.)

따라서 언어에서만 한계가 그어질 수 있으며, 한계의 다른 쪽에 놓여있는 것은 그저 무의미할 뿐이다. (중략)

여기에 적힌 사고의 **진리성**에 대해서는 공격 불가능하며 완결적이다. 따라서 나는 모든 본질적인 점들에 있어서 문제의 최종적 해결점을 찾았다고 믿는다.

철학에서 풀어야 할 모든 문제를 완전히 해결했다는 자신감을 넘어서 오만한 느낌마저 주는 이 서문에서 비트겐슈타인은 그가 책에서 말하고자 하는 것의 요지를 간략하게 압축해서 설명하고 있다. 먼저 비트겐슈타인은 자신의 문제의식이 무엇인지에 대해 분명히 하고 있는데, 그것은 철학의 문제들이 언어의 논리를 오해한 데서 생긴다는 것이다. 소크라테스 이래 철학에서 제기된 대부분의 문제들은 사실 우리가 사용하는 언어의 논리를 잘못 이해한 데서 왔다는 것이다. 결국 철학의 문제를 해결하기 위해 가장 먼저 시도해야 할 것은 언어의 논리를 올바로 이해하는 일이라는 것을 함축하고 있다.

언어의 논리를 올바로 이해했을 때, 자신의 문제의식에 대해 비트겐슈타인은 다음과 같은 해결 방안을 제시할 수 있다고 보았다. 철학의 문제들이 생겨난 것은 철학자들이 언어의 논리가 허용하는 범위를 넘어선 곳에서 언어를 사용하기 때문이므로, 결국 언어의 논리를 올바로 이해하여 그 논리가 적용될 수 있는 한계를 명확히 하면 우리에게 주어진 철학의 문제들이 말할 수 없는 것에 관한 이야기들이었음을 알게 되고, 뿐만 아니라 새로운 철학적 문제들이 발생하는 것을 방지할 수 있다는 것이다.

말하여질 수 있는 것은 명료하게 말해질 수 있고 말할 수 없는 것에 대해서는 침묵해야 한다는 것은, 곧 우리의 언어의 논리가 가진 한계를 통해서 그 두 가지를 구분할 수 있다는 것이다. 여기서 비트겐슈타인은 대부분 철학의 문장들은 말할 수 없는 것에 대해서 말하려는 시도의 결과였다고 보고 있다. 종래의 철학자들의 주장들은 한결같이 그러한 주장의 합법성을 갖추지 못한 채 우리 언어의 논리를 남용한 결과 무의미한 문장들을 양산해내었다는 것이다.

이러한 입장이 암시하고 있는 메시지는 더 이상 종래의 철학자들과 같은 방식으로 철학을 해서는 안 된다는 것이다. 과거의 방법은 논리적 정당성도 갖추지 못한 채 사람들을 철학이라는 이름 아래 미혹에 빠뜨리기에 충분하다는 것이며, 이제 그러한 사실을 알게 되었으므로 철학은 새로운 모습으로 다시 태어나야 한다는 것이다. 다음 절에서 살펴보겠지만, 비트겐슈타인은 그러한 새 모습으로 철학은 이론이 아니라 활동이어야 한다고 말한다.

철학사에 익숙한 독자들에게 이러한 생각은 자연스럽게 18세기의 철학자 칸트의 그것과 유사하다는 느낌을 줄 것이다. 칸트 역시 그 이전의 철학에 대해서 무척 불만족스러워했다. 그는 《순수이성비판》의 서문에서 한때 모든 학문의 여왕이라 불리던 형이상학의 불만족스런 상태에 대해 한탄하며, 안정적인 학문의 길을 제시해야 할 필요성에 대해 역설한다.

만학의 기초로서 역할을 충실히 수행해야 할 철학이 그렇게 하지 못하는 이유로 칸트는 자신들에게 주어진 권한을 넘어서는 철학자들의 습성을 들고 있다. 인간에게는 이성을 이용하여 무엇인가를 알 수 있는 능력이 있는데, 철학자들은 그러한 능력이 적용되지 않는 영역에 대해서 알고자 하는 충동 때문에 철학에서 무의미한 문장들을 만들어 내고 있다는 것이다. 칸트의 의도는 바로 우리의 이성이 가진 한계를 명확히 함으로써 의미 있는 영역과 의미 없는 영역을 구분하여 철학의 올바른 길을 제시하는 것이었다.

이처럼 비트겐슈타인의 생각은 칸트의 그것과 유사해 보이지만, 두 철학자의 결정적 차이는 칸트가 인간의 사고 능력에 대해 비판적으로 접근하고 있는 반면 비트겐슈타인은 사고의 표현인 언어 능력을 주목하고 있다는 점에 있다. 어떤 의미에서 소크라테스 이래 서양 철학사는 사람이 생각하는 바에 대한 탐구로 점철되었다고 해도 과언이 아니다. 그런 측면에서는 칸트도 예외가 아니다. 그러나 비트겐슈타인은 처음으로 문제가 사람이 **생각하는 바**에 있는 것이 아니라 **생각하는 바를 표현하는 것**에 있다고 주장한 철학자다. 즉 철학자들은 자신의 관심을 생각의 차원에서 언어의 차원으로 돌려야 한다는 것이다. 그래서 20세기의 철학을 돌아볼 때 비트겐슈타인에 의해서 **언어적 전환**the linguistic turn이 시작되었다고 평가하는 것이다.

2
철학의 기능과 역할

《논고》에서 비트겐슈타인은 종래 철학의 문제점을 지적하고 새로운 철학 방법을 드러내고 있다. 여기서 종래의 철학이라 함은 비트겐슈타인 이전의 모든 철학을 의미하며, 스승인 러셀도 포함한다고 할 수 있다. 비록 러셀은 20세기에 등장한 새로운 철학의 기수로서 비트겐슈타인과 공유하는 관심사가 많았음에도 불구하고 다분히 과거의 전통적인 철학의 색채를 지니고 있었다. 반면 비트겐슈타인의 경우 종래 철학에서 다루었던 주제들인 존재, 진리, 지식, 가치와 같은 문제에 대한 접근을 배제하고 나름대로 철학은 어떤 것이어야 하는지 의견을 제시하고 있다.

먼저 비트겐슈타인은 모든 철학은 언어에 대한 비판이라고 못을 박고 있다(《논고》 4.0031). 즉 철학이란 결코 생각하는 바에 관한 것이 될 수 없고, 생각하는 바를 표현하는 것에 관한 것이므로 언어와 그 논리에 대한 연구일 수밖에 없다는 것이다. 그런데 비트겐슈타인은 그러한 연구는 근대 이후에 위력을 발휘하고 있는 자연과학적인 접근 방법을 취할 수는 없다고 생각했다. 바꾸어 말해, 철학은 자연과학과 같은 종류의 무엇이 아니라는 것이다(《논고》 4.111).

언어를 하나의 연구 대상으로 하여 과학적인 접근 방법을 취하는 대표적인 학문이 언어학이다. 그러나 비트겐슈타인이 언어에 대한 경험적이거나 과학적인 연구에 관심을 가졌던 것은 아니다. 또한 여기서 그가 엄밀한 수학의 언어를 빌어 자연 세계를 이해하고 표현하고자 하는 물리학을 염두에 두고 있다고 할 수도 없다. 그는 과학적 방법은 과학이 다루는 대상을 지나치게 단순화하는 경향이 있는데, 그러한 경향은 철학에 적용될 수 없는 것이라고 생각했다.

철학이 언어에 대한 비판이라고 할 때 그러한 기능은 경험적인 언어를 대상으로 한다고 볼 수 없으며, 언어의 본질을 이해하기 위해 단순화를 시도하는 것일 수도 없다. 그는 철학이 그 성격상 자연과학과 나란히 위치할 수 없으며, 그 위 아니면 아래에 위치하는 학문이라고 주장한다.

그렇다면 자연과학과 구분되는 독특한 위치에서 철학은 어떻게 언어에 대한 비판이라는 역할을 수행할 수 있을까? 비트겐슈타인은 우리 사고의 논리적 명료화를 통해서 그것이 가능하다고 보았다. 이러한 명료화의 과정은 종래의 철학자들이 해온 것처럼 "진리란 무엇인가?" 또는 "선이란 무엇인가?"라는 질문을 묻고 그러한 질문에 답하는 과정이 아니다. 전통적으로 철학자들은 그러한 물음에 답하기 위해 저마다 철학적 주의나 주장 혹은 이론들을 만들어왔다. 그런데 비트겐슈타인은 철학의 목적은 그러한 것들이 될 수 없다고 말하는 것이다.

그는 오랜 철학의 역사 속에서 철학자들이 이미 만들어놓은 많은 철학의 문장들과 이론들을 철학이 활동으로서 다루어야 할 대상으로 여겼다. 바꾸어 말해 철학에서는 더 이상 새로운 주의나 주장 혹은 이론이 필요하지 않다는 것이다. 왜 그럴까? 비트겐슈타인은 그때까지 만들어진 많은 철학 이론들이 사실은 우리의 언어의 논리를 제대로 이해하지 못한 데서 나온 결과물이라고 생각했기 때문이다. 따라서 이렇게 잘못 만들어진 이론들이 담고 있는 철학의 문장들을 논리적으로 명료하게 하는 활동이야말로 새로운 철학이 해야 할 일이라고 보았다.

이것은 종래의 철학은 전부 그것이 언어의 논리가 허용하는 한계를 넘어 말로 담을 수 없는 것을 표현하려는 시도였다는 비트겐슈타인의 판단에 기초한다. 그는 새로운 철학은 우리가 **사고할 수 있는 것과 사고할 수 없는 것**의 한계를 명확하게 설정해야 한다고 말한다. 그에 따르면 여기서 **사고할 수 있는 것**은 곧 **말해질 수 있는 것**을 의미하며, **사고할 수 없는 것**은 **말로 담을 수 없는 것**을 의미한다. 그렇다면 종래의 철학은 전부 말로 담을 수 없는 것을 말로 표현하려는 시도였으므로, 언어의 논리가 보장하는 합법성의 한계를 넘어서 무엇인가를 열심히 말하고 있는 셈이 된다. 따라서 그의 눈에는 종래의 철학이 생산해낸 문장들을 논리적으로 명료하게 만드는 것이 시급한 과제로 보였던 것이다.

결국 그러한 판단 아래 종래와 같이 다시금 "진리란 무엇인가?"나 "선이란 무엇인가?"에 대한 새로운 해답을 구하려는 시도는 무의미하다는 것이다. 비트겐슈타인의 의도는 지금까지 나온 진리에 대한 이론이나 선에 대한 이론들이 잘못된 것이기 때문에 거부하는 것이 아니라 그러한 질문에 답하려는 시도 자체가 적절치 못하다는 얘기다. 따라서 그는 철학의 문제들이 새로운 이론이나 옳은 이론을 만들어냄으로써 해결될 것이라고는 생각하지 않았다. 도리어 철학은 그러한 질문과 그러한 질문에 답하려는 시도가 왜 잘못된 것인가를, 우리가 사용하는 언어의 논리에 주목하여 밝혀내고 철학자들이 다시는 그러한 혼란에 빠지지 않도록 해야 한다는 것이다. 결국 그에게 철학은 이론을 만들어내는 것이 아니라 하나의 활동이다. 그는 철학이라는 학문의 성격을 완전히 새롭게 규정하고 있는 셈이다.

그렇다면 여기서 생기는 의문은 종래의 철학자들이 다루었던 주제들에 대해서 이제 어떤 태도를 취해야 하는지에 관한 것이다. 만약 "선이란 무엇인가?"라는 물음이 잘못된 질문이고 그 물음에 철학적인 대답을 시도하는 것이 언어의 논리가 보장한 한계를 넘어서는 것이라면, 단순히 그러한 물음에 침묵함으로써 모든 것이 해결되는 것일까? 인간인 이상 옳고 그름의 문제에 직면하게 되어 있으며 그로부터 완전히 자유로울 수 없다. 그럼에도 불구하고 선이 무엇인지에 대해서 묻거나 답하지 말라고 하는 것은 무척 받아들이기 곤란한 입장으로 보인다.

이 점에 대해서 비트겐슈타인은 그저 철학이 말해질 수 있는 것을 명확히 함으로써 말할 수 없는 것을 나타내줄 것이라고 말한다(《논고》 4.115). 즉 말로 담을 수 있는 것의 영역을 확실히 구분한다면 나머지 부분은 자연스럽게 드러나게 된다는 것이다. 그는 말로 담을 수 없는 것들은 스스로를 드러낼 것이기 때문에 단지 그 영역에 대해서는 침묵해야 한다는 입장을 취했다(7). 그리고는 그렇게 말로 담을 수 없는 것들이야말로 **신비적인 것**이라고 했다(《논고》 6.522).

말할 수 없는 영역이 있으며, 그러한 존재를 신비적이라고 한 비트겐슈타인의 관점은 《논고》를 신비주의적 색채를 띤 책으로 평가하게 만드는 요인이 되었다. 《논고》의 해제를 쓴 러셀은 그의 해제의 끝 부분에서 비트겐슈타인이 말할 수 없는 영역이 아예 없다고 부정하지 않음으로써 신비주의적 관점을 취했다고 평했다. 그러나 비트겐슈타인은 스스로 말로 담을 수 없는 영역을 인정했지만, 그러한 관점이 신비주의에 빠지는 것이라고 보지 않았기 때문에 러셀이 자신을 오해했다고 생각했다. 반면 마음 외부의 세계에 대해서 논리적으로 이해할 수 있고 설명할 수 있다고 생각한 러셀은 비트겐슈타인과는 달리 그렇게 설명할 수 없는 것들이 존재한다고 볼 수 없었기에, 자신과 관심사가 유사한 비트겐슈타인이 논리의 영역을 넘어서는 부분이 존재한다고 집착하는 것에 대해 부정적인 코멘트를 하지 않을 수 없었을 것이다.

　초기에 《논고》로부터 지대한 영향을 받은 빈 서클의 비공식 대표 격인 카르납 역시 1927년 비트겐슈타인을 직접 만난 뒤에 그를 철학자라기보다는 예술가의 성격을 가진 인물로 묘사했다. 말로 담을 수 없는 영역이 아예 존재하지 않는다는 입장을 가진 자신과 달리, 비트겐슈타인은 여전히 그가 신비적인 것이라 부른 것이 존재한다는 생각을 갖고 있었던 것이다.

3 / 언어와 세계

　앞서 비트겐슈타인이 전통적으로 철학에서 다루어온 존재, 지식, 진리, 가치 등의 문제들 거의 모두가 언어의 논리를 잘못 이해한 데서 비롯되었다고 주장하면서, 그런 문제들은 철학이 다룰 수 있거나 다루어야 할 문제가 아니라고 한다는 점에서 러셀과 프레게를 포함한 이전의 어떤 철학자들과도 다른 독창적인 입장을 제시하였다고 했다. 그렇다면 도대체 비트겐슈타인이 그러한 결론에 도달하게 된 근거는 무엇일까?

　아마도 그가 말하는 올바른 언어의 논리가 그 해답을 제시해 줄 것이다. 그러면 비트겐슈타인이 보기에 많은 철학자들이 간과한 언어의 논리란 무엇인가? 이 문제에 대해서 자세히 살펴보기에 앞서 먼저 비트겐슈타인 철학에서 그런 문제의식 자체를 가능하게 해주는 전제 하나를 짚고 넘어가도록 하자.

비트겐슈타인은 우리가 언어를 사용하여 세계를 이해하고, 또 다른 사람들과 의사소통하는 것이 어떻게 가능한가에 대해 만족할 만한 설명을 제시할 수 있어야 한다고 생각했다. 내 눈앞에 펼쳐지는 세계는 사실 엄밀하게 말해서 나 자신과는 아무 관계도 없는 것일 수 있다. 우리 동네 뒷산은 내가 태어나기 전부터 오랜 세월 동안 그곳에 있었을 것이고, 지구도 사람이 살기 전부터 우주공간의 일부로 상당히 긴 시간 동안 태양 주위를 돌며 존재했을 것이다.

상당수의 동물들도 나름대로 유사한 능력을 가졌을 것으로 추정되지만, 특히 인간에게서 발견되는 독특한 능력이 있다면, 그것은 바로 자신 외부의 것들에 대해 잘 알 수 있을 뿐 아니라 그들이 알아낸 것에 대해 다른 사람들과 언어를 매개로 하여 의사소통을 한다는 것이다. 일견 당연해 보이는 이 사실은 철학자들에게는 사뭇 놀라운 일이 아닐 수 없다.

나의 외부에 존재한다고 여겨지는 세계는 나의 마음과 같은 것이 아니기 때문에 나의 마음이 세계가 존재한다는 것을 알고 이해한다는 것은 예사로운 일이 아니다. 그럼에도 불구하고 나의 마음은 세계를 이해할 수 있고, 그렇게 이해한 내용을 다른 사람에게 전달할 수도 있다. 이러한 상황에서 비트겐슈타인은 사람의 마음을 세계와 연결해주는 매개자로서의 언어에 주목하고 있는 것이다. 언어야말로 나와 세계를 연결해주는 매개자의 역할을 하고 있다. 언어를 통해서 나는 세계를 이해하고, 그렇게 이해한 세계에 대해서 다른 사람과 의사소통을 할 수 있다는 것이다.

그렇다면 이러한 상황에서 언어와 세계의 관계는 어떤 것일 수 있을까? 언어가 나와 세계를 연결해주는 역할을 하기는 하지만, 언어가 세계와 같은 것은 아님에 틀림없다. 언어는 세계가 아니고, 세계도 언어가 아니다. 이렇게 이질적인 언어와 세계는 어떻게 서로 만날 수 있을까? 바로 이러한 문제가 비트겐슈타인의 고민이었다.

비트겐슈타인은 언어와 세계는 서로 이질적이지만 대응하는 구조를 가지고 있다는 생각을 하였다. 그래서 우리가 언어로 세계를 이해할 수 있는 것 자체가 언어가 마치 거울과도 같이 세계를 반영하고 있기 때문이라는 것이다. 그에게 언어는 세계를 비추는 거울이다. 거울은 2차원의 평면에 3차원의 세계를 비춘다. 물론 거울에 비친 바는 실제 세계는 아니며 실제 세계의 이미지와 같은 것이다. 하지만 우리는 거울에 비친 이미지를 보고, 그것이 실제로 어떤 모습을 하고 있는지에 대한 이해에 도달할 수 있다. 마찬가지로 세계를 비추는 거울인 언어는 비록 그 자체가 실제 세계인 것은 아니지만, 언어에 담겨진 내용을 통해서 실제 세계에 대한 이해에 도달할 수는 있다는 것이다.

구체적인 예를 하나 들어보도록 하자. 나는 이 방으로 들어오기 전에 복도에서 검은 고양이 한 마리를 보았다. 방에 들어온 나는 친구에게 '내가 조금 전 복도에서 본 것'을 전달하고자 할 때 "검은 고양이 한 마리가 복도에 있다"라고 말할 것이다. 하지만 "검은 고양이 한 마리가 복도에 있다"라는 나의 말은 실제로 복도에 있는 그 검은 고양이와 같은 것은 아니다. 복도에 검은 고양이가 있다는 사실을 가장 잘 전달하기 위해서 나는 복도에 있는 그 고양이를 친구의 눈앞에 보여줄 수 있어야 할 것이다. 하지만 그렇게 하는 일은 매우 번거로우며, 시공간의 제약 때문에 불가능할 때도 많다. 따라서 검은 고양이가 복도에 있다는 사실을 대신하여 나는 "검은 고양이 한 마리가 복도에 있다"라는 문장을 사용하게 되는 것이다.

이 문장은 사실과 같은 것은 결코 아니겠지만, 사실을 비추는 거울과 같다고 할 수 있다. 즉 이 문장은 사실을 왜곡 없이 잘 담아내고 있다는 것이다. 그 문장을 들은 내 친구는, 직접 보지는 않았더라도, 내가 조금 전 복도에서 보았던 바를 이해할 수 있게 될 것이기 때문이다. 사실을 있는 그대로 전달하는 것이 불가능할 때 우리는 그 사실의 대리자로 그 사실을 담고 있는 문장을 사용할 수 있다는 것이다. 실로 우리가 일상생활에서 사용하는 언어라는 것이 그러한 기능을 수행하고 있음을 부정할 수 없다. 신문지상에 실린 사건 기사들은 가까운 과거의 시점에 실제로 일어난 사실을 재생할 방법이 없기 때문에 문장들로 그 사건을 재구성하여 많은 사람들에게 전달하고 있는 것이다.

결국 언어는 세계와 같은 것은 아니지만, 세계를 반영하는 기능을 수행하고 있다. 비트겐슈타인에 따르면, 이것은 언어의 구조가 세계의 구조와 대응하기 때문에 가능한데 단적으로 말해서, 앞의 검은 고양이의 예에서처럼, 언어를 구성하고 있는 문장들과 세계를 이루고 있는 사실들 사이에 대응관계가 성립한다고 볼 수 있다고 한다. 우리는 일상생활에서 각각의 문장들을 사용할 때 그 문장들이 담고 있는 내용을 통해 각각의 사실들에 대한 의사소통을 하고 있는 것이다. 한편으로는 그러한 문장들을 다 모아놓았다고 할 때 그것은 우리의 언어 전체가 될 것이고, 다른 한편으로는 그 문장들이 담고 있는 사실들을 다 합하면 그것은 우리가 이해하는 세계 전체가 된다고 할 수 있다. 결국 비트겐슈타인의 생각은 나의 마음은 이처럼 언어를 통해서 세계를 이해하되, 그렇게 될 수 있는 가장 근본적인 가능성은 언어와 세계의 구조가 서로 대응하기 때문이라는 것이다.

비트겐슈타인의 관점에서는 철학에서 가장 중요한 문제는 바로 그러한 점에 눈뜨는 것이다. 종래의 철학자들은 우리가 세계에 대해서 이해하고 그에 대해 의견을 나눌 수 있게 되는 근본적인 가능 근거는 전혀 염두에 두지 않고, 그저 "존재란 무엇인가?", "선은 무엇인가?"와 같은 거창한 물음에만 집착했다는 것이다. 그러나 비트겐슈타인에게 그러한 물음은 출발점에서 한참 앞서서 출발하려고 하여 철학이라는 게임 자체를 무의미하게 만드는 시도처럼 보였던 것이다. 그가 보기에 진정한 문제는 "도대체 우리가 '존재란 무엇인가?'라고 물을 수 있는 가능성은 어디에서 오는가?"가 되어야 한다는 것이다. 그는 철학의 출발점에 대해서 다시 생각해보아야 한다는 점을 심각하게 고민하고 있는 것이다.

비트겐슈타인의 생각대로 언어가 세계를 반영한다면, 이제 풀어야 할 문제는 도대체 언어는 어떻게 세계를 반영할 수 있는가 하는 것이다. 앞의 예에서 "검은 고양이 한 마리가 복도에 있다"라는 문장은 복도에 검은 고양이 한 마리가 있다는 사실을 충실하게 반영한다고 했는데, 이 경우 따옴표 안에 있는 문장이 따옴표 밖의 사실을 반영하게 되는 이유에 대해서 설명할 수 있어야 한다. 그렇지 않으면 문장이 왜

사실을 비추는 거울인지 알지 못하면서 문장은 사실을 비추는 거울이라고 주장하는 셈이 될 것이기 때문이다. 이 문제에 대해서 비트겐슈타인은 이른바 명제의 그림이론을 통하여 설명하고 있다.

4 / 명제의 그림이론

비트겐슈타인의 철학에 대한 서로 다른 많은 해석들 가운데서 그나마 대체로 일치하는 부분 중 첫 번째로 꼽을 만한 것은 《논고》에 나타난 언어관은 **그림이론**picture theory으로 대변된다는 입장일 것이다. 하지만 엄밀하게 말하면 그러한 입장조차도 정확한 해석이라고 보기 어렵다. 왜냐하면 위의 2절에서 이미 말한 것과 같이 비트겐슈타인 스스로 철학의 임무는 새로운 이론을 만들어내는 것이 아니라고 못박고 있기 때문이다.

《논고》의 맥락으로 볼 때에도 그가 결코 그림이론이라는 또 하나의 철학의 이론을 발전시켰다고 볼 수 없다. 종래의 철학의 오류가 말로 담을 수 없는 것에 대해 이론적으로 말하려는 것이었으므로 무의미해졌다는 것이 《논고》의 결론 중의 하나인데, 그런 결론을 담은 책의 저자가 그 책에서 또 다른 철학의 이론을 제시했다는 것은 앞뒤가 맞지 않는 일이며, 비트겐슈타인 스스로도 그 점을 잘 인식하고 있었기 때문에 스스로 그림이론이라는 말을 사용하지는 않았다.

그림이론이라는 용어는 필요에 의해서 비트겐슈타인 해석자들이 만들어낸 것이다. 《논고》는 매우 간략한 문장들로 이루어진 짧은 책이기는 하지만 철학적인 내용을 담고 있다. 따라서 비트겐슈타인 스스로도 무엇인가 철학적인 주장을 하고 있는 셈이다. 하지만 그는 그러한 주장을 최소화해야 한다고 생각했는데, 왜냐하면 자신의 주장 역시 철학적인 문장들로 제시될 수밖에 없기 때문이다. 철학의 문장들은 비트겐슈타인 자신의 주장에 따라 말해질 수 없는 것이어야 하는데, 만약 그가 시종일관 매우 적극적으로 철학의 문장들을 늘어놓는다면 그것은 자기논박적인 글들일 수밖에 없는 것이다.

그렇기 때문에 비트겐슈타인은 극도로 절제된 문장들로 《논고》를 한 줄 한 줄 메우고 있다. 《논고》에는 그림이론이라는 용어로 알려진 내용을 담은 문장들이 등장하기는 하지만, 그는 결코 그러한 내용을 그림이론이라는 용어로 정식화하지는 않았다. 비트겐슈타인 스스로도 그가 어느 정도 자신의 주장을 위반하여 말할 수 없는 것에 대해 말하고 있다는 것을 의식하고 있었다. 따라서 책의 말미에서 누구든 자신을 이해한 사람은 결국 자신의 글이 무의미하다는 것을 깨달을 것이며, 자신의 글을 밟고 올라간 뒤 버려야 할 사다리와 같은 것으로 여길 것이라고 말한 것이다(《논고》 6.54).

일부 학자들은 《논고》 6.54에 제시된 비트겐슈타인의 언급으로부터 논리적으로 《논고》에 제시된 거의 모든 문장들 역시 무의미한 것으로 귀결된다고 주장한다. 말하자면 《논고》라는 책 자체가 무의미한 책이라는 것이다. 뒤에 다시 다루겠지만 6.54는 《논고》의 거의 마지막 부분에 등장하며, 따라서 그 언급을 통해 비트겐슈타인이 그 앞에서 말했던 모든 문장들이 무의미하다는 주장으로 읽힐 수 있다는 일부 학자들의 해석은 비트겐슈타인 해석과 관련하여 뜨거운 논쟁을 일으켰다.

여하튼 관례적으로 비트겐슈타인 해석자들이 그림이론이라는 용어를 사용하게 된 것은 아마도 비트겐슈타인이 《논고》에서 특정한 언어관을 발전시켰으며, 그러는 과정에서 언어를 그림에 비유하는 표현들이 자주 등장하기 때문일 것이다. 앞 절의 예인 "검은 고양이 한 마리가 복도에 있다"라는 문장의 경우 복도에 있는 한 마리의 검은 고양이에 대한 사실을 담고 있다고 했는데, 비트겐슈타인은 이러한 관계를 마치 하나의 문장이 하나의 사실에 대한 그림이 되는 것처럼 비유하고 있는 것이다.

언어는 세계를 마치 거울처럼 비추고 있다고 할 때 그림을 그렇게 거울에 비친 이미지로 이해할 수도 있겠지만, 정작 비트겐슈타인은 거울과 같이 반영한다는 표현을 언어와 세계의 레벨에서만 사용하며, 문장과 사실 간의 관계에 대해서 말할 때는 그림 또는 그림 그린다는 표현을 사용한다.

하지만 문장이 사실의 그림이라는 것은 다소 오해의 소지를 제공하는 표현이다. 그 스스로 그림이라는 용어에 대해서 설명하고 있듯이, 그림은 실재의 모델이라는 의미에서 오히려 그림 대신 **모델**이라는 표현이 더 비트겐슈타인의 생각을 잘 나타내주는 용어일 것이다. 세계에는 사실들이 있고, 우리는 언어에서 그 사실들의 모델로서 문장들을 가진다는 것이다.

2.12   그림은 실재의 모델이다.

4.01   명제는 실재의 그림이다.

명제는 우리가 그렇게 생각하듯이 실재의 모델이다.

앞의 고양이의 예에서 문장은 사실을 대신한다고 했는데, 이때 그 문장이 담고 있는 바를 정확하게 지칭하기 위하여 비트겐슈타인은 명제라는 용어를 사용하였다. 이 책에서는 일상적으로 사용하는 말인 문장이라는 말을 명제라는 표현과 혼동하여 사용하겠지만, 프레게의 영향으로 비트겐슈타인에게는 명제라는 용어가 문장이 담고 있는 내용을 의미했다. **문장**sentence이라 하면 문법적으로 하자가 없는 단어의 배열 정도로 규정할 수 있을 텐데, **명제**proposition는 그 이상의 의미를 가지고 있다.

일례로 우리는 동일한 의미를 가지는 둘 이상의 문장을 만들어낼 수 있다. "서울은 부산보다 북쪽에 있다"라는 문장과 "부산은 서울보다 남쪽에 있다"라는 문장은 분명 다른 문장들이지만 이 두 문장이 의미하는 바는 같다. 즉 두 문장이 담고 있는 내용은 동일하다는 것이다. 이때 각각의 문장이 담고 있는 동일한 내용을 명제라고 한다. 비트겐슈타인이 볼 때, 하나의 사실에 대응하는 것은 여러 개의 문장들일 수 있다. 하지만 엄밀하게 말하면, 하나의 사실에 하나의 명제만 대응할 수 있는 것이다.

바로 그런 이유에서 하나의 문장이 하나의 사실의 그림이 된다는 표현은 잘못된 것이라고 할 수는 없으나 다소 오도적이라는 것이다. 차라리 하나의 명제가 하나의 사실의 모델이 된다고 말하는 것이 이른바 그림이론이 나타내는 바를 더 잘 묘사한다고 할 수 있다. 모델이 여러 가지 개별적 사례들을 대표할 수 있는 개념으로 사용되듯이, 지금 비트겐슈타인이 말하고 있는 것은 여러 개별적인 문장들이 담고 있는 명제에 관한 것이기 때문이다.

비트겐슈타인 스스로의 증언을 보아도 명제가 사실의 모델이 된다는 것이 더 적절해 보인다. 그가 이른바 그림이론에 대한 영감을 얻게 된 계기는 신문기사를 통해서라고 하는데, 교통사고를 묘사하기 위해서 프랑스 파리의 한 법정에서 장난감 자동차와 인형을 사용했다는 내용이었다고 한다. 이때 장난감 자동차와 인형은 사고 당시의 실제 자동차와 인물들의 모델로 사용된 것인데, 아마도 실제 사고 때 자동차와 인물들이 배열되었던 것과 정확하게 일치하는 방식으로 법정에서도 그 배열이 이루어졌을 것이다.

그렇다면 이제 궁금해지는 것은 도대체 어떻게 해서 법정의 장난감 자동차와 인형들을 실제 자동차와 인물들의 모델로 여길 수 있는가 하는 것이다. 다시 말해서 명제를 사실의 모델 혹은 그림이라고 여길 수 있는 근거는 무엇인가? 이러한 물음이야말로 언어와 세계의 관계에 대해서 고민하고 있던 비트겐슈타인이 궁금해했던 문제이며, 《논고》의 여러 부분에서 이 점에 대한 해답을 꾀하고 있었다.

이 문제에 답하기에 앞서 먼저 비트겐슈타인이 다루고 있는 언어와 세계의 관계에 대한 이해를 돕기 위해서 언어와 세계의 구조에 대해서 불완전하나마 다음과 같이 도식적으로 살펴볼 수 있을 것이다.

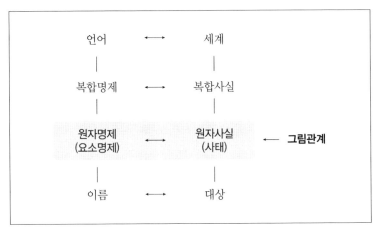

| 표 1 |

비트겐슈타인은 세계를 사실들의 총체(1.1)라고 말한다. 이때 사실은 원자사실을 의미하며, 이들 원자사실은 다시 대상들로 구성된다고 한다(2.01). 여기서 대상과 짝을 이루는 것이 이름이다. 각각의 대상은 이름 지어질 수 있으며(3.203), 이들 이름이 결합하여 원자명제를 이룬다(4.22). 따라서 모든 원자명제들의 합은 우리의 전체 언어를 이루게 된다. 이러한 언어와 세계의 구조에서 엄밀하게 그림관계가 성립하는 곳은 원자명제와 원자사실 단계인데, 이들 명제와 사실은 각각 요소명제와 사태로 표현되기도 한다.

그렇다면 요소명제와 원자사실 사이에 그림관계가 성립하는 근거는 무엇인가? 비트겐슈타인의 말을 직접 인용하여 살펴보도록 하자.

2.131   그림에서 그림의 요소들은 대상들을 대표한다.

2.14   그림을 구성하는 것은 그 요소들이 일정한 방식으로 관

계되어 있다는 것이다.

2.15   그림의 요소들이 각자가 일정한 방식으로 관계되어 있다
는 사실은 사물들 각자가 동일한 방식으로 관계되어 있
다는 것을 나타낸다.

2.161   그림과 그림이 묘사하는 것에는 동일한 무엇이 있어야
하나가 다른 하나의 그림이 될 수 있다.

위의 글에서 말하고 있는 그림이란 다름 아닌 명제를 의미한다. 이 명제들을 구성하는 요소들은 이름들인데, 이 이름들이 아무렇게나 이루어져있는 것이 아니라 일정한 방식으로 하나의 명제를 구성한다는 것이다. 여기서 말하고 있는 **일정한 방식**이란 어떤 것인가? 그것은 요소명제가 원자사실의 그림이 되기 위해서 필수적인 것인데, 원자사실과 일종의 구조적 동일성을 갖는다는 뜻이다. 바꾸어 말해 요소명제는 원자사실의 그림(또는 모델)이 됨으로써 원자사실을 대신하는 역할을 하고 있는데, 그것이 가능하기 위해서는 원자사실의 그림(또는 모델)이 원자사실 자체와 공유하는 무엇이 있기 때문일 것이라는 이야기다.

실로 화학에서 말하는 분자모델의 경우를 보더라도 분자모델이 모델로서 기능할 수 있는 이유는 그것이 실제의 분자는 아니지만 그 분자가 가지고 있는 구조적 특성을 대신 보여주기 때문이다. 마찬가지로 요소명제는 원자사실과 결코 같은 것이 될 수 없지만, 그럼에도 불구하고 원자사실이 가진 구조적 특성을 공유함으로써 원자사실의 그림(또는 모델)이 될 수 있다는 것이다.

단순히 우리가 물감으로 도화지에 그림을 그리는 경우도 마찬가지

이다. 왼편에는 산이 있고 그 오른편에 기차가 지나간다고 하자. 이 광경을 그림으로 나타내기 위해 나는 도화지의 왼쪽 공간에 산을 그려야 할 것이고, 오른쪽 공간에 지나가는 기차를 그려넣어야 할 것이다. 그럴 경우에 나는 내가 본 광경을 제대로 그림으로 옮겼다고 할 수 있다. 만약 내가 산과 기차의 위치를 바꾸어 그렸다면, 그 그림은 실제 사물에 대한 충실한 그림이라고 말할 수 없을 것이다. 아마도 우리는 그림을 잘못 그렸다고 말할 것이다.

이처럼 하나의 그림이 실제 광경의 충실한 그림이 되는 것은 상하좌우 관계라는 일종의 방향성에 의존한다고 할 수 있는데, 이러한 관계를 요소명제와 원자사실에 그대로 유추하여보면 비트겐슈타인이 말하는 요소명제와 원자사실 간의 공유된 구조적 특성이 어떤 것인가를 짐작할 수 있을 것이다. 비트겐슈타인은 그러한 구조적 특성을 **그림형식** pictorial form 또는 **논리적 형식** logical form 이라는 용어를 사용하여 표현했다. 물론 이때 논리적 형식이라는 것은 — 명제가 사실의 그림이라는 의미에서 — 명제가 사실을 대신하여 나타낼 수 있게 해주는 논리적 형식이라는 뜻이며, 바로 그런 이유에 의해서 비트겐슈타인의 그림은 사실에 대한 **논리적 그림** logical picture이 되는 것이다.

2.18 어떤 형태의 것이든 모든 그림이 실재를 재현하기 위해서 실재와 공유하고 있어야만 하는 것은 논리적 형식, 즉 실재의 형식이다.

2.181 재현의 형식이 논리적 형식이라면, 그림은 논리적 그림이라고 불린다.

2.2　　　그림은 그것이 묘사하는 것과 논리적 재현 형식을 공유
　　　　　한다.

　결국 언어와 세계를 구성하고 있는 기본단위인 요소명제와 원자사
실은 서로 대응 관계에 있는데, 이 대응 관계에서 명제는 사실을 대신
나타내고 있다. 이때 명제는 사실을 있는 그대로 보여줄 수 없기 때문
에 사실이 가지고 있다고 여겨지는 구조적 특성만을 대신 드러내는 것
이다. 따라서 명제는 사실의 **재현** 혹은 **표상**representation이라고 할 수
있으며, 그러한 재현이 가능하기 위해 명제와 사실은 서로 **재현의 형식**
the form of representation을 공유하고 있다는 것이다. 이제 비트겐슈타인
은 그러한 재현 형식을 논리적 형식이라고 부르고 있는 것이다.
　한마디로 비트겐슈타인의 입장은 명제와 사실은 논리적 형식을 공
유하고 있기 때문에 명제가 사실을 대리하여 사람들로 하여금 실제 세
계에서 벌어지는 일들을 이해하고 의사소통할 수 있도록 한다는 것이
다. 언어와 세계가 구조적 동일성을 가지고 있다는 이러한 생각을 비
트겐슈타인은 다음과 같이 비유적으로 설명한다.

4.014　　음반, 악상, 악보, 그리고 음파는 모두 서로 간에 언어와
　　　　　세계 간에 성립하는 것과 동일한 내적 묘사 관계를 가진다.
　　　　　그들은 모두 공통된 논리적 계획에 따라 구성되어 있다.

　음악에 대한 별도의 훈련을 받지 않은 사람이라면 그의 머릿속에서
떠오르는 악상을 그저 흥얼거리다 말겠지만, 작곡가는 머릿속에 떠오

르는 멜로디를 흥얼거릴 뿐 아니라 5선지에 특별한 기호들로 이루어진 악보로 그려낼 수 있다. 그리고 피아노를 칠 줄 아는 사람이라면 누구나 과거에 한 번도 들어본 적이 없는 그 멜로디를 악보를 보는 순간 훌륭하게 연주해낼 수 있을 것이다. 이렇게 작곡가의 악상과 그것을 기호로 나타낸 악보, 그리고 그 악보를 연주한 음향은 각각 다른 것이지만, 서로가 동일한 무엇을 공유하고 있음에 틀림없다.

비트겐슈타인은 악보와 그 악보를 연주한 음향 사이에 존재하는 동일한 무엇과 마찬가지로 바로 명제와 사실 사이에 존재하는 동일한 무엇을 그림형식 혹은 논리적 형식이라고 말하고 있는 것이다. 명제와 사실 간에 공유된 무엇을 비트겐슈타인이 재현의 형식이라고 부른 것과 마찬가지로 음악의 경우 음향이 악보를 재현해내고 있다고 할 때, 아마도 우리는 음향과 악보 사이에 공유된 형식 역시 하나의 재현 형식이라고 할 수 있을 것이다. 그리고 명제와 사실 간에 그림형식이 공유되어있다고 말할 수 있다면, 음향과 악보 사이에는 음악형식이 공유되어있다고 말하는 것도 결코 무리가 아닐 것이다.

5
참과 거짓

결국 그림이론의 요체는 명제는 사실의 모델로서 사실을 대신하여 세계를 이해하고 의사소통을 가능하게 해주며, 그것이 가능한 이유는 명제와 사실이 논리적 형식을 공유하고 있기 때문이라는 것이다. 그런데 우리가 명제를 통해서 사실을 제대로 이해하는 데는 단순히 명제가 사실의 모델이 된다는 것 이상이 필요하다. 우리가 명제를 통해 사실에 대한 이해를 꾀한다고 할 때, 명제가 사실의 올바른 모델이 되어야 한다. 즉 명제는 언제나 사실을 있는 그대로 그려야만 한다는 것이다.

하지만 불완전한 인간에게는 그러한 투명성이 보장되지 않는다. 인간은 결코 오류로부터 자유로울 수 없으며, 명제가 사실을 정확하게 재현하지 못할 가능성은 언제나 있다. 따라서 비트겐슈타인은 명제가 사실을 정확하게 그리고 있는지 여부를 우리가 판단할 수 있어야 한다고 생각했다. 즉 명제가 사실의 정확한 그림인지 여부를 판단할 기준과 같은 것이 필요하다는 것이다. 비트겐슈타인에 따르면, 그러한 판단은 명제와 사실을 비교함으로써 비로소 우리에게 의미 있어진다.

위에서 명제와 문장의 차이를 설명하면서, 명제는 문장이 담고 있는 내용을 말한다고 했다. 자, 그런데 하나의 문장이 담고 있는 내용은 사실을 정확하게 그려내고 있는 경우도 있지만, 그렇지 못한 경우도 있다. 나는 조금 전에 복도에서 검은 고양이 한 마리를 보았는데, 만약 방에 들어와서 친구에게 "검은 강아지 한 마리가 복도에 있다"라고 말한다면, 나는 그러한 명제를 통해 내가 실제로 경험한 사실을 정확하게 묘사하였다고 할 수 없다.

만약에 그 친구도 나와 마찬가지로 조금 전에 복도에서 검은 고양이를 보았다면, 그는 "검은 강아지 한 마리가 복도에 있다"라는 나의 진술을 거짓이라고 할 것이다. 반면 내가 그 친구에게 내가 본 그대로 "검은 고양이 한 마리가 복도에 있다"라고 말했다면, 그는 나의 진술을 참이라고 할 것이다. 이 두 경우 모두 실제로 일어난 사실은 단 하나다.

그것은 복도에 검은 고양이 한 마리가 있다는 사실이다. 그런데 그러한 사실에 대해서 하나의 진술은 참이 되고, 다른 진술은 거짓이 된다. 비트겐슈타인은 바로 이 두 경우의 차이에 대해서 설명해야 했던 것이다.

그는 하나의 명제에는 그것이 그림 그리고 있는 사실과 일치(부합)하거나 일치(부합)하지 않는 두 경우가 있을 수 있다고 한다. 앞의 예에서 "검은 강아지 한 마리가 복도에 있다"라는 명제에는 그것이 실제 사실과 일치하는 경우와 일치하지 않는 경우라는 두 가능성이 있다는 것이다. 물론 실제로 내가 본 것은 강아지가 아니라 고양이였으므로 이 명제는 사실과 일치하지 않는 명제다. 만약 내가 본 것이 고양이가 아니라 강아지였다면, 이 명제는 사실과 일치하는 명제가 될 것이다. 마찬가지로 "검은 고양이 한 마리가 복도에 있다"는 명제 역시 사실과 일치하거나 일치하지 않거나 두 가능성이 있는데, 실제로 내가 본 것이 고양이 한 마리였으므로 이 명제는 사실과 일치하는 명제라고 할 수 있다.

이제 비트겐슈타인은 명제가 사실과 일치할 때 그 명제를 **참**이라고 부르고, 사실과 일치하지 않을 때 **거짓**이라고 한다. 그러고는 명제가 참인지 거짓인지를 알기 위하여 우리는 명제를 사실과 비교해야 한다고 말한다.

2.21   그림은 실재와 일치하거나 일치하지 않는다: 그것은 옳거나 그른 것으로서 참이거나 거짓이다.

2.223   그림이 참인지 거짓인지를 알아내기 위해서 우리는 그것

을 실재와 비교해야 한다.

2.224   그림이 참인지 거짓인지의 여부는 그림만 가지고서는 알

수 없다.

2.225   선천적으로a priori 참인 그림은 없다.

4.05   실재는 명제와 비교된다.

명제와 사실을 비교해서 명제가 사실과 일치한다면, 그것은 실제로 일어나는 사실을 올바르게 묘사한다고 볼 수 있으며 따라서 참이라고 할 수 있다. 반면 명제가 사실과 일치하지 않는다면, 그 명제는 사실에 대한 올바른 묘사라고 볼 수 없으므로 거짓이라는 것이다. 이러한 비교는 하나의 명제가 사실에 대한 정확한 그림인지 아닌지를 판단할 수 있도록 해주는 기준이 된다.

위 인용문에서 비트겐슈타인이 말하는 **선천적**이라는 용어는 경험에 앞선다는 뜻이다. 즉 실제 세계에서 일어난 사실과 (경험적으로) 비교를 하기 전에는 하나의 명제가 그것이 담아내고 있는 사실과 부합하는지 결코 알 수 없다는 의미인 것이다.

이것은 매우 상식적인 입장에서 출발한 생각이라 아니할 수 없다. 일상적으로 누군가가 거짓말을 했다고 할 때 그는 실제 사실과 다른 말을 한 것이며, 그가 참말을 말했다고 할 때 그의 말은 실제로 일어난 사실과 일치하는 말을 한 것이다. 하지만 우리는 아무리 그가 논리적으로 말한다 해도 그의 말이 참말인지 거짓말인지를 그의 말만 들어서는 확실하게 알 수 없다. 그의 말의 진위 여부를 알기 위해서는 우리는 그의 말이 실제로 일어난 사실과 일치하는지 확인해야 한다. 이러한

상식적인 생각이 비트겐슈타인에 의해서 명제와 사실 간의 관계 전체로 확장되어 적용되고 있는 것이다.

단 이러한 비트겐슈타인의 생각을 이해하는 데 있어 주의할 점이 하나 있다면 우리가 참 또는 거짓을 가려내는 것, 즉 진위 판단을 하는 것은 명제로 국한될 뿐이라는 것이다. 우리가 명제를 말할 때 참인 명제와 거짓인 명제를 구분할 수 있지만, 명제가 묘사하고 있는 사실의 경우 참인 사실과 거짓인 사실이 따로 있는 것은 아니다.

이를테면 지구가 태양 주위를 돈다고 할 때, 그것은 단 하나의 사실일 뿐이다. 코페르니쿠스 이전의 사람들이 그러한 사실에 대해서 "태양은 지구 주위를 돈다"라고 믿었을 때, 그들이 믿었던 것은 사실과 일치하지 않는 것이었다. 따라서 "태양은 지구 주위를 돈다"라는 명제는 거짓이 되는 것이다. 반면 오늘날 우리는 "지구는 태양 주위를 돈다"라는 명제가 참이라고 생각한다. 이 명제는 실제로 일어나는 사실과 일치하기 때문이다.

코페르니쿠스 이전이나 오늘이나 변함없이 지구는 태양 주위를 공전해왔을 것이다. 참인 사실이 따로 있고, 거짓인 사실이 따로 있는 것은 아니다. 하나의 사실이 있고, 그 사실에 일치하거나 일치하지 않는 명제가 있는 것이다. 일치할 경우 참인 명제, 일치하지 않는 경우 거짓인 명제가 되는 것이다. 결국 이런 상황에서는 명제를 이해한다는 것은 그 명제가 담고 있는 사실을 이해하는 것이며, 명제들의 전체 체계를 이해한다는 것은 그것들이 반영하고 있는 전체 세계를 이해하는 것이 된다.

이처럼 명제는 참 또는 거짓으로 분류될 수 있는 것이며, 이때 명제는 의미sense를 가진다고 한다. 바로 이 점이 명제를 문장과 구별시켜주는 또 하나의 특징이다. 문장의 경우 문법적으로 하자가 없는 단어의 배열이라고 정의할 수 있어서, "무색의 초록 관념들이 맹렬하게 잠잔다"와 같은 경우도 하나의 문장이 된다. 그러나 그것이 문장이라고 해서 동시에 명제가 되는 것은 아니다. 이 문장은 문법적으로는 전혀 틀린 것이 없지만 어떤 사실에 대해 말하고 있다고 볼 수 없다. 그래서 그 문장에 대해서는 참 또는 거짓을 말하는 것이 무의미하다. 아래 인용문에서 보듯이 명제는 사실과 일치 또는 불일치를 통해 참 또는 거짓이 될 수 있는 것이어야 하며, 명제가 참 또는 거짓이 될 수 있다는 것은 바로 사실의 그림이 될 수 있다는 것을 뜻하는 것이다.

2.221   그림이 재현하는 것은 그것의 의미이다.

4.2   명제의 의미는 그 명제에 대한 원자사실의 존재 및 비존재 가능성들과의 일치와 불일치이다.

이처럼 비트겐슈타인은 우리가 세계를 이해할 수 있으며 그러한 가능성은 요소명제가 원자사실의 그림이 되기 때문이라고 말하고 있다. 그리고 그림이 재현하는 것이 그 그림의 의미라고 할 때, 이는 곧 우리가 사용하는 언어에서 의미의 출발점이기도 한 것이다. 요소명제야말로 전체 언어체계에 있어서 가장 궁극적인 구성요소, 즉 의미의 원자가 되기 때문이다.

그렇다면 요소명제가 의미의 원자가 된다는 것, 즉 의미의 출발점이 된다는 것은 무엇을 의미할까? 바로 우리가 사용하는 언어의 의미가 어디에서 왔는가를 분석해나가다 더 이상의 분석이 불가능해지는 요소에 도달했을 때 그 단위가 바로 요소명제이며, 더 이상 분석이 되지 않는다는 점에서 의미의 원자가 된다는 것이다.

이를테면 어떤 명제는 그 안에 좀 더 단순한 형태의 명제들을 포함하고 있을 수 있다. 따라서 그 경우 단순한 명제들로 분석이 가능하다. 그러나 더 이상 분석이 안 되는 명제를 생각할 수 있는데, 그러한 단순한 명제는 더 쪼갤 경우 세계에 존재하는 대상을 지칭하는 이름만 남게 된다. 그러한 대상들의 결합이 원자사실이듯이 대상과 짝을 이루는 이름들의 결합이 요소명제인 것이다. 즉 더 쪼개면 의미를 말할 수 없는 그런 언어의 단위를 요소명제라고 본 것이며, 요소명제라는 단위에서부터 의미를 말할 수 있다는 점에서 요소명제는 의미의 원자가 된다고 하는 것이다. 바로 그런 이유에서 엄밀하게 말해 그림이론에서 그림적 성격이 적용되는 언어의 레벨은 요소명제와 원자사실 사이의 관계인 것이다.

그런데 여기서 한 가지 짚고 넘어가야 할 점은 비트겐슈타인이 요소명제를 그림이론이 적용되는 언어의 레벨로 말하고는 있지만 도대체 어떤 문장들이 그에 해당하는지에 대해서는 침묵하고 있다는 것이다. 우리가 사용하는 모든 명제들에 대한 분석이 끝나는 지점으로 요소명제를 거론하고 있지만, 비트겐슈타인은 그것을 순전히 논리적 기초로서 있어야만 할 무엇으로 여기고 있다. 즉 하나의 사실을 더 이상 분석할 수 없는, 하나의 언어 단위로 재현할 수 있는 최소 단위로서 요소명제를 말하고 있는 것이다.

비트겐슈타인은 이러한 요소명제는 서로 논리적으로 독립적이라고 한다. 즉 임의의 두 요소명제는 논리적으로 서로 아무 관계가 없어서 우리는 하나의 요소명제로부터 다른 요소명제를 논리적으로 추론해낼 수 없다. 이것을 사실의 차원에서 바라보면, 우리가 하나의 원자사실을 경험했다고 해서 자동적으로 그와 다른 원자사실을 알게 되는 것은 아니라는 뜻이다. 즉 원자사실들 사이에는 어떠한 논리적 인과관계도 성립하지 않는다는 것이다.

이러한 측면을 예를 들어서 설명해보도록 하자. 비트겐슈타인은 《논고》에서 요소명제의 예를 들지 않았기 때문에 과연 요소명제가 어떤 것인가를 놓고 논란이 일었지만, 요소명제들이 논리적으로 독립적이라는 비트겐슈타인의 테제에 대한 설명의 편의를 위해 다음과 같은 예를 들어볼 수는 있을 것이다.

만약 (1)"로미오는 줄리엣을 사랑한다"라는 문장이 요소명제라고 한다면, 우리는 그 문장으로부터 (2)"줄리엣은 로미오를 사랑한다"라는 또 다른 요소명제를 추론해낼 수 없다. 만약 우리가 (1)로부터 (2)를 추론할 수 있다면, 그것은 곧 (1)에 (2)의 의미가 포함되어 있다는 말이 되는데, 그렇다면 (1)은 요소명제가 될 수 없다. 추가적인 분석이 가능하기 때문이다. 실로 우리는 로미오가 줄리엣을 사랑한다는 사실만으로는 과연 줄리엣도 로미오를 사랑하는지 여부를 알 수 없다. 로미오가 줄리엣을 짝사랑하고 있을지도 모르기 때문이다.

각각의 요소명제는 독립적으로 하나의 원자사실과 대응관계를 가짐으로써 의미가 생겨난다. 물론 이것은 우리가 원자사실에 대한 경험을 통해서 그 사실의 그림인 요소명제의 의미를 알 수 있다는 뜻이다. 따라서 우리는 각각의 요소명제에 독립적으로 참 또는 거짓이라는 진리값을 부여할 수 있는 것이다.

그래서 만약 로미오와 줄리엣이 서로 사랑한다면, 우리는 그러한 사실을 (3)"로미오는 줄리엣을 사랑하고, 줄리엣은 로미오를 사랑한다"라는 문장으로 표현할 것이며 이제 이 문장은 더 이상 요소명제가 아닌 복합명제가 된다. 그리고 (3)의 의미를 알기 위해서, 다시 말해 (3)이 참인지 거짓인지를 알고자 한다면, 우리는 복합명제(3) 자체만 가지고서는 안 되고 그것의 구성요소인 요소명제(1)과 (2)로 분석해보아야 한다. 과연 로미오가 줄리엣을 사랑하는가, 또 줄리엣은 로미오를 사랑하는가의 레벨에서 따져보아야 한다는 것이다. 이는 역으로 말하면, (3)과 같은 복합명제의 경우 어떻게 (1)과 (2)라는 요소명제들로부터 그 그림적 성격을 얻게 되는가 하는 문제가 된다.

6
진리함수론

엄밀하게 말해 그림관계가 적용되는 기본단위는 요소명제와 원자사실로 국한된다. 하지만 (3)의 경우와 같이 우리가 사용하는 언어에는 그렇게 단순한 원자적 명제들만 있는 것이 아니다. 물론 (3)은 요소명제(1)과 요소명제(2)가 '그리고'라는 접속사에 의해 결합된 복합명제이다. 이제 비트겐슈타인의 고민은 어떻게 요소명제가 가진 사실에 대한 그림적 성격을 복합명제를 포함한 다른 모든 명제들에도 부여할 수 있는가 하는 것이다.

비트겐슈타인에게 있어서 이 문제가 고민이 되는 이유는 복합명제에 포함되어 있는 '그리고'와 같은 논리적 접속사의 성격 때문이다. 원자사실에 대응하는 요소명제는 서로가 공유하고 있는 논리적 형식에 의해서 그림관계가 성립되지만, 원자사실들이 논리적 접속사에 의해 결합된 복합명제 또한 복합사실의 그림이 되기 위해서는 '그리고'와 같은 논리적 접속사 또한 어떤 사실을 재현하고 있는 것인지에 대해 분명히 할 필요가 있었던 것이다.

그의 스승이었던 러셀은 한때 대표적 논리적 접속사인 '그리고'(연언), '또는'(선언), '만약 … 이면 … 이다'(조건언)의 경우 그것들을 매개로 하여 하나의 복합문장을 이루는 각각의 원자명제들은 물론 접속사 자체에 대해서도 그에 대응하는 추상적인 논리적 대상이 있어야 한다고 생각했다. 임의의 원자명제들을 p, q, r … 등으로 표시하고, 논리적 접속사 '그리고'는 $\cdot$, '또는'은 $\vee$, '만약 … 이면, …이다'는 $\rightarrow$ 라는 논리적 기호로 표시하면, 두 원자명제를 결합한 복합명제의 경우 $p \cdot q$나 $p \rightarrow q$와 같이 쓸 수 있을 것이다. 그래서 임의의 두 원자문장 p와 q를 '그리고'라는 연언 접속사에 의해 결합한 복합문장 $p \cdot q$의 경우 p에 대응하는 사실과 q에 대응하는 사실은 물론 $\cdot$에 대응하는 논리적 대상 또한 존재해야만 한다는 입장을 보였다.

그러나 비트겐슈타인의 생각은 달랐다. 그는 논리적 대상은 마치 논리적 형식이 그런 것과 마찬가지로 우리에게 주어진다고 할 수는 있지만 결코 실재하는 무엇은 아니라고 보았던 것이다. 그는 논리적 대상은 무엇을 재현하는 것이 아니라고 한다(《논고》 4.0312). 논리적 접속사에 대응하는 사실은 없기 때문에 무엇을 그림 그리고 있는 것이 아니라고 보았다. 결국 러셀의 입장을 받아들이기를 거부한 비트겐슈타인이 사실을 재현하는 명제에 포함되어 있는 논리적 접속사에는 재현할 어떤 사실도 없다고 하는 이상한 성격에 대해서 설명해야 했다.

비트겐슈타인은 이 문제를 지금은 대학의 논리학 입문 강의에서 배우게 되는 **진리함수** truth-function라고 알려진 독창적인 방법을 통해 해결하려고 하였다. 먼저 하나의 복합명제가 두 개 혹은 그 이상의 요소명제들로 구성되었다고 가정할 때, 각각의 요소명제는 사실을 재현하는 데 있어서 참이 되거나 거짓이 되는 두 가능성밖에 없다. 이때 참 또는 거짓이 되는 것을 **진리값** truth-value이라고 부르는데, 하나의 요소명제가 가지게 되는 진리가능성(진리값의 가능성)은 2가 된다. 비트겐슈타인은 이것을 도식화하여 **진리표** truth-table라는 것을 만들었는데 하나의 요소명제에 대한 진리표는 다음과 같다.

| 표 2 |

만약 하나의 복합명제가 두 개의 요소명제들로 이루어져 있다면, 그 복합명제가 가질 수 있는 진리가능성은 4가 될 것이며, 세 개의 요소명제들로 이루어져 있다면 8이 될 것이다. 즉 하나의 복합명제가 몇 개의 항들로 이루어지느냐에 따라 진리가능성은 항의 수를 n이라고 했을 때, 2^n개가 되는 것이다. 이것을 각각 표로 나타내면 ▮표 3▮, ▮표 4▮와 같다.

p	*q*	*r*
T	T	T
F	T	T
T	F	T
T	T	F
F	F	T
F	T	F
T	F	F
F	F	F

p	*q*
T	T
F	T
T	F
F	F

| 표 3 |

| 표 4 |

이제 비트겐슈타인은 하나의 복합명제는 요소명제들의 진리가능성과 일치 및 불일치를 나타내는 것이라고 한다(4.4). 이것은 곧 복합명제가 나타내는 바는 그것을 구성하고 있는 요소명제들이 재현하고 있는 사실들이라는 것을 의미한다. 즉 각각의 요소명제가 원자사실의 충실한 그림인지 여부는 그것이 원자사실과 일치하는지 아닌지 여부에 의해서 가려지는데, 두 요소명제가 하나의 복합명제를 이룰 때 역시 복합명제가 독자적으로 복합사실을 재현해내는 것이 아니라, 복합명제를 구성하고 있는 요소명제들의 원자사실과의 일치/불일치 여부에 따라서 복합사실을 재현하게 된다는 것이다. 결국 복합명제의 진리값은 복합명제를 구성하고 있는 요소명제들의 진리값에 의해 결정된다는 이야기다.

비트겐슈타인은 이것을 복합명제들은 요소명제들의 진리함수라는 말로 표현하고 있으며(5), 실로 우리가 사용하는 모든 명제는 요소명제들에 대한 진리연산의 결과라고 한다(5.3). 진리연산이란 요소명제들로부터 진리함수가 만들어져 나오는 방법을 말하는데, 다음과 같은 사례를 통해 설명할 수 있다.

"검은 고양이 한 마리가 복도에 있고, 얼룩 강아지 한 마리가 방 안에 있다"는 명제가 참이 되기 위해서는 이 명제를 구성하고 있는 각각의 요소명제 "검은 고양이 한 마리가 복도에 있다"와 "얼룩 강아지 한 마리가 방 안에 있다" 모두가 참이 되는 경우여야 한다. 즉 "검은 고양이 한 마리가 복도에 있고, 얼룩 강아지 한 마리가 방 안에 있다"는 명제가 어떤 사실을 충실히 재현하고 있다면, 그것은 그 명제를 구성하는 두 요소명제가 각각의 원자사실을 충실히 재현하고 있기 때문이라는 것이다. 만약 알고 보니 복도에는 검은 고양이 한 마리가 있지만 방에는 얼룩 강아지가 없다면, "검은 고양이 한 마리가 복도에 있고, 얼룩 강아지 한 마리가 방 안에 있다"는 명제를 참이라고 할 수 없을 것이다. 이점을 다시 비트겐슈타인의 진리표를 통해 살펴보면 다음과 같다.

p	q	$p \cdot q$
T	T	T
F	T	F
T	F	F
F	F	F

| 표 5 |

위의 진리표는 '그리고'라는 논리적 접속사를 이용하여 두 개의 요소명제를 결합한 경우를 나타내고 있다. 이 경우 복합명제 $p \cdot q$는 그것을 구성하는 각각의 요소명제 p와 q 모두가 참이 되는 첫째 줄의 경우에는 참이 되지만, 나머지 사례들에서는 전부 거짓이 된다. 즉 논리적 접속사 '그리고'에 의해 결합된 복합명제는 그것을 구성하는 요소명제들이 각각의 원자사실과 모두 일치할 때 참인 명제가 되고, 구성 명제 중 하나의 명제라도 원자사실과 일치하지 않는 경우에는 거짓이 된다. 이러한 점은 각 기호 대신 일상어를 통해서 더 잘 이해할 수 있다.

고양이가 있다.	강아지가 있다.	고양이가 있고, 강아지가 있다.
참	참	참
거짓	참	거짓
참	거짓	거짓
거짓	거짓	거짓

| 표 6 |

여기서 "고양이가 있다"와 "강아지는 있다"는 요소명제들은 그 명제가 사실과 일치하는가의 여부에 따라서 참 또는 거짓이 되며, "고양이가 있고, 강아지가 있다"는 복합명제는 그 자신이 사실과 일치하는가 여부가 아니라 그것을 구성하고 있는 요소명제들 각각이 사실과 일치하는가 그 여부에 따라서 진리값이 결정된다. 따라서 비트겐슈타인에게 있어서 그림관계란 엄밀한 의미에서 요소명제와 원자사실 간에

성립하는 관계이며, 다른 모든 명제들은 요소명제들의 진리연산의 결과로서 사실들에 대한 재현적 성격을 보장받게 되는 것이다.

이제 진리표를 통하여 '또는'이라는 논리적 접속사로 결합된 복합명제는 어떻게 표현될 수 있는지 알아보자. "나는 아침에 커피를 마셨거나, 또는 우유를 마셨다"와 같은 복합명제의 경우 $p \vee q$ 로 나타낼 수 있다. 이 경우 내가 실제로 커피나 우유 중 하나라도 마셨다면 참이되기 때문에 다음과 같은 진리표를 그릴 수 있다.

p	q	$p \vee q$
T	T	T
F	T	T
T	F	T
F	F	F

│표 7│

진리함수를 표현하는 데 있어서 '그리고'와 '또는' 외에도 또 하나의 중요한 요소가 있는데, 그것이 바로 부정을 나타내는 '… 이 아니다'(~ 로 표시)라는 것이다. '그리고'나 '또는'의 경우 두 명제를 결합시켜주는 역할을 하지만, 부정의 경우는 하나의 명제에 적용시키는 논리적 결합사이다. "나는 커피를 마셨다"라는 명제를 부정하면 "나는 커피를 마시지 않았다"가 되며, 원래 명제에 p 라는 기호를 부여하면 명제 p 를 부정한 것은 $\sim p$ 가 된다. 원래 명제인 "나는 커피를 마셨다"가 참이라면, "나는 커피를 마시지 않았다"는 거짓이 되므로 다음과 같은 진리표를 그릴 수 있다.

p	$\sim p$
T	F
F	T

| 표 8 |

앞에서 요소명제를 제외한 모든 명제들은 요소명제들에 대한 진리
연산의 결과라고 했는데, 결국 복합명제의 참/거짓 여부를 가려주는
역할을 하는 진리함수는 곧 유한한 수의 요소명제들에 대해서 연속적
으로 진리연산을 적용한 결과다(5.32). 이제 한 걸음 더 나아가 비트겐
슈타인은 모든 진리함수가 아래와 같은 단순한 형태의 진리연산의 결
과라고 말한다.

5.5　　모든 진리함수는 요소명제들에 다음의 연산을 연속적으
　　　로 적용한 결과이다.

　　　　　‘($-----$T)(ξ, ...)’

　　　이 연산은 오른쪽 괄호 안에 있는 모든 명제들을 부정하
　　　는 것이며, 나는 그것을 이들 명제들의 부정이라 부른다.

위에 제시된 생소한 기호로 말미암아 복잡해 보이는 문제의 연산
‘($-----$T)(ξ, ...)’은 풀어서 설명하면 ‘… 이 아니다’와 ‘그리고’라
는 논리적 결합사를 단순화하여 하나의 논리적 결합사로 표현하려는

시도이다. 그러한 단순한 결합사는 이른바 **셰퍼 기호**Sheffer Stroke라고 알려진 연산을 의미한다. 비트겐슈타인이 이미 소개된 여러 논리적 기호들을 셰퍼 기호로 대신하려는 이유는 여러 종류의 논리적 결합사들이 사실은 단순한 하나의 셰퍼 기호만으로도 충분히 표현될 수 있다는 생각 때문이었다.

그는 논리적 대상들이 어떤 사실들을 재현하는 것이 아니라고 했기 때문에, 모든 논리적 접속사들이 단순한 하나의 기호와 호환될 수 있다고 보았다. 그렇게 하기 위하여 그는 셰퍼 기호인 스트로크 '$|$'를 이용했는데, 그렇게 했을 때 $p \mid q$는 $\sim p \cdot \sim q$를 의미한다. 그리고 바로 그것이 위의 인용문 5.5에서 말하는 생소한 기호의 의미를 나타낸다. 즉 5.5에서 모든 진리함수가 요소명제들에 연속적으로 적용되는 연산은 셰퍼 기호를 이용한 연산이며, 그것을 풀어쓰면 바로 주어진 요소명제들의 집합을 $\sim p \cdot \sim q \cdot \sim r \cdot \cdots$과 같이 동시에 부정하는 것이다(《논고》 5.502).

결국 이러한 생각은 요소명제들을 부정한 것을 '그리고'를 가지고 연속적으로 결합한 것은 우리가 생각할 수 있는 모든 진리함수, 따라서 모든 명제가 된다는 생각으로 이어진다. 즉 이러한 아이디어는 요소명제에 적용되는 그림적 성격을 요소명제 이외의 모든 명제로 확장할 수 있는 장치를 제공하는 것이다.

이제 비트겐슈타인은 이러한 내용을 단일한 논리적 기호로써 보여주려는 시도를 하는데, 이것을 **명제의 일반형식**이라고 부르고 있다.

6 진리함수의 일반형식은 $[\bar{p}, \bar{\xi}, N(\bar{\xi})]$이다.

이것은 명제의 일반형식이다.

6.001 이것이 말하는 바는 모든 명제는 $N(\bar{\xi})$ 연산을 연속적으로 요소명제들에 적용한 결과다.

위에서 $\bar{p}$는 모든 요소명제들을 의미하며, $\bar{\xi}$는 요소명제들의 임의의 집합을 의미하며, $N(\bar{\xi})$은 요소명제들의 집합인 모든 요소명제의 부정, 즉 $\sim p \cdot \sim q \cdot \sim r \cdots$ 을 의미한다. 결국 모든 요소명제의 부정을 '그리고'로 결합한 것을 의미한다.

셰퍼 기호를 반복적으로 적용하여 모든 명제를 다 열거할 수 있게 하는 명제의 일반형식은 다름 아닌 비트겐슈타인이 생각하는 언어의 본질을 드러내는 셈이다. 즉 셰퍼 기호 하나로 다양한 논리적 접속사들을 제거하고, 모든 명제들이 공유하고 있는 형식을 반영하는 단일한 논리적 기호를 제시한 것이다.

7 / 말하기와 보이기

지금까지 살펴본 것처럼 비트겐슈타인에 따르면 우리가 세계를 이해할 수 있는 것은 언어를 매개로 해서 가능한데, 이것이 가능한 것은 언어가 세계를 반영하기 때문이다. 특히 그림이론에서 보듯이 언어를 구성하는 기본단위인 요소명제가 세계의 구성요소인 원자사실과 논리적 형식을 공유하고 있어서 세계의 충실한 그림이 될 수 있다는 것이다. 명제가 전체 세계를 재현해낼 수 있는 이유가 여기에 있는 것이다.

그런데 비트겐슈타인에 따르면 명제가 사실을 재현하기는 하지만, 명제가 명제와 사실 간에 공유되어 있는 논리적 형식을 재현하지는 못한다고 말한다(《논고》4.12). 바꾸어 말하면, 명제는 사실을 그림 그릴 수 있지만, 그러한 그림관계를 가능하게 해주는 그림형식을 그림 그릴 수는 없다는 것이다. 이것은 우리가 명제를 이용하여 명제와 사실 간에 공유된 논리적 형식을 담아낼 수 없다는 것이다. 즉 논리적 형식에 대해서는 말할 수 없다는 뜻이다.

왜 그럴까? 비트겐슈타인은 이 점에 대해서 스스로 답을 제공한다. 명제는 자신과 논리적 형식을 공유하는 모든 사실을 재현할 수 있다. 하지만 그러한 재현을 가능하게 해주는 논리적 형식 자체는 그 명제 자신과 논리적 형식을 공유한다고 할 수 없다. 따라서 그 명제가 자신을 사실의 그림이 될 수 있도록 해주는 논리적 형식을 재현하고자 한다면, 자신과 자신에게 주어진 논리적 형식 사이에 공유된다고 할 만한 또 다른 논리적 형식이 필요하다. 그런데 그러한 새로운 논리적 형식을 찾으려는 시도는 원래 자신에게 주어진 논리적 형식 외부에 자신을 위치시키려는 시도이다.

이 점을 언어와 세계의 관계로 좀 더 확대하여 설명하면 이해가 쉬울 것이다. 우리는 언어를 통해서 세계를 이해한다. 언어는 세계를 반영하기 때문이다. 언어가 세계를 반영할 수 있는 근본적인 이유는 언어와 세계가 연결되어 있기 때문이다. 이때 언어와 세계는 모종의 동일한 구조를 가지고 있는데, 바로 이러한 공유된 구조가 언어와 세계를 연결시켜주는 고리 역할을 한다. 여기까지는 아무 문제가 없다. 그런데 그 이상의 질문은 곤란하다는 것이다. 설사 언어와 세계가 공유하고 있는 구조가 있다 할지라도 우리는 언어를 사용하여 그 구조에 대해서 말할 수 없다는 것이다. 그렇게 하기 위해서 사용하는 언어는 언어-세계의 틀을 벗어난 것이다. 그것은 우리 언어를 넘어서려는 시도이며, 동시에 세계를 넘어서려는 시도이다.

완전히 적절한 비유는 아니지만 이러한 상황은 마치 내가 보는 세상과 나의 눈의 관계를 통해서 설명할 수 있을 것이다. 나의 시야에 들어오는 세상은 내가 이해하는 세상이다. 이때 내가 세상을 보고 이해할 수 있는 근본적인 이유는 내가 나의 눈을 통해 세상을 보기 때문이다. 나의 눈이 나와 세상을 연결시켜주는 고리 역할을 하는 것이다.

여기까지는 아무 문제가 없다. 그러나 나의 눈이 세상을 보고 이해하는 데 결정적이라는 것을 알지만, 정작 나는 나의 눈을 이용하여 나 자신의 눈을 볼 수는 없다. 나에게 세상이 의미 있게 다가오기 위해서는 나의 시야에 끊임없이 세상이 펼쳐지고 있어야 할 것이다. 그리고 나는 그러한 일이 나의 눈 때문에 가능하다는 것을 안다. 하지만 나는 나의 시야에서 결코 나의 눈을 발견할 수 없다. 나와 세상을 연결시켜주는 고리 역할을 하는 나의 눈은 결코 나에게 나타나지 않는다. 만약 내가 나의 눈을 보기를 원한다면, 나는 나의 눈 밖에서 나의 눈을 바라볼 수 있어야 한다. 하지만 이것은 불가능하다.

결국 비트겐슈타인은 명제와 사실이 공유하고 있는 논리적 형식에 대해서는 또 다른 명제를 통해서 말할 수 없다고 한다. 논리적 형식은 말로 담을 수는 없지만 대신 스스로를 명제 안에서 드러낸다고 한다.

즉 말해질 수는 없지만 보여질 수는 있다는 것이다.

> 2.172 그러나 그림은 그것의 재현 형식을 재현할 수 없다. 그림
> 은 그것의 재현 형식을 보여준다.
>
> 4.121 명제들은 논리적 형식을 재현할 수 없다. 논리적 형식은
> 그 자신을 명제들 속에 반영한다.
> 언어에 **스스로를** 반영하는 것을 언어는 재현할 수 없다.
> 언어에 스스로를 표현하는 것을 우리는 언어로 표현할
> 수 없다.
> 명제들은 실재의 논리적 형식을 **보여준다.**
> 명제들은 논리적 형식을 드러낸다.

물론 여기서 비트겐슈타인은 명제와 사실 사이의 연결고리인 논리
적 형식은 그 스스로를 명제 안에서 드러낼 뿐 말로 할 수 없다고 말하지
만, 이내 그의 관심은 말로 할 수 없는 영역 전체로 넓어지고 있다.

> 4.1212 보여질 수 있는 것은 말해질 수 없다.
>
> 6.522 실로 표현될 수 없는 것이 있다. 이것은 **스스로를 보여준**
> **다.** 그것은 신비적인 것이다.

비트겐슈타인은 이제 보여질 수 있는 것은 말해질 수 없다고 한다.
또 말로 표현될 수 없는 것은 스스로를 보여준다고 한다. 논리적 형식
외에도 보여질 수만 있을 뿐 말로 담을 수 없는 것들이 있다는 얘기인

데, 도대체 그러한 것들은 어떠한 이유에 의해서 말해질 수 없고 보여질 수만 있는 것인지가 궁금해진다.

앞의 5절에서 설명했듯이, 하나의 명제가 하나의 사실을 충실하게 그린 그림인지 아닌지를 알기 위해서 명제가 사실과 일치하는지 여부를 살펴야 한다고 했다. 비트겐슈타인에게 명제가 의미를 가진다는 것은 곧 사실과의 일치 여부를 따질 수 있어서 참 또는 거짓으로 나타낼 수 있다는 것이다. 하나의 명제가 의미가 있다는 것은 그것이 어떤 사실에 대한 올바른 (혹은 잘못된) 그림이라는 것이다. 즉 명제가 되기 위해서는 그것에 대응하는 사실이 있어야 한다.

그런데 우리가 사용하는 말들에서 상당수는 그 말에 대응하는 사실을 찾을 수 없다. 이를테면, 앞서 예를 든 "무색의 초록 관념들이 맹렬하게 잠잔다"와 같은 경우가 그렇다. 이 문장이 **무의미**nonsense해지는 이유는 그것이 어떤 사실에 대해서 이야기하고 있는지를 알 수 없기 때문이다. 비트겐슈타인은 그와 같은 문장들은 사실과의 일치 여부를 따질 수 없고, 따라서 참 또는 거짓 여부를 가릴 수 없기 때문에 무의미하다고 한다. 결국 재현할 사실이 없는 명제들은 참 또는 거짓 여부를 따질 수 없는 것으로서 엄밀하게 말해 명제라고 할 수 없다. 그것들은 **무의미한 문장**일 뿐이다. 비트겐슈타인은 철학이 다루는 대부분의 문장들이 그런 종류에 속한다고 말한다.

4.003   철학적 문제들에 관해 씌어진 대부분의 명제들과 질문들은 거짓은 아니지만 무의미하다. 따라서 우리는 이런 종류의 질문들에 대해서 전혀 대답할 수 없으며, 그저 그것

들의 무의미성에 대해서만 말할 수 있을 뿐이다. 철학자
들의 질문들과 명제들 대부분은 우리가 언어의 논리를
잘못 이해한 사실의 결과다.
(그것들은 선善이 아름다움과 거의 동일한 것인지의 문제와
동일한 종류의 것들이다.)
그래서 가장 심오한 문제들이 진정 아무 문제도 아니라는 것
은 놀랄 일이 아니다.

위 인용문에서 보듯이 철학에서 다루는 문장들이 거짓인 것은 아니
다. 철학의 문장들이 문제가 되는 것은 참 또는 거짓을 따질 수가 없기
때문이다. 그래서 철학이 던지는 질문에 대답하는 것은 불가능하다.
가치의 옳고 그름을 다루는 윤리학의 경우나 아름다움에 대해서 다루
는 미학의 경우도 사정은 마찬가지다. 그러한 주제를 통해서 철학자들
이 답을 추구하는 문제들은 실제로는 아무 문제도 아니라는 얘기다.

일반적으로 철학이 과학과 다르게 중요한 점은 가치를 다루는 학문
이라는 특징을 들 수 있다. 즉 의식적으로 가치중립을 표방하는 과학과
달리 철학에서는 가치판단을 적극적으로 시도한다. 그러나 비트겐슈
타인의 입장을 따르면, 가치를 다루는 윤리학의 문장들은 무의미하다.
가치를 다루는 문장들은 사실에 관한 것이 아니기 때문에 참 또는 거짓
여부를 가릴 수 없기 때문이다. 이를테면, "거짓말을 하는 것은 나쁘다"
라는 문장은 가치판단을 포함하고 있는데, 그 문장에 반하여 누군가가
거짓말을 했다고 해서 그 문장이 거짓이 되는 것은 아니다.

따라서 비트겐슈타인은 윤리적 명제는 있을 수 없다고 주장한다(《논

고》6.42). 그러한 명제가 그림이 되는 사실을 찾을 수 없기 때문이다. 결국 윤리학은 말로 표현될 수 없다(《논고》6.421). 하지만 가치의 문제를 말로 담을 수 없다고 해서 가치의 영역 자체를 부정하거나 제거했다고 볼 수는 없다. 철학이나 윤리학에서 다루는 물음들이 언어의 논리를 잘못 이해한 데서 발생한 혼란임에 틀림없지만, 그렇다고 해서 삶과 가치의 문제 자체가 존재하지 않는다는 것은 아니다. 비트겐슈타인은 이러한 상황을 다음과 같이 설명하고 있다.

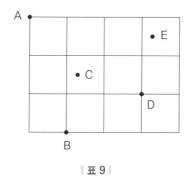

|표 9|

위 그림에서 점 A에서 B까지 움직이는 방법을 설명하기 위해 우리는 오른쪽으로 한 칸 움직인 뒤에 아래로 세 칸을 움직이면 된다고 말할 수 있다. 물론 A에서 아래로 세 칸을 먼저 움직이고 오른쪽으로 한 칸 움직이면 된다고 할 수도 있다. 좌표상의 어느 지점이든 한 점에서 다른 점으로 움직이는 방법을 그런 방식으로 설명할 수 있다.

그러나 점 C와 E의 경우는 사정이 다르다. 이 경우 우리는 C와 E가 존재하는 점들이라는 것은 알 수 있지만, 그 지점을 정확히 표현하는 방법을 알지는 못한다. 이를테면, A에서 C 또는 E까지 움직이는 방법을 효과적으로 설명할 수 없다는 것이다. 이때 우리가 그러한 방법을 설명할 수 없는 이유는 C나 E의 존재 자체의 문제라기보다는 우리가 표현할 수 있는 좌표상의 지점을 벗어난 곳에 그것들이 위치하고 있기 때문이다. 그래서 우리는 A와 B 그리고 D에 대해서는 그 위치를 정확히 말로 표현할 수 있지만, C와 E에 대해서는 그런 점이 있다는 것을 보여줄 수만 있다. 결국 비트겐슈타인이 말하는 사실과 대응하는 명제란 A, B 그리고 D와 같이 말로 표현할 수 있지만, 가치와 관련된 문장들은 C와 E의 경우처럼 말로 표현할 수 없고 단지 그 자신을 보여줄 수만 있다는 것이다.

이렇게 말할 수 있는 것과 말할 수 없는 것의 구분을 통하여 우리는 사람들이 연구해온 학문들의 성격을 분류해볼 수 있다. 먼저 비트겐슈타인에게 유의미하다고 할 수 있는 명제는 사실에 대응하는 것들로서 자연과학이 다루는 명제들이 그에 해당한다. 과학은 그야말로 사실을 다루며, 경험을 통해서 사실에 대한 올바른 이해에 도달하는 것이다. 비트겐슈타인은 그래서 참인 명제들의 총체는 자연과학의 총체라고 말한다(《논고》 4.1).

실제로 과학의 발전은 과연 "우리가 얼마나 자연 세계의 있는 그대로의 모습과 일치하는 지식을 가질 수 있는가?"라는 물음에 답하기 위한 시도에서 나온 것이다. 코페르니쿠스가 지동설을 주장하기 전까지 사람들은 "태양은 지구 주위를 돈다"라는 문장을 참이라고 믿었으며, 과학적 지식이라고 생각했다. 그러나 코페르니쿠스 이후 모든 것이 달라졌다. 갈릴레오는 "지구는 태양 주위를 돈다"라는 문장이 참이라는 것을 입증했으며, 오늘날 사람들은 이 문장이 과학적 지식의 일부를 구성한다는 것을 결코 의심하지 않는다.

여기서 중요한 것은 코페르니쿠스 이전이나 이후나 지구와 태양의 관계에 대한 **사실**은 전혀 변하지 않았다는 것이다. 변한 것은 참인 줄 알았던 문장이 거짓으로, 거짓이라고 여겼던 문장이 참으로 판명되었다는 것이다. 그리고 여기서 참과 거짓을 규정하는 기준은 단 하나, 어떤 문장이 사실과 일치하는가 여부다. 코페르니쿠스의 문장은 그것이 사실과 일치하기 때문에 참이며, 과학적 지식이 된 것이다. 결국 이처럼 우리가 경험을 통해서 **참/거짓**을 가려낼 수 있는 모든 문장은 유의미한 것이다.

비트겐슈타인은 바로 사실에 대한 담론만을 유의미한 것의 영역으로 삼겠다는 생각을 한 것이며, 자연과학이야말로 사실적 담론의 결정체라고 할 수 있다는 결론에 도달한 것이다. 과학이야말로 우리가 말할 수 있는 것의 영역에 속한다는 것이다. 그는 자연스럽게 이어서 철학의 위치를 평가하고 있다. 철학은 자연과학의 한 분과가 아니라는 것이다. 앞의 2절에서 소개했듯이 그는 철학은 과학의 위 또는 아래에 위치해야 하며 과학과 나란히 옆에 설 수는 없다고 한다(《논고》 4.111).

지금까지의 논의를 통해서 볼 때 비트겐슈타인에게 그 이유는 너무도 분명하다. 전통적으로 철학이 다루어온 거의 모든 문장들은 사실에 대한 것이 아니므로 무의미한 문장이다. 이러한 문장들의 진리성을 따지려는 시도 역시 무의미한 것이 될 수밖에 없다. 결국 전통적인 의미의 철학은 말할 수 없는 것에 대해 끊임없이 말하려고 시도해왔기 때문에 잘못된 것이며, 이제 철학자들은 그것이 왜 말할 수 없는 성격의 것인지 알게 되었으므로 더 이상 전통적인 의미의 철학을 해서는 안 된다는 것이다.

그러나 비트겐슈타인이 과학이 다루는 것만이 의미 있다고 해서 더 중요하고, 전통적으로 철학이 다루어온 윤리나 종교의 문제들을 말로 담을 수 없다고 해서 덜 중요하다고 생각한 것 같지는 않다. 그는 줄곧 자신의 관심이 과학자의 그것과 같지 않다고 말했으며, 과학과 기술이 진보한 현대는 암흑의 시대라고 진단하곤 했다. 또한 한 편지에서 《논고》의 성격이 윤리적인 것이라고 말하기까지 했다. 그러한 내용이 원래 자신이 생각했지만 쓰지 않은 두 번째 부분이 될 것이며 진정 중요한 것이라고 썼다. 윤리나 종교 등 삶의 문제가 중요하기는 하지만, 참인지 거짓인지 가려낼 수 없다는 점에서 말할 수 없는 것이므로 실제 생활에서 겪는 실천의 문제로 돌리고 있다는 느낌이 든다.

결국 비트겐슈타인에 따르면, 철학은 지금까지 사용해온 언어로 지금까지 다루어온 주제들에 대해서 말해서는 안 되지만, 바로 그 점을 분명히 밝힘으로써 철학은 매우 긍정적인 역할을 한다고 말한다. 철학은 사실을 다루는 과학은 아니지만, 바로 그러한 이유에서 과학이 다루는 영역의 한계를 그려주는 역할을 할 수 있다는 것이다. 그는 다음과 같이 말한다.

4.113   철학은 논란의 여지가 있는 자연과학의 영역을 한계 짓는다.

4.114   철학은 생각할 수 있는 것 그리고 그에 따라 생각할 수 없

는 것의 한계를 그어야 한다.

철학은 생각할 수 있는 것을 통하여 그 내부로부터 생각

할 수 없는 것의 한계를 그어야 한다.

4.116   생각할 수 있는 모든 것은 명료하게 생각할 수 있다. 말로

담을 수 있는 모든 것은 명료하게 말해질 수 있다.

비트겐슈타인에게 있어서 말할 수 있는 것의 영역은 **참/거짓**을 따질 수 있는 명제들의 총체인 셈인데, 그것은 곧 논리적 형식이 그 의미를 뒷받침해주는 영역이라는 것을 의미한다. 명제라는 것이 사고의 기호적 표현이라고 할 때, 말할 수 있는 것의 영역은 곧 의미 있게 사고할 수 있는 것의 영역을 의미한다. 결국 4.114에서 비트겐슈타인은 말할 수 있는 것의 한계를 그음으로써 사고의 한계 또한 그을 수 있다고 말하고 있는 것이다. 그러한 명확한 한계를 그음으로써 이제 말할 수 있는 모든 것에 대해서 명료하게 말할 수 있을 것이고, 말로 담을 수 없는 것에 대해서는 침묵해야 한다는 것이다.

이처럼 말할 수 있는 것의 영역과 말할 수 없는 것의 영역을 구분하면서 비트겐슈타인은 유의미한 문장과 무의미한 문장을 구별하고 동시에 과학과 철학의 영역을 명확하게 자리매김하고 있다. 바로 이러한 점이 《논고》를 형이상학의 불가능성을 주장하면서 뉴턴 물리학의 철학적 정당화를 꾀한 것으로 평가되는 칸트의 《순수이성비판》과 비교하게 만드는 요인이다. 물론 칸트가 근대 과학의 시대정신을 적극적으로 옹호한 인물이었던 것에 비해 비트겐슈타인은 과학에 대해서 우호적인 입장을 가진 인물은 아니었고 때로는 반과학적인 태도를 보이기

도 했다. 그래서 비트겐슈타인의 철학이 칸트와 유사한 문제의식에서 출발한 것인지 여부는 더 많은 연구가 필요할 것이다.

이렇게 논의를 하다 보면, 비트겐슈타인의 관심이 말할 수 있는 것과 말할 수 없는 것의 영역 구분을 통하여 과학과 철학의 성격을 규정하는 데만 국한된 것처럼 보이지만 결코 그렇지 않다. 비트겐슈타인은 말할 수 없지만 결코 무의미하다고도 할 수 없는 경우가 있다고 한다. 대표적인 사례로 논리학의 명제들이 그에 해당하는데, 앞에서 말한 논리적 형식의 경우와 마찬가지로 논리학의 명제들은 그에 대응하는 사실들이 있는 것이 아니며, 따라서 아무것도 말하지 않고 단지 그 스스로를 드러낼 뿐이다.

그런데 이처럼 대응하는 사실들이 없기는 하지만 논리학의 명제들은 무의미한 것도 아니다. 이를테면, "만일 비가 온다면, 비가 올 것이다"와 같은 **항진명제**tautology의 경우 언제나 참이 되는 명제이므로 사실에 대응하지 않지만 참이라고 할 수 있다는 것이다. 비트겐슈타인은 사실 모든 논리학의 명제들이 항진명제라고 한다《논고》6.1). 그러고는 무의미한 문장과 구별하여 **의미를 결여한 명제**senseless proposition라고 불렀다.

어쨌든 이들 논리학의 명제는 그에 대응하는 사실이 없기 때문에 말할 수 없는 것의 영역에 속한다. 즉 이들 명제는 그 자신을 스스로 보여주는 것이어야 한다. 따라서 비트겐슈타인은 논리학에서 채용하는 기호만을 가지고 그들 명제가 참이라는 것을 보일 수 있어야 한다고 한다《논고》6.113). 철학의 문장에서는 이러한 문제는 생겨나지 않는데, 철학의 문장들은 무의미한 것들로서 **참/거짓**의 문제가 발생하지 않기 때문이다. 그러나 논리학의 명제는 언제나 참이 되는 항진명제로 규정되기 때문에 우리가 경험을 통해서 "지구는 둥글다"와 같은 명제가 참임을 알게 되는 것과는 다른 방식으로 그 진리성이 드러나야 한다. 즉 논리학의 명제들은 그 명제의 기호들만으로 그것이 참임을 스스로 보여준다는 것이다.

여기서 비트겐슈타인이 제시하는 문장들의 분류를 다시 정리해보도록 하자.

한국어	영어	독일어	특징	예문
의미 있는 명제	meaningful	sinnvol	대응하는 사실이 있어서 참/거짓을 판단할 수 있음	해는 동쪽에서 뜬다.
무의미한 명제	nonsense	Unsinn	대응하는 사실이 없어 참/거짓을 판단할 수 없음	실재적인 것은 합리적인 것이다.
의미를 결여한 명제	senseless	sinnlos	항상 참, 또는 항상 거짓임	정삼각형은 삼각형이다.

┆ 표 10 ┆

먼저 그는 우리가 일상적으로 사용하는 말 중에서 과학에서 다루는 문장들처럼 그에 대응하는 사실이 있어서 참 또는 거짓을 판단할 수 있는 문장들을 의미 있는 명제라고 보았다. 이것은 철학에서 종종 종합명제라고 부르는 것들이다. 그 다음으로 비트겐슈타인은 무의미한 명제에 대해서 말하고 있다. 무의미한 명제의 대표적 사례는 전통적으로 철학자들이 사용해온 문장들이다. 형이상학이나 윤리학의 문장들은 그에 대응하는 경험적 사실이 없기 때문에 참 또는 거짓을 가려낼수 없다. 마지막으로 의미를 결여한 명제들이 있는데, 이들 명제는 과학의 문장과 달리 그에 대응하는 사실은 없지만 언제나 참이거나 언제나 거짓인 문장들로서 참 또는 거짓을 판단할 수 없는 무의미한 문장들과는 구별된다. 비트겐슈타인은 논리학의 문장들이 의미를 결여한 명제들에 해당한다고 보았는데, 이는 철학에서 종종 분석명제라고 부르는 것들이다.

8

무의미의 의미

앞의 제4절에서 잠깐 언급했듯이 《논고》 6.54는 《논고》라는 책 전체를 무의미한 것으로 해석할 수 있게 한다는 점에서 많은 논란거리를 제공했다. 이제 이 부분에 대해서 살펴보도록 하자.

6.54　나의 명제들은 다음과 같은 점에서 하나의 해명 작업이다. 즉 나를 이해한 사람은, 만일 그가 나의 명제들을 통해 — 나의 명제들을 딛고서 — 나의 명제들을 넘어 올라간다면, 그는 결국 나의 명제들을 무의미한 것으로 인식한다. (그는 말하자면 사다리를 딛고 올라간 후에는 그 사다리를 던져버려야 한다.)
그는 이 명제들을 극복해야 한다. 그러면 그는 세계를 올바로 본다.

이어서 나오는 언급은 《논고》의 마지막 문장으로 다음과 같이 주장하면서 책을 맺는다.

7   말할 수 없는 것에 관해서는 침묵해야 한다.

문자 그대로 이해하자면 위 두 언급을 통해 비트겐슈타인은 자신이 《논고》라는 책에서 말한 모든 것은 '말할 수 없는 것'에 대해 말한 것이기 때문에 전부 무의미한 난센스이며, 따라서 침묵해야만 할 것에 대해서 말한 것에 지나지 않는다. 결국 6.54의 내용은 그림이론과 진리함수론 등 6.54 이전에 언급한 언어와 관련된 일련의 명제들을 전부 난센스로 만들 수 있다. 또한 6.54는 비트겐슈타인이 《논고》의 서문에서 "여기에 적힌 사고의 **진리성**에 대해서는 공격 불가능하며 완결적이다"라고 말한 내용과 상충된다는 점에서 논란거리가 되었다. 공격 불가능하고 완결적인 진리가 난센스로 귀결되어서는 안 될 것이기 때문이다.

이러한 논란의 불씨는 《논고》의 해제를 쓴 러셀에게서부터 이미 예견되었다. 러셀은 비트겐슈타인이 자신의 주장을 뒷받침하기 위해 강력한 논증들을 제시하고 있음에도 불구하고 그 입장을 받아들이기가 망설여진다고 하면서, 그 망설임의 원인은 비트겐슈타인이 말해질 수 없는 것에 관해 상당히 많은 것을 말하고 있기 때문이라고 말한다. 그리고 비트겐슈타인은 자신이 그렇게 말한 것에 대해 '말해질 수는 없지만 보여질 수 있다'고 변호하겠지만, 러셀에게는 그러한 변호가 지적 불편함을 남겨놓는다고 말한다.

많은 해석가들은 《논고》를 무의미한 저작으로 볼 수 없다고 판단했기 때문에 다소간 이 문제를 우회할 수 있는 해석들을 내놓았다. 그 중 대표적인 것은 《논고》의 문장들은 비트겐슈타인이 스스로 제시한 기준에 따라 무의미한 것들이지만, 그럼에도 불구하고 그러한 언급들은 무엇인가를 보여주고 있다는 해석이다. 이는 즉 러셀이 지적 불편함을 느낀다고 말했던 변호적 성격의 해석인데, 대체로 다음과 같이 말한다.

《논고》는 (설사 그렇게 이름 붙이는 것이 잘못된 것이라 할지라도) 이른바 '그림이론'과 '진리함수론'이라 부를 수 있는 내용의 언어관을 제시하였다. 이 언어관에 따르면, 의미 있는 명제는 경험적 사실에 관한 명제들로 자연과학에서 다루는 명제들로 국한된다. 그런데 《논고》에 제시된 언어관과 관련된 명제들은 거의 전부가 경험적 사실에 관한 명제가 아니다. 따라서 그러한 명제들은 진정한 의미에서 명제가 아니고 무의미한 명제들로서 '일단 딛고 올라간 후에는 던져버려야 할' 것들이다. 무의미하지만 언어관을 전달하는 데 필요한 명제들(즉 세계를 올바로 보기 위해 딛고 올라갈 때까지는 필요한 사다리)이며, 일단 그 명제들을 통해 비트겐슈타인의 언어관을 제대로 이해한다면 그로부터 나오는 필연적 귀결은 《논고》의 문장들을 난센스로 이해하게 된다(사다리를 던져버리게 된다)는 것이다.

이러한 해석은 그림이론과 진리함수론 같은 언어관을 이해하는 것이 6.54를 이해하기 위한 전제조건이라는 생각을 담고 있다. 《논고》의 대부분의 내용이 난센스라는 6.54의 언급을 이해하기 위해서는 적어도 그 앞에 제시된 의미와 관련된 비트겐슈타인의 명제들을 이해해야만 한다는 것이다. 6.54의 폭탄선언은 결국 비트겐슈타인이 그 앞에서 제시한 의미 있는 명제와 무의미한 명제의 구분 기준을 자신의 문장들에 적용한 결과이기 때문이다.

그러나 이러한 해석은 어떻게 난센스인 문장들을 통해서 그림이론이나 진리함수론에 해당하는 언어관을 독자들에게 제대로 전달할 수 있는가 하는 문제를 안고 있다. 난센스라면 난센스인 것이지 난센스인 문장으로부터 무엇인가 참인 것을 보여줄 수 있다는 해석은 애초에 러셀이 지적했듯이 궁색한 변명이며, 논리적으로 앞뒤가 맞지 않는다는 지적으로부터 완전히 자유롭지 못하다는 것이다.

바로 이러한 측면에 초점을 맞춘 해석이 1990년대 이후에 등장했는데, 이는 통상적으로 '새로운 비트겐슈타인 해석'이라고 불린다. 이 해석은 6.54를 엄격하게 해석하여 《논고》의 명제들을 명백한 난센스로 받아들인다. 즉 비트겐슈타인이 《논고》의 대부분의 문장들을 통하여 뭔가 참인 이야기를 하고 있는 것으로 받아들여서는 안 된다는 것이다.

6.54에서 그 앞에 나온 내용을 전부 무의미한 것으로 규정하고 있기 때문에, 명제와 사실의 관계에 대한 언급과 언어의 한계에 대한 언급은 물론이고 그와 관련된 이론 역시 무의미해진다. 따라서 말할 수 있는 것과 달리 보여질 수 있는 것에 의해 무엇인가를 보이려 했다고 결코 말할 수 없다는 것이다. 난센스는 명백한 난센스일 뿐 난센스를 통해서 어떤 언어관을 보이려 했다는 식의 해석은 잘못된 것이라는 주장이다.

'새로운 해석'에 따르면, 비트겐슈타인이 《논고》에서 한 것은 6.54

에서 스스로 언급하였듯이 일종의 해명 elucidation 작업이다. 이것은 어떤 이론적 작업이 아니라 하나의 활동에 해당하는데, 그 활동은 치료적 성격을 지닌다. 말하자면, 비트겐슈타인은 《논고》에서의 논의를 통해서 지금까지 철학자들이 해온 이론적 작업들은 전부 무의미하다는 것을 드러내고 있다는 것이다. 얼핏 보기에 《논고》에는 그림이론과 같은 특정 언어관이나 의미론이 제시되고 있는 것처럼 보이지만, 실은 그러한 이론화 시도가 난센스임을 보임으로써 어떠한 철학적 이론도 난센스가 될 수밖에 없음을 몸소 보여주려고 했다는 것이다.

이러한 해석은 앞에 소개한 기존의 해석이 제공하지 못한 논리적 일관성의 문제를 해결해준다는 점에서 2000년대 이래 미국을 중심으로 매우 영향력 있는 해석으로 대두되었다. 비트겐슈타인이 6.54에서 그 이전에 나온 명제들이 모두 무의미하다고 말하였기 때문에, 이를 엄격하게 적용하여 《논고》의 내용 대부분을 무의미한 것으로 보아야 한다는 것이며, 그런 작업을 통해 비트겐슈타인은 철학은 이론이 아니라 치료적 활동이어야 한다고 보았다는 것이다.

분명히 논리적 일관성에서 매력적인 점이 있긴 하지만, '새로운 해석' 역시 적지 않은 문제점을 지니고 있다. 먼저 '새로운 해석'에서는 6.54 이전의 내용 대부분이 무의미한 것으로 읽혀야 한다고 주장하는데, 그러한 주장을 하기 위해서는 그 이전의 내용을 이해하고 받아들여야만 한다. 즉, 어떤 명제가 참이고 어떤 명제가 거짓이며, 또 어떤 명제가 의미 있고 어떤 명제가 무의미한 것인지를 규정하는 이른바 그림이론을 이해하지 않고서는 《논고》의 내용 대부분이 무의미하다고 주장하는 것은 불가능하다.

뿐만 아니라 그렇게 이해하고 6.54를 주장한다 하더라도 6.54의 진리성이 보장되지는 않는다. 6.54에서 이전의 문장들이 전부 무의미하다고 주장한 근거는 의미 있는 문장과 무의미한 문장들을 나누는 기준을 제시하는 이전의 문장들에 있다. 이때 6.54에서 주장하는 바의 근거가 이전에 언급된 무의미한 문장들이기 때문에 결국 6.54도 무의미한 문장이 될 수밖에 없다는 문제가 발생한다. 바로 이러한 문제 때문에 '새로운 해석'은 6.54의 내용이 그러한 무의미성으로부터 면제되는 것처럼 주장하고 있지만, 어떻게 6.54의 진술만이 예외적으로 다른 지위를 가질 수 있는지에 대해서는 설명하지 못한다.

'새로운 해석'은 비트겐슈타인이 치료적 활동의 일환으로 철학적 이론화의 공허함을 보여주려고 했다고 주장한다. 즉 어떠한 철학적 이론도 난센스가 될 수밖에 없다는 것을 활동으로서의 철학을 통해 보여주었다는 것이다. 그렇다면 비트겐슈타인이 《논고》에서 발전시킨 원자론적 언어관, 그리고 1929년 철학에 복귀한 후 원자론적 언어관을 포기하고 오랜 철학적 고민을 통해 제시한 새로운 언어관은 결국 이론화 작업이 아니라 치료적 활동이라는 것이다.

물론 그렇게 말할 수도 있겠지만, 철학적 이론화 시도의 공허함을 보여주기 위해서 1910년대에 원자론적 언어관을 만들어내고 다시 1930년대에는 그와 차별되는 다른 언어관을 만들어냈다는 설명이 그럴듯해 보이지는 않는다. 만약 그러한 해석이 옳다면, 비트겐슈타인은 철학적 이론화 시도의 공허함을 '지속적으로' 보여주기 위하여 매우 독창적이고 철학적으로 영향력 있는 언어관을 계속해서 새로 만들어내는 수고를 아끼지 않았다는 것인데, 이는 상식적으로 납득하기 어럽다.

지금까지 살펴본 6.54에 대한 두 해석 모두 내적인 문제점을 지니고 있으며, 그 문제점들은 쉽게 해결 가능하지 않을 정도로 심각한 것이다. 그런 의미에서 러셀이 《논고》의 출간 당시에 지적했던 지적 불편함은 여전히 해결되지 않은 채로 남아있다. '새로운 해석'의 영향력은 여전하지만 그렇다고 해서 6.54와 관련한 뜨거운 논란이 곧 사라질 것처럼 보이지도 않는다.

그럼에도 《논고》 이후 비트겐슈타인의 여러 언급들을 종합해볼 때, '새로운 해석'이 더 설명해야 할 부분이 많은 것처럼 보인다. 단적인 예로 원자론적 언어관이 치료적 활동의 일환으로 제시된 것에 지나지 않는다면, 철학계에 복귀한 비트겐슈타인이 원자론적 언어관의 문제들에 대해 집착적으로 고민한 것을 설명하기 어려울 것이다.

결국 《논고》에서 언어와 의미에 대한 특정 관점을 비트겐슈타인이 발전시켰으며 그것을 지지하였다고 보는 것이 좀 더 그럴듯해 보인다. 그렇게 해석할 때 그가 후기 저작에서 새로운 언어관을 발전시키고 그에 대해 광범위하게 논의한 사실이 좀 더 비트겐슈타인 철학의 전체적 그림과 잘 맞아 떨어진다고 하겠다.

9
전기 비트겐슈타인의 영향

제1부에서 소개한 바와 같이 20세기 영미철학에서 가장 중요하고

영향력 있는 저작의 하나인 《논고》는 출판 과정에서 어려움을 겪었다. 러셀의 노력으로 우여곡절 끝에 1921년 독일어판이 출간될 무렵 비트겐슈타인은 이미 철학을 떠나 초등학교 교사의 길을 걷고 있었다. 이듬해에 독영 대역본이 출판되는 과정에서 편집자와 서신을 교환하며 영어 번역을 세심하게 검토하기도 했지만, 그에게 철학에 대한 미련은 더 이상 남아있지 않은 것처럼 보였다.

문제는 저자가 산 속으로 사라진 다음 《논고》라는 책의 출판이 당시 유럽의 철학계에 일으킨 반향이다. 비트겐슈타인에게 철학적 자양분을 제공해준 영국의 철학계가 《논고》에 의해 고무된 것은 분명한 사실이다. 비트겐슈타인으로부터 가장 1차적인 영향을 받은 사람은 다름 아닌 러셀이었다. 앞의 제1부에서 언급한 것과 같이 러셀은 비트겐슈타인의 비판에 충격을 받고 쓰던 글의 출판을 포기할 정도로 일찌감치 그의 제자로부터 직접적인 영향을 받고 있었다.

1918년 러셀은 "논리적 원자론의 철학"이라는 대중강연을 하는데, 그 강연록의 서문에 다음과 같이 적음으로써 자신이 비트겐슈타인으로부터 영향을 받았음을 인정하였다.

다음은 1918년 초기 몇 달 동안 런던에서 여덟 번 했던 강연의 기록으로, 내가 나의 친구이자 학생이었던 루트비히 비트겐슈타인으로부터 배운 특정한 아이디어들에 대한 설명을 하고 있다. 나는 1914년 8월 이후 그의 견해에 대해 알 수 있는 기회를 갖지 못했고 그가 살아있는지 죽었는지조차도 모른다. 따라서 이 강연에 포함된 많은 이론들에 관련해서 최초에 제공한 것을 넘어서는 어떤 것에 대해서도 그에게 책임이 없다.

Russell, *The Philosophy of Logical Atomism*, 35쪽.

러셀은 논리적 원자론이라는 자신의 철학이 사실은 케임브리지에서 비트겐슈타인의 생각에서 착안하여 발전시킨 것이라고 말하고 있는 것이다. 그렇다면 전쟁 발발 전 유사한 관심사를 공유하고 있던 스승과 제자가 서로 떨어져있던 4년간 독자적으로 작업한 결과 《논리적 원자론의 철학》과 《논리철학논고》가 나왔다는 것이다.

물론 두 저작은 일부 공통점에도 불구하고 현저하게 다른 내용을 포함하고 있다. 비트겐슈타인으로부터 영향을 받은 것은 사실이지만, 비트겐슈타인을 만나기 이전에 이미 논리학사에 남을 대작을 남겼던 러셀은 독자적인 입장을 가지고 철학에 임하고 있었기 때문에 자신의 철학에 대한 관점이 누군가의 영향으로 크게 방향을 선회했을 것이라고 상상하는 것은 무리다. 또 비트겐슈타인의 철학을 받아들이는 데 있어서도 러셀은 분명한 자신의 관점을 통해서 받아들였기 때문에 비트겐슈타인 철학의 본모습을 제대로 파악하는 데 실패한 감마저 있다.

《논고》를 출판하는 과정에서 러셀이 쓴 해제에서 그러한 실패의 흔적이 감지되는데, 앞서 소개한 바와 같이 그가 '신비적인 것'에 대해 받아들일 수 없었던 점 외에도 《논고》의 성격도 적절히 이해하지 못했다는 느낌을 지우기 어렵다. 《논고》에서 비트겐슈타인이 논리적으로 완전한 언어, 즉 이상언어의 조건에 대해 다루고 있다고 진단한 점이 그렇다. 당시 철학에 있어서 러셀 자신의 프로젝트는 그러한 이상언어의 구축이라고 할 수 있을 것이다. 하지만 비트겐슈타인 역시 러셀과 동일한 기획을 시도했다는 판단은 정확한 것이라고 보기 어렵다.

앞서 살펴본 바와 같이 《논고》의 핵심 주제는 언어와 세계의 관계에 주목하여 어떻게 의미 있는 언어가 가능한가의 문제를 다루는 것이며, 그 과정에서 이상언어에 도달하려는 시도는 중요한 이슈가 될 수는 있으나 결코 근본적인 문제라고 할 수 없다. 비트겐슈타인의 관심은 우리가 언어를 통해서 어떻게 세계의 사실들을 재현해내는가에 초점이 맞추어져있기 때문에, 그러한 언어가 순수하게 기호화된 논리적 상징체계이건 우리가 일상에서 사용하는 자연언어이건 별 문제가 되지 않는다.

비트겐슈타인은 러셀이 자신의 논점을 정확히 파악하지 못하고 있다는 점을 눈치채고 있었다. 앞서 잠시 언급한 바와 같이 그는 이탈리아의 몬테카시노에서 전쟁포로로 수용되어 있을 때, 완성된 《논고》의 원고를 프레게에게 먼저 보냈지만 프레게에게 받은 답장은 그를 무척 힘들게 했다. 그가 포로수용소를 떠나기 이틀 전 러셀에게 보낸 편지는 자신의 책이 이해받지 못할지 모른다는 막연한 두려움을 담고 있다.

> 제 원고를 프레게에게도 보냈습니다. 그는 일주일 전에 저에게 편지를 썼는데, 저는 그가 원고의 단 한 글자도 이해하지 못했다고 생각합니다. 저의 유일한 희망은 선생님을 속히 만나서 모든 것을 설명하는 것입니다. 단 한 사람도 이해하지 못하는 것은 **매우** 견디기 힘든 일이기 때문입니다.
>
> *Ludwig Wittgenstein: Cambridge Letters*, 124쪽

전쟁포로에서 자유의 몸이 된 후 비트겐슈타인은 헤이그에서 러셀과 만나 《논고》의 원고를 한 줄씩 읽으면서 의문점을 설명해나갔다. 물론 러셀은 비트겐슈타인의 역작에 대해 원고만 읽었을 때보다 더 잘 이해하게 되었고 그 가치에 대해 더 높게 평가하게 되었다. 하지만 출판을 위해 쓴 해제를 읽은 비트겐슈타인은 러셀 또한 자신의 책에 대해서 오해 투성이의 글을 쓰고 말았다고 생각했다.

특히 '말해질 수 없고 보여질 수만 있는 것'에 대한 비트겐슈타인의 입장은 러셀로서는 받아들일 수 없는 것이었다. 러셀은 명제가 스스로의 논리적 대상을 재현할 수 없다는 생각은 언어의 계층을 나눔으로써 이른바 유형론으로써 해결할 수 있다고 믿었다. 우리가 한 명제의 논리적 대상에 대해서 말할 수 있는 이유는 논리적 대상에 대해서 말하는 언어가 그 논리적 대상이 내재되어 있는 원래 언어(대상언어)의 차원을 넘어서는 한 단계 상위의 언어(메타언어)이기 때문이라는 것이다. 러셀은 비트겐슈타인이 자신의 방법을 취하지 않고 '보여질 수만 있는 것'의 영역을 남김으로써 신비주의에 빠졌다고 확신했고, 비트겐슈타인은 그러한 러셀의 평가를 못마땅해했다.

이처럼 철학적으로 비트겐슈타인과 가장 가까웠던 러셀의 《논고》에 대한 평가는 《논고》를 오해한 면도 있었고 비트겐슈타인이 받아들일 수 없는 내용을 포함하고 있었다. 오히려 당시 《논고》에 대해 가장 적절히 이해한 사람은 약관 18세의 나이에 《논고》를 영어로 번역한 램지였던 것 같다. 램지는 책이 출간되자 영국의 철학 잡지 《마인드 Mind》에 서평을 기고했는데, 《논고》가 이상언어의 구축을 꾀하고 있다는 러셀의 오해를 바로잡았음은 물론 오늘날의 관점에서도 매우 탁월한 이해를 바탕으로 씌어진 글로 평가받고 있다. 램지는 비트겐슈타인이야말로 20세기의 철학을 이끌어갈 인물이라는 확신을 가지고 있었으며, 《논고》의 내용을 바탕으로 자신의 입장을 발전시키려는 계획을 세우기도 했다.

그러나 《논고》의 영향력은 영국이 아닌 비트겐슈타인의 출생지인 빈에서 가장 크게 발휘되었다. 1920년대 중반 빈 대학에서 과학적 세계관에 매료된 일군의 철학자, 수학자, 과학자, 사회학자들이 모여 만든 빈 서클이 바로 그 주인공이다. 앞에서도 언급했듯이 이 모임에는 물리학자이자 철학자인 슐리크와 카르납 외에도 수학자 한Hans Hahn, 사회경제학자 노이라트Otto Neurath, 카우프만Felix Kaufman, 크라프트 Viktor Kraft 등이 참여해, 후에 논리실증주의Logical Positivism로 알려진 입장을 키워나가고 있었다.

당시 빈 서클에 의해 발전된 논리실증주의의 주요 관심사 중 하나는 과학과 형이상학을 명확하게 구분하는 것과 모든 의미 있는 문장을 과학의 언어로 번역하여 통일과학을 수립하려는 시도였다. 특히 비트겐슈타인의 《논고》와 관련지어 살펴볼 수 있는 논리실증주의의 입장은 사실의 문제에 관한 명제들과 개념들 사이의 논리적 관계들을 다루는 명제들만이 의미가 있으며, 형이상학, 윤리학이나 종교의 명제들은 정서적인 혹은 훈계적인 것이기는 하지만 인지적 내용이 없기 때문에 무의미한 문장들이라는 주장이다.

사실에 대한 명제들이 의미 있는 것은 그것들이 경험에 기초하며 검증될 수 있기 때문이라는 생각은 이른바 검증원리라는 논리실증주의의 핵심적인 아이디어로 주장되었다. 검증원리에 따르면, 우리는 한 명제가 어떻게 검증되는가를 알면 그 명제의 의미를 알 수 있다는 것이다. 우리가 "지금 비가 내린다"와 같은 명제의 의미를 아는 이유는 우리가 언제 그것이 참이 되는지를 알기 때문이다. 즉 우리는 그 명제를 검증할 수 있다.

한편 개념들 간의 논리적 관계를 다루는 논리학과 수학의 명제들은 분석명제로서 사실에 대한 명제는 아니지만 무의미하다고 말할 수는 없는데, 그것은 그들의 진리값이 단어들의 의미를 분석함으로써 규정될 수 있기 때문이라고 한다.

반면 "도둑질을 하지 말라"와 같이 윤리적인 명제는 사실적인 명제라고 할 수 없다. 우리는 그러한 명제들이 검증되는 조건을 모르며, 그러한 경우 그 명제의 의미는 우리에게 알려지지 않기 때문에 무의미하다. 이 경우 사실 그 명제는 명제라기보다는 사이비 명제라는 것이 논리실증주의의 입장인 것이다.

이러한 입장에서 우리는 《논고》에 나타난 비트겐슈타인의 생각과 유사성을 쉽게 발견할 수 있다. 비트겐슈타인은 명제들이 사실의 그림이라고 말하며, 논리학의 명제들을 분석적이라고 말한다. 또한 자연과학과 논리학, 수학 이외의 모든 명제들은 무의미하다고 한다. 이러한 외적인 유사성 때문에 빈 서클의 멤버들은 한때 《논고》를 그들의 바이블로 삼아 한 줄씩 소리 내어 읽으면서 강독을 했던 것이다.

그러나 《논고》는 매우 간결한 문체로 축약적으로 씌어져 있었기 때문에 쉽게 이해가 되지 않거나 의문스러운 부분이 적지 않았고, 급기야는 슐리크로 하여금 비트겐슈타인과 직접 만나 그의 철학을 논의할 수 있는 모임을 주선하도록 만들었던 것이다. 1927년에 비트겐슈타인과의 첫 만남을 성사시킨 슐리크는 곧 카르납, 파이글, 바이스만 등을 모임에 참여시키지만, 1929년부터 카르납, 파이글과는 만나고 싶지 않다는 비트겐슈타인의 의견에 따라 결국 슐리크와 바이스만만 이 1936년 불의의 사고로 슐리크가 세상을 떠날 때까지 친분관계를 유지한다. 특히 바이스만은 비트겐슈타인과의 토론을 기록으로 남겼 는데, 새롭게 발전하는 비트겐슈타인의 철학적 아이디어를 빈 서클에 전달하는 역할을 했으며 그러한 기록은 후일 책으로 출간되기도 했다.

슐리크는 빈 서클의 공식적인 리더였으므로 표면적으로 볼 때 빈 서 클이 비트겐슈타인과 매우 밀접한 관계를 맺으면서 철학적으로 유사 한 관심사에 대해 많은 영향을 받았을 것이라고 판단할 수도 있다. 하 지만 실제로는 문제가 그렇게 간단하지는 않았다. 슐리크가 비트겐슈 타인과 주기적으로 만나기 시작한 시기는 1920년대 후반으로 비트겐 슈타인이 오랜 공백을 깨고 다시 철학을 하기 위해 케임브리지로 돌아 가기 직전이었다.

비트겐슈타인에게는 이미 그의 내면 세계에서 새로운 철학적 아이 디어가 꿈틀거리기 시작한 시기였다. 그래서 처음에는 《논고》에 대 한 궁금증으로 가득 찬 빈 서클 멤버들이 저자의 입을 통해 직접 해설 을 듣기 위한 모임이었지만, 이내 새로운 관심사로 충만한 비트겐슈타 인은 과거 자신의 입장보다는 새롭게 발전되고 있던 아이디어를 소개 하는 기회로 삼았다.

따라서 빈 서클의 멤버들이 비트겐슈타인과 직접 만나서 이야기를 나눔으로써 비트겐슈타인의 지속적인 영향 아래 남아있게 되었다기 보다는 오히려 일부 멤버들은 자신들의 생각이 비트겐슈타인의 철학과 관계없이 독자적으로 발전된 것이었으며, 또한 내용에 있어서도 다른 점이 많다는 것을 확인하는 계기가 되었다. 결국 전기 비트겐슈타인이 빈 서클에 미친 영향을 제대로 평가하는 것은 쉽지 않은 과제가 되고 만다. 빈 서클의 일부 멤버들은 이 만남을 통해서 자신들이 비트겐슈타인의 철학에 대해서 많은 부분을 오해하고 있었음을 깨닫게 되었다고 증언하였기 때문이다.

이를테면 카르납의 경우가 그랬다. 물론 카르납은 그의 여러 저작에서 비트겐슈타인의 영향에 대해서 언급한다. 하지만 그러한 영향이 절대적이었다거나 언제나 전폭적인 지지를 받는 것이 아니었음은 분명해 보인다. 카르납은 자신의 자전적 에세이에서 비트겐슈타인과의 만남을 다음과 같이 회상한다.

한번은 비트겐슈타인이 종교에 대해 말하면서, 그와 슐리크의 입장 차이가 확연하게 드러났다. 두 사람 모두 물론 종교의 이론들은 여러 형태에 있어서 이론적 내용을 갖지 않는다는 데 동의했다. 그러나 비트겐슈타인은 종교는 인간성의 유아적 시기에 속하며 문화적 발전의 과정에서 서서히 사라질 것이라는 슐리크의 견해를 부정했다.

이러한 일련의 대화들은 비트겐슈타인에게 그의 정서적 삶과 지적 사유 사이에 강한 내적 갈등이 있음을 보여주었다. 강렬하고 꿰뚫는 힘을 가진 그[비트겐슈타인]의 지성은 종교와 형이상학의 많은 문장들은 엄밀히 말해서 아무것도 말하지 않는다는 것을 인식하고 있었다. … 그러나 그러한 결과는 정서적으로 그에게 무척 괴로운 것이었다. … 그와 대조적으로 슐리크 그리고 나는 형이상학이나 형이상학적 신학에 대한 어떠한 애정도 없었고, 따라서 내적인 갈등이나 유감 없이 그것들을 포기할 수 있었다. … 이전에 내가 빈 서클에서 비트겐슈타인의 책을 읽을 때 나는 형이상학에 대한 그의 태도가 우리의 태도와 유사한 것이라는 잘못된 믿음을 가지고 있었다. 나는 그의 책에서 신비적인 것에 대한 언급에 충분히 주의를 기울이지 않았었는데 … 그를 직접 만나고 나서야 이 점에 대한 그의 태도를 보다 확실하게 알 수 있게 되었다.

Carnap, "Intellectual Autobiography", 26~27쪽

이러한 카르납의 증언은 빈 서클과 비트겐슈타인 모두 형이상학이 불가능하다는 것을 주장하기는 했지만 그들 각각의 문제의식이나 접근 방법은 무척 상이했다는 점을 말해준다. 카르납은 다른 저작에서 자신은 물론 빈 서클이 형이상학의 분석에 대한 비트겐슈타인의 입장으로부터 많은 영향을 받은 것은 틀림없으나, 비트겐슈타인이 철학적 명제들을 말할 수 없는 것의 영역에 속한다고 해놓고서 침묵 대신 철학책 한 권을 써낸 것은 모순적이므로 지지할 수 없다고 말한다. (Carnap, *Philosophy and Logical Syntax*, 37~38쪽)

그 외에도 《논고》의 입장 중에는 빈 서클이 받아들일 수 없다고 결론 내린 것이 또 있다. 《논고》에 따르면, 우리 언어의 명제는 요소명제이거나 요소명제의 진리함수이고, 요소명제는 원자사실의 그림이다. 언어는 사실을 묘사하는 도구인 셈이다. 세계는 사실의 총체이듯

이 언어는 세계에 있는 것들을 묘사한다. 그래서 비트겐슈타인에게 있어서 언어는 나의 세계의 논리적 한계를 설정한다고 할 수 있는 것이며, 말할 수 없는 것에 대해서는 침묵하여야 한다고 할 수 있는 것이다. 결국 비트겐슈타인은 말할 수 없는 것의 존재와 그 영역을 인정하고 있는 셈이다. 그는 이것을 신비적인 것이라고 했는데, 이것이야말로 빈 서클에서는 받아들일 수 없는 부분이다. 그들에게 말할 수 없는 것, 따라서 생각할 수 없는 것은 언어의 한계의 표현이 아니다. 우리가 침묵해야 하는 이유는 말할 대상이 없기 때문이다.

《논고》를 형이상학으로 가득 찬 철학책이라고 여기고 비트겐슈타인의 입장에 대해 지속적으로 가장 비판적이었던 노이라트는 말할 수 없는 것의 존재를 강하게 함축하는 비트겐슈타인의 견해를 받아들일 수 없다고 한다. 그는 말할 수 없는 것에 대해서는 침묵해야 한다는 《논고》의 결론은 적어도 문법적으로 오도적이라고 한다. 왜냐하면 그 말은 마치 우리가 말할 수 없는 '무엇'이 있는 것처럼 들리기 때문이다. 노이라트는 차라리 우리가 형이상학적 태도를 완전히 피하고자 한다면, 우리는 그저 '침묵할 것'이며, '무엇에 대하여' 그렇게 하는 것은 아니라고 한다.(Neurath, "Socialogy and Physicalism", 284쪽)

이처럼 빈 서클의 입장 중에 《논고》의 내용과 표면적으로 유사하지만 또 하나 비트겐슈타인과 차별화되는 것으로 과학과 형이상학을 구분한 다음 이어지는 철학적 스텝에 관한 것을 들 수 있다. 비트겐슈타인은 종래 철학의 문장을 무의미한 것으로 만든 다음, 철학의 정체성을 과학과 완전히 구별되는 것으로서 확보하기를 원했다. 그가 철학의 과학화를 꾀했다고 볼 수는 없는 이유가 거기에 있다. 바꾸어 말하자면, 그는 과학의 효용성이나 위대성 때문에 과학을 철학과 구분하려한 것이 아니라 철학의 정체성을 확보하기 위해서 과학과 철학을 구분하려고 한 측면이 강하다. 비트겐슈타인은 처음부터 끝까지 순수하게철학자였으며, 때로는 반과학적인 태도를 보이기도 했다.

반면 빈 서클의 경우 그 구성원의 대부분이 순수한 철학자였다고 할수 없다. 이들은 과학자이며 동시에 철학자였으며, 과학 특히 물리학을 모든 학문의 모델로 삼아야 한다는 생각을 가지고 있었다. 이러한생각은 이른바 과학의 통일, 혹은 통일과학이라는 아이디어로 발전하는데, 모든 학문의 언어를 과학의 언어로, 모든 과학의 언어는 물리학의 언어로 번역할 수 있다고 보았다. 이러한 입장을 과학에서 환원주의라고 하는데, 비트겐슈타인이 이 입장에 동조했을 가능성은 거의 없다.

결국 비트겐슈타인이 빈 서클에 미친 영향을 말해야 한다면, 형이상학과 관련하여 한때 중요한 영향을 준 것은 틀림없지만 시간이 흐른후 빈 서클이 스스로 오해했던 부분을 깨달으면서 영향권에서 벗어난점까지를 지적해야만 할 것이다. 《논고》의 내용과 빈 서클의 주장이외면적으로 유사하거나 동일한 점이 있는 것은 사실이지만, 그들의 문제의식이나 그러한 문제에 접근하는 태도까지 동일한 것은 아니었다.

그러나 다른 한편으로는 1927년 이후에 만난 것이 《논고》와는 달리 비트겐슈타인과 빈 서클 사이를 다른 철학적 관계로 이끌었을 가능성을 제기하게 한다. 앞서 말했듯이 비트겐슈타인이 슐리크와 관계를유지한 시기는 이른바 전기 비트겐슈타인을 넘어서 중기 비트겐슈타인으로 분류할 수 있는 시기다. 따라서 바이스만의 기록에서 드러나듯이 비트겐슈타인은 《논고》에서 발견된 난점을 극복하려는 시도를 통해 새로운 입장을 발전시키고 있었으며, 그러한 입장을 슐리크와 논의하면서 빈 서클에게 간접적으로 영향을 미쳤을 가능성은 얼마든지 있다.

물론 슐리크 자신도 비트겐슈타인의 《논고》를 접하기 이전인 1918년 《일반 인식론 *Allgemeine Erkenntnislehre*》이라는 저서에서 이미 독자적으로 비트겐슈타인과 유사한 입장을 확립한 바 있다. 그러나 슐리크는 비트겐슈타인과의 만남을 통해서 그의 철학은 물론 인간적으로도 깊이 자극을 받아 새롭게 발전하고 있던 비트겐슈타인의 철학을 전폭적으로 수용하였던 것으로 알려졌다. 어떤 사람은 슐리크와 비트겐슈타인의 만남은 슐리크가 독자적 사상가로서 그의 길을 마감하게 되었음을 의미한다고 평가할 정도이다.

그래서 검증과 관계된 생각도 슐리크가 이미 비트겐슈타인을 만나기 전부터 갖고 있었지만, 1929년부터 비트겐슈타인이 검증이라는 아이디어를 처음으로 정식화하면서 마치 논리실증주의의 주요 입장인 검증원리 역시 비트겐슈타인에게서 직접적인 영향을 받아 나온 것으로 여기는 분위기가 형성되었다. 물론 비트겐슈타인은 슐리크 및 바이스만과의 대화에서 "명제의 의미는 그것의 검증이다"라는 검증 개념의 정식화를 시도하였다. 하나의 명제가 검증될 수 없다면, 그 명제는 의미 있다고 할 수 없다는 것이다.

당시 "명제의 의미는 그것이 검증되는 방법을 아는 것이다"라는 말은 슐리크와 바이스만의 슬로건이었다고 한다. 즉 슐리크가 비트겐슈타인과 대화하면서 검증이라는 아이디어를 빈 서클에 전파했고, 검증원리라는 구체적인 입장으로 정리했을 가능성은 충분히 있다는 것이다. 카르납을 포함한 빈 서클의 구성원들은 검증원리가 비트겐슈타인에게서 왔으며, 《논고》야말로 유의미성/무의미성에 대한 자신들의 입장의 출발점이 되었다고 인정하였다. 그러나 비트겐슈타인이 검증에 대해서 말하기 시작한 것은 1929년의 일로 《논고》 이후의 새로운 입장이라고 보아야 할 것이다. 결국 검증과 관련된 논의는 언어관의 전환이 일어나는 중기 비트겐슈타인에 속하는 문제인 것이다.

또한 슐리크를 포함한 빈 서클의 일부 멤버들도 검증원리를 정식화하지 않았을 뿐, 비트겐슈타인으로부터 검증에 관한 이야기를 듣기 이전부터 검증원리에 해당하는 입장을 독자적으로 가지고 있었다는 사실에 주목할 필요가 있다. 전기 비트겐슈타인과 빈 서클의 입장은 외면적으로는 상당 부분 유사해 보이고, 또 빈 서클이 비트겐슈타인의 영향을 인정하는 것 역시 사실이지만, 그렇다고 해서 전기 비트겐슈타인이 직접적인 영향을 미친 결과 빈 서클의 철학이 나오게 되었다고 말하는 것은 옳지 않다.

이처럼 비트겐슈타인과 빈 서클의 관계는 분명한 것이라기보다는 다소간 얽히고설킨 측면이 있다. 일상 대화에서도 두 사람이 동일한 말을 했다고 해서 그들이 반드시 동일한 의도를 가지고 그렇게 말했다고 볼 수 없는 것과 마찬가지로 비트겐슈타인과 빈 서클도 서로 유사한 개념과 입장을 보였지만 내면적인 차이점을 들여다본다면, 이들 서로가 미친 영향을 명확히 구분하는 것은 결코 쉽지 않음을 알게 된다.

제3장

전환기의 비트겐슈타인

1

전환의 계기: 〈논리적 형식에 관한 몇 가지 소견〉

초등학교 교사, 정원사, 그리고 건축가로 일하느라 철학으로부터 오랜 기간 떨어져있다 다시 케임브리지로 돌아온 비트겐슈타인은 매우 왕성하고 생산적인 저술 작업을 하였다. 그는 1929년 영국의 철학학회로부터 논문발표 요청을 받고 〈논리적 형식에 관한 몇 가지 소견 Some Remarks on Logical Form〉이라는 글을 제출한다. 그러나 발표 당일 그는 자신의 글이 마음에 들지 않는다면서 다른 주제의 글을 읽었다고 한다.

논리적 형식에 대한 비트겐슈타인의 글은 학회지의 일부로 출판이 되었고, 따라서 이 논문은 비트겐슈타인이 살아있는 동안에 출판된 《논고》 이외의 유일한 철학 저작이 되었지만, 그가 발표 때 보인 돌발적인 행동 때문에 비트겐슈타인의 제자나 친구들은 그가 그 글을 가치 없고 하찮은 것으로 여겼다고 판단하여 그 논문의 중요성을 높이 평가하지 않았다.

하지만 그 논문은 《논고》가 지닌 문제점의 일부를 건드리고 있으며, 나름대로 《논고》의 틀 안에서 문제 해결을 시도하였다는 점에서 비트겐슈타인 연구에 있어서 매우 중요한 저작이라고 할 수 있다. 또한 1929년에서 1932년까지 기록한 《철학적 의견》에서는 그 문제에 대해서 《논고》의 틀을 일부 포기하면서 해결책을 모색하고 있다는 점에서 빠르게 변화하고 있던 중기 비트겐슈타인의 철학적 움직임을 잘 보여준다.

그렇다면 비트겐슈타인이 철학을 다시 시작하면서 씨름했던 바로 그 문제는 무엇인가? 그것은 이른바 색채 배제의 문제이다. 이 문제는 이미 《논고》에 대한 램지의 서평에서 제기된 것인데, 다시 철학에 복귀한 비트겐슈타인으로서는 가볍게 보아 넘길 수가 없었을 것이다. 왜냐하면, 색채 배제 문제에 대한 적절한 해결 없이는 요소명제의 논리적 독립성과 같은 《논고》의 주요 입장을 관철시킬 수 없기 때문이다.

《논고》에서 비트겐슈타인은 존재하는 유일한 필연성은 논리적 필연성이고, 유일한 가능성과 불가능성은 논리적 가능성과 불가능성뿐이라고 주장한다(6.375). 이러한 주장은 우리가 경험하는 사실의 세계는 우연적이며 경험 이전에 어떤 일이 일어날지 알 수 없다는 뜻이다. 일례를 들면, 오늘 비가 왔다는 사실만으로 내일 날씨가 어떻게 될지 알 수는 없는 것이다. 그래서 이러한 사실에 대한 문장인 "오늘 비가 왔다"로부터 "내일 비가 올 것이다"라는 문장은 논리적으로 추론될 수 없다.

반면 순수하게 논리적 관계를 다루는 문장인 "오늘 비가 오거나 비가 오지 않을 것이다"와 같은 문장은 "오늘 비가 올 것이다"라는 문장과 "오늘 비가 오지 않을 것이다"라는 문장이 진리함수적으로 결합된 복합명제이며, 그에 대한 진리값은 언제나 동일한 것으로 필연적으로 참이 되는 것이다. 즉 우리는 그러한 진리함수적 연산에 대해서는 그 진리가능성을 경험과 관계없이 알 수 있다. 그래서 비트겐슈타인은 논리학의 명제는 항진명제라고 말할 수 있었던 것이다(6.1).

그런데 《논고》에서 색채의 문제를 다루면서 비트겐슈타인은 시야에서의 두 색채가 동시에 한 장소에 있는 것은 논리적으로 불가능한 일인데, 그 이유는 색채의 논리적 구조가 그런 상황을 배제하기 때문이라고 말하였다(《논고》 6.3751). 우리는 하나의 사물이 빨간색이면 빨간색이고 초록색이면 초록색인 것이지 빨간색이면서 동시에 초록색일 수는 없다는 것을 안다. 그리고 상식적으로 그렇게 되는 이유는 물리적인 것이라고 생각한다. 그러나 유일한 가능성과 불가능성은 논리적인 것뿐이라고 생각했던 비트겐슈타인은 그 이유를 물리적인 것이 아니라 색채의 논리적 구조에서 찾았다.

이 말은 곧 "이것은 빨갛다"와 "이것은 초록이다"라는 두 문장은 서로 논리적으로 독립적이지 않다는 것을 의미한다. 왜냐하면 "이것은 빨갛다"라는 문장이 참이라는 것을 알면, 우리는 동시에 "이것은 초록이다"라는 문장은 거짓이 된다는 것을 알 수 있기 때문이다. 그렇다면 《논고》에서 비트겐슈타인 자신이 주장한 바에 따라 이 두 문장은 요소명제가 될 수 없다는 것을 의미하며, 이들 각각은 보다 단순한 요소들로 분석이 가능하다는 얘기가 된다. 즉 "이것은 빨갛다"는 더 단순한 요소인 빨강의 농도의 차이로 분석할 수 있기 때문에 그러한 단순한 요소들의 양적 차이를 반영하는 요소문장들로 분석될 수 있다는 것이다.

램지는 문제를 그런 방식으로 보는 것은 결코 해결책에 가까이 갈 수 없다고 생각했고, 비트겐슈타인도 문제의 심각성을 잘 알고 있었다. 그래서 비트겐슈타인은 〈논리적 형식에 대한 몇 가지 소견〉이라는 논문에서 이 색채 문제에 대해서 매우 곤혹스러워하고 있으며, 문제를 해결하기 어려운 이유를 색채 현상의 다양성에 대응하는 논리적 표기법의 부재로 돌리고 있다.

이를테면 정상적인 경우에 두 명제를 '그리고'라는 논리적 결합사

에 의해 결합된 진리표를 만들면 ▮표 11▮과 같이 된다. 그러나 비트겐
슈타인은 색채 문제의 경우, "이것은 빨갛다"를 p, "이것은 초록이다"
를 q라고 한다면, ▮표 11▮과 같은 진리표 대신에 ▮표 12▮와 같은 진리
표를 그려야 할 것이라고 말한다.

p	q	$p \cdot q$
T	T	T
F	T	F
T	F	F
F	F	F

▮표 11▮

p	q	$p \cdot q$
F	T	F
T	F	F
F	F	F

▮표 12▮

왜냐하면 "이것은 빨갛고 초록이다"가 참이 되는 경우는 불가능한
결합이기 때문이다. 즉 ▮표 11▮에서 첫 번째 줄이 사라져야 한다는 것
이다.

p	q	$p \cdot q$
T	T	F
F	T	F
T	F	F
F	F	F

▮표 13▮

만약 그렇지 않고 첫 번째 사례를 포함하는 진리표를 그리면 ∥표 13∥
과 같이 되겠지만, 그러한 상황은 논리적 가능성의 폭이 색채 현상의
실제적 가능성의 폭보다 더 큰 경우로서 무의미해진다고 할 수 있다.
"이것은 빨갛고 초록이다"라는 문장이 참이 된다면, 그것은 분명 대응
하는 사실을 찾을 수 없는 명제를 인정하는 셈이 되는 것이다.

비트겐슈타인은 이러한 난센스가 발생하는 이유를 아직 우리가 완
벽한 논리적 표기법을 가지고 있지 않기 때문이라고 진단하고, 그러한
문제를 해결하기 위해서는 문제가 되고 있는 색채 현상에 대한 궁극적
분석에 도달해야 할 것이라고 예견한다.

실로 그는 〈논리적 형식에 대한 몇 가지 소견〉 이후에 현상에 대한
탐구를 통하여 문제를 해결하려는 시도를 하지만 그러한 시도가 문제
를 해결하는 데 기여하지는 못했고, 결국 《논고》의 틀을 일부 포기하
는 방향으로 흐르게 된다. 그것은 두 가지 상황으로 발전하는데, 하나
는 앞의 표에서 보듯이 그림이론을 지탱하는 핵심적인 이론의 하나였
던 진리함수의 완결성을 포기하는 것으로, 다른 하나는 요소명제의 논
리적 독립성을 포기하는 것으로 나타났다.

1929년에서 1932년까지 철학적 발전의 기록인 《철학적 의견》에
서 바로 그러한 문제들이 논의되고 있다. 따라서 〈논리적 형식〉의 가
치를 낮게 평가하는 것은 옳지 못하다. 왜냐하면 그 글에서 씨름하고
있는 문제는 궁극적으로 비트겐슈타인이 《논고》의 주요 입장 일부를
포기하고 새로운 언어관으로 전환하는 계기가 되었기 때문이다.

비트겐슈타인이 《철학적 의견》에서 깨닫게 된 것은 언어와 세계를
매개하는 논리적 고리라고 하는 것이 그가 《논고》에서 생각했던 것

처럼 단일한 것은 아니라는 점이다. 《논고》에서 명제와 사실 간에는 일대일 대응관계가 성립하며, 그러한 관계는 고정된 단일한 논리적 형식에 의해 지배된다. 게다가 요소명제가 아닌 모든 명제는 요소명제들의 진리함수이므로 언어와 세계 사이의 모든 재현 양식에 한 세트의 논리적 형식만 필요한 셈이다.

그러나 이제 그는 색채 배제 문제도 언어와 세계를 이어주는 논리적 고리가 단일한 구조적 동일성에 기초한다는 생각에서 비롯되었다는 결론에 도달했다. 그래서 《의견》에서 그는 "이것은 빨간색이고 초록색이다"와 같은 문장은 난센스가 아니라고 말하기에 이른다. 그 문장에서 '그리고'에는 일반적인 진리함수적 논리의 사례와 다른 의미가 있다고 한다. 언어와 세계를 연결시켜주는 진정한 논리적 고리는 진리함수적 논리로만 국한되지 않으며 그 이상의 다양성을 포함한다는 것이다.

결국 비트겐슈타인은 하나의 명제가 사실의 그림이 됨으로써 의미를 가지게 된다는 생각 대신에 우리가 사용하는 언어가 세계에 대해 의미 있게 말할 수 있게 되는 데에는 다양한 방식이 있다는 생각을 발전시킨다. 그는 우리가 사용하는 언어에서 명제는 의미의 원자가 된다는 생각을 포기하고, 대신 무수히 많은 명제들의 전체 체계가 세계와 동시에 대응한다는 총체주의적 언어관으로 그의 생각을 전환한다. 그는 이러한 입장을 다음과 같이 말한다.

실재를 재는 자로 쓰이는 것은 명제가 아니라 명제들의 체계이다.

《철학적 의견》 82절

나는 한때 "하나의 명제는 실재에 대해서 자처럼 재어진다. 눈금의 가장자리 끝만이 측정되는 대상과 맞닿게 된다"라고 썼었다. 이제 내가 선호하는 바는, 명제들의 체계가 실재에 대해서 자처럼 재어진다. … 하나의 명제가 아니라 전체 체계가 실재와 비교되는 것이라고 말하는 것이다.

《철학적 의견》 317쪽

　자로 어떤 물건의 길이를 잴 때 우리는 그 물건 위에 자를 놓고 눈금을 읽는다. 이때 그 물건이 10cm라면, 물론 우리는 그 물건의 위와 아래 끝단에 닿은 자의 눈금을 읽는 것이다. 하지만 우리는 그 물건의 측정값이 10cm라는 것을 알게 됨으로써 그 물건의 길이가 10cm라는 사실만을 알게 되는 것은 아니다. 자에서는 10의 눈금만을 읽었지만, 우리는 그 자의 0의 눈금부터 10의 눈금 사이의 모든 눈금을 동시에 읽은 것이나 다름없다. 즉 측정을 통해서 우리는 그 물건의 길이가 10cm라는 것뿐 아니라 그 물건은 9cm나 8cm 혹은 11cm나 12cm가 아니라는 것을 동시에 알게 된다는 것이다. 물건의 끝부분만을 잰 것이 아니라 전체 길이를 잰 것이기 때문이다.

　비트겐슈타인의 색채 문제도 마찬가지로 새로운 관점에서 접근한다. 우리가 시야에서 파란색 점을 볼 때, 그 점이 파란색이라는 것과 동시에 우리는 그것이 초록색도 아니고, 노랑색도 아니고 빨간색도 아니라는 것을 함께 알게 된다는 것이다. 즉 우리는 하나의 색채를 인식할 때 색채의 자 전체를 동시에 적용하는 셈이며, 바로 그것이 하나의 점이 동시에 두 개의 색을 가질 수 없는 이유라고 한다. 결국 한때 그를 곤혹스럽게 했던 색채 배제는 더 이상 문제가 되지 않게 되었다. 물론 이러한 결론은 《논고》의 언어관을 포기한 대가였다.

2 / 논리에서 문법으로

이제 비트겐슈타인은 《논고》에서 취했던 언어관을 포기하고 새로운 언어관을 내세우고 있다. 즉 명제와 사실 간의 대응관계에 주목하여 이들이 공유하는 단일한 논리적 형식을 가지고 의미의 가능성, 의사소통의 가능성을 확보하려고 했던 《논고》의 입장을 의미의 원자론적 관점이라고 한다면, 1929년 이후의 상황은 각각의 명제에 갖추어져있는 논리적 형식에 의해 독립적으로 의미를 얻는 것이 아니라 하나의 명제는 다른 많은 명제들의 체계의 일부로 작용하는 셈이 된다는 입장으로 전환한 것이다.

"이 책은 파랗다"라는 문장을 우리가 의미 있게 받아들일 수 있는 이유는 그것이 세계에서 일어나는 사실을 반영하되 우리가 이미 알고 있는 언어체계 내에서 그 의미를 보장받기 때문이라는 것이다. 우리가 색채어의 의미를 알게 될 때 파란색만 따로 떼어서 알게 되는 것이 아니라 다양한 색채어들과 더불어서 알게 된다는 것이다. 우리가 하나의 문장을 이해하는 것이 가능한 이유는 이미 우리가 체계로서의 언어를 가지고 있기 때문이라는 것이다. 즉 요소명제들이 모여서 복합명제가 되고 복합명제들이 모여서 하나의 언어가 되는 것이 아니라, 하나의 체계로서의 언어가 먼저이고 그 언어를 구성하는 명제들은 그 체계의 일부로서 의미를 가지게 된다는 생각이다.

이러한 입장은 결국 단일한 논리가 언어와 세계의 관계를 지배한다는 생각을 버리고, 언어와 세계 사이에는 다양한 논리들이 관계되어 있다는 입장으로 발전한다. 그리고 비트겐슈타인은 우리가 사용하는 언어의 다양한 논리적 관계들을 규제하는 규칙들을 문법이라는 이름으로 부르기 시작한다. 물론 《논고》에 제시된 논리적 형식과 진리함수적 결합사가 틀렸다는 것은 결코 아니다. 그러한 《논고》의 논리는 분명 우리가 사용하는 언어의 한 요소일 수는 있지만 그것이 전부는 아니라는 것이다. 비트겐슈타인은 자신이 《논고》에서 언어의 본성의 일부만을 확대하여 그것이 마치 전부인 것처럼 여겼다는 것을 이제 깨닫게 된 것이다.

> 내가 T-F 기호에 의해 표현했던 '그리고', '또는', '아니다' 등의 규칙은 이들 단어들의 문법의 일부이지만 전부는 아니다.
>
> 《철학적 의견》 83절

위의 인용문에서처럼 이제 비트겐슈타인은 논리 대신 문법이라는 용어를 통해 자신이 사용했던 논리의 개념을 확대하고 있다. 논리라는 개념이 단일한 논리적 형식에 기초한 진리함수적 논리라는 뉘앙스를 다분히 포함하고 있는 반면, 문법이라는 표현은 그러한 논리 외에도 언어의 다양한 요소들이 맺고 있는 관계들을 제어하는 규칙들을 의미하고 있다. 논리적 형식이 언어와 세계를 연결시켜주는 유일하게 가능한 매개라는 생각 대신 색채, 음향, 수 등 세계를 구성하는 다양한 모습에 적용될 수 있는 다양한 언어의 문법 혹은 문법적 규칙에 주목하게 된 것이다.

물론 여기서 말하는 문법은 언어학에서 통상적으로 사용하는 의미의 문법(어법)은 아니다. 비트겐슈타인이 말하고자 하는 것은 이를테면 색채에는 색채의 문법이 있고, 음향에는 음향의 문법이 있으며, 수에는 수의 문법이 있다는 것이다. 이처럼 다양한 문법을 무시할 때 우리는 무의미한 표현에 봉착하게 되는데, 이를테면 "이 색깔은 저 색깔보다 반음이 높다"라는 문장이 그런 사례라고 할 수 있다. 《논고》에서는 그러한 문장이 어떠한 사실에 대한 그림도 될 수 없기 때문에 무의미하다고 했지만, 이제는 색채의 문법과 음향의 문법이 서로 다르기 때문에 무의미하다고 말하는 것이다. 우리가 언어를 사용할 때 특정한 단어들의 조합은 무의미한 것이 되는데, 바로 그러한 양상을 지배하는 것이 문법이라는 것이다.

비트겐슈타인으로 하여금 언어관을 전환하도록 만든 계기가 된 색채의 문제는 문법과 관련해서도 주요 관심 대상의 하나였다. 이를테면 색채의 문법에 대한 고민은 일반적인 색채의 물리적 분석이 드러내지 못하는 색채 현상에 대한 언어적 표현에 집중되고 있다. 우리에게 널리 알려진 원형 색 주기표는 빛이 프리즘을 통과했을 때 파장에 따라 나타나는 스펙트럼을 원형으로 배열한 것이다. 그러나 비트겐슈타인은 그러한 색 주기표가 실제로 우리가 일상에서 경험하는 색채 현상을 제대로 표현해내지 못한다고 보았다.

원형 색 주기표는 빨강, 주황, 노랑, 초록, 파랑, 남색, 보라 등을 원

형으로 배열한 것이다. 이러한 배열을 놓고 우리는 다음과 같이 말할
수 있을 것이다.

(1) 주황은 빨강과 노랑 사이에 위치한다.
(2) 노랑은 빨강과 초록 사이에 위치한다.

일상적으로 언어를 사용할 때 위의 (1)과 (2)에서 표면적인 어법상
의 차이를 발견할 수 없다. 그러나 비트겐슈타인은 (1)과 (2)에 공통
적으로 등장하는 '사이에 위치한다'는 표현은 의미가 동일하다고 할
수 없으며, 문법적으로 동일한 기능을 수행한다고 할 수 없다고 주장
한다. 왜냐하면 우리가 빨강과 노랑을 혼합하면 주황을 얻게 되지만,
빨강과 초록을 혼합할 경우 노랑을 얻을 수 없기 때문이라는 것이다.
즉 (1)은 (1)´와 같이 표현할 수 있지만, (2)는 (2)´로 표현이 불가능
하다는 것이다.

(1)´ 빨강과 노랑을 혼합하면 주황이 된다.
(2)´ 빨강과 초록을 혼합하면 노랑이 된다.

따라서 비트겐슈타인은 (1)과 (2)에서 '사이에 위치한다'라는 표
현은 표면적으로는 동일한 것처럼 보이지만 문법적 기능에서는 결코
동일하지 않다고 한다. 이 표현은 (1)에서는 다분히 두 색의 혼합의
결과를 의미하고 있지만, (2)에서는 그저 섞여진 두 개의 색채들에 대
해 공통적인 단순한 구성요소를 의미한다는 것이다. 결국 비트겐슈타

인이 색채 문법을 거론하면서 말하고자 하는 바는 《논고》에서처럼 단일한 논리적 형식에만 집착한다면, 지금 든 예에서 본 '사이에 위치한다'와 같은 표현이 색채 현상에 적용될 때 지니게 되는 문법적 다양성을 놓치게 된다는 것이다.(《의견》221절)

즉 우리가 일상적으로 사용하는 언어의 표현들은 그러한 표현들이 어떠한 상황에서 어떠한 사실과 현상을 재현하는 데 쓰이는가에 따라 상이한 문법의 규제를 받게 된다는 것이다. 이제 비트겐슈타인은 이러한 점을 간과할 때 철학의 문제들이 생겨난다고 본다. 그는 그러한 문법적 차이는 근본적으로 논리의 개념이 발전 및 확대된 것으로 보는데, 구체적으로는 물리적인 것과의 대비를 통해 설명한다. 즉 색채 문법의 규칙 역시 논리적 가능성 혹은 불가능성의 차원에서 볼 수 있으며, 그것은 세계에서 일어나는 사건이나 사실들의 물리적 가능성이나 불가능성과 같은 것은 아니라고 한다. 《청색책》 56쪽에 등장하는 다음의 예문이 그 점을 잘 보여준다.

(3) 초록과 파랑은 동시에 같은 장소에 존재할 수 없다.
(4) 세 사람은 벤치에 나란히 앉을 수 없다.
(5) 3×18인치는 3피트가 아니다.

위 예문에서 (3)의 경우 한 장소에 두 개의 색채가 동시에 위치할 수 없는 이유는 색채 현상이 가진 논리적(혹은 문법적) 구조 때문이라는 것이다. 색채 간의 양립 불가능성을 알기 위해 경험적 테스트가 필요하지는 않다. 마치 (5)가 참인지 거짓인지를 알기 위해 경험이 필요하지 않은 것과 마찬가지이다. 이러한 점에서 비트겐슈타인이 색채 현상에 적용하고 있는 문법의 개념은 《논고》의 논리 개념과 크게 다르지 않다. 다만 논리라는 개념이 다양하게 확대되었을 뿐이다.

반면 (4)의 경우 하나의 벤치에 몇 명이 나란히 앉을 수 있는가는 경험적 테스트가 반드시 필요한 물리적 가능성의 문제이다. 《논고》에서 유일한 가능성은 논리적 가능성뿐이라고 주장했던 비트겐슈타인이 이제 문법의 다양성을 인정하면서 물리적 가능성도 인정하고 있는 셈이다. 그런데 우리의 언어표현에서 논리적 가능성과 물리적 가능성은 문법적으로 서로 다름에도 불구하고 '할 수 있다(없다)'와 같은 동일한 표현양식으로 인하여 혼동을 일으킨다는 것이다.

이처럼 중기 비트겐슈타인의 가장 큰 특징은 그림이론이 말하듯이 단일한 논리적 형식을 공유하는 명제와 사실 사이의 대응관계에 의해서 우리의 언어가 세계를 투명한 크리스탈처럼, 아니면 흠집 없는 거울처럼 비출 수 있다는 생각은 잘못된 것임을 보여주는 사례들을 제시하면서 세계에서 일어나는 다양한 모습에 다양한 문법이 존재한다는 것을 강조하였다.

공간 개념의 경우도 비트겐슈타인이 철학적인 혼란을 가져올 수 있는 사례로 제시하는 경우다. 그는 일반적으로 기하학이나 과학에서 사용하는 공간 개념은 우리가 실제 삶에서 시각적으로 경험하는 공간 개념과 같은 것일 수 없다고 한다. 그러나 언어를 사용할 때 우리는 두 경우 모두 공간이라는 단어를 적용함으로써 중대한 철학적 혼란을 일으키게 된다는 것이다.

이렇게 비트겐슈타인은 물리적(혹은 유클리드적) 공간과 시각 공간을 구분하고, 두 공간을 지배하는 문법이 다르다고 주장한다. 즉 우리가 두 공간을 언어로 표현하는 방법은 결코 같을 수가 없는데도 불구하고 문법적인 혼란 때문에 그러한 차이를 보지 못한다는 것이다. 예를 들어, 우리는 물리적 공간에서 종이 위에 그려져 있는 직선의 길이를 정확하게 측정할 수 있지만, 시각 공간에 주어진 직선의 길이를 정확하게 측정할 수는 없다. 시각 공간에서는 그저 눈대중으로 추측할 수 있을 뿐이다. 그래서 다음의 (6), (7)에서 사용된 '정확히'라는 단어 중 하나는 무의미하다고 한다.

(6) 종이에 정확히 지름 5cm의 원을 그려라.
(7) 지금 내 눈에는 정확히 지름 5cm의 원이 보인다.

자와 컴퍼스를 이용하여 물리적 공간에 원을 그리라고 주문하는 (6)의 경우 우리는 물론 정확한 측정에 의한 그림을 기대할 수 있다. 하지만 (7)에서처럼 내 눈에 보이는 원의 이미지에서 지름이 몇 센티미터인지 정확히 알아내는 것은 거의 불가능하다. 오히려 비트겐슈타인은 시각 경험에서 그러한 정확성을 기대하는 것은 무의미한 일이라고 한다. 그는 '정확히'라는 단어를 지배하는 문법은 다분히 기하학적이며 물리적인 것이며, 측정이 불가능한 시각 공간에 그러한 단어를 적용하는 것은 문법적으로 적법하지 못하며 결과적으로 무의미한 문장을 만들어내게 된다는 것이다.(《의견》215절)

그것은 마치 "이 색깔은 저 색깔보다 반음이 높다"라는 문장이 무의미해지는 것과 똑같은 이유에서 무의미한 것이다. 색채와 음향의 문법이 서로 다르기 때문에 혼동해서는 안 되는 것과 마찬가지로 물리적 공간과 시각 공간도 문법이 서로 다르기 때문에 혼동해서는 안 된다는 것이다. 심지어는 같은 단어라도 의미가 다를 수 있으며, 우리는 그러한 혼란에서 벗어나기 위해 각각의 단어를 지배하는 문법이 무엇인가에 주목해야 한다는 것이다.

문제는 비트겐슈타인이 단어를 지배하는 다양한 문법이 있다고 하면서도 정작 그가 말하는 문법이 무엇인지에 대해 명확하게 정의를 내리거나 설명하지 않는다는 점이다. 앞 장에서 그림이론에 대해 설명하면서 언급했듯이 비트겐슈타인은 어떤 입장에 대해 이론화시키거나 친절한 설명을 제공하지 않았기 때문에 이해의 어려움을 가져왔다. 그가 중기 저작에서 사용하기 시작한 문법 개념도 예외가 아니라서 정확하게 그 용어가 무엇을 의미하는지를 파악하는 데 어려움이 있다.

이 점과 관련하여 적어도 우리가 확실하게 말할 수 있는 것은 다음과 같은 정도일 것이다. 먼저 비트겐슈타인이 중기 저작에서 사용하기 시작한 문법이라는 것은 《논고》에서 논의된 논리가 확장된 개념이라는 것이다. 논리는 명제가 의미를 가질 수 있도록 해주는 가능성을 제공하는 것이었지만, 고정적이며 단일한 것이라는 특징을 가졌다. 뿐만 아니라 논리는 다분히 통사적 규칙이라고 할 수 있다.

통사적 규칙이란 하나의 문장에서 기호들이 어떻게 배열되고 관계를 맺는가를 규제하는 규칙이다. 《논고》에서 하나의 명제는 그것을 구성하는 이름들의 연쇄인데, 단순한 기호인 이름들이 어떤 식으로 배열되는가에 따라 명제의 의미가 규정된다. "로미오는 줄리엣을 사랑한다"와 "줄리엣은 로미오를 사랑한다"는 분명 서로 다른 명제로 의미도 다르다. 하지만 두 문장의 표면적 차이는 단어들의 배열에 있기 때문에 문장의 이면에서 그러한 단어들의 배열을 규정하는 논리적 형식은 다분히 통사적 규칙으로 작용하고 있다는 것이다. 《논고》를 이른바 논리적 통사론logical syntax이라고 규정할 수 있는 이유가 여기에 있다.

그러나 새로 등장한 문법은 통사적 규칙을 넘어서는 규칙이라고 할 수 있다. 통사적 규칙은 모든 문장에 보편적으로 적용되는 규칙인데, 우리가 살펴본 바와 같이 문법의 경우는 그렇지 않다. 앞의 (1)과 (2)에서 예로 든 '사이에 위치한다'의 경우만 보아도 통사적으로 본다면 어떠한 문장에서든 동일한 의미를 가져야 한다. 하지만 비트겐슈타인은 '사이에 위치한다'라는 동일한 표현이 상이한 색채 문법에 따라 (1)과 (2)에서 서로 다른 의미를 갖는다고 말한다. 그가 말하는 문법은 통사적 규칙을 넘어서는 것이다.

결국 하나의 표현이 어떤 문장에서 어떤 문법의 지배를 받느냐에 따라 다른 의미가 될 수 있다는 이러한 입장은 우리의 언어를 단일하고 정적인 논리의 지배를 받는 것이 아니라 다양한 문법적 규칙의 지배를 받는 동적인 체계로 보는 것이다. 단일한 논리적 형식이 모든 명제에 자동적으로 적용될 수 있는 상황과 달리 이제 하나의 표현이 어떤 의미를 가지게 되는지를 알기 위해서는 그 표현이 어떤 문장에서 사용되고 있는가에 주목해야만 하기 때문이다. (1)과 (2)의 예에서도 '사이에 위치한다'는 표현이 어떻게 사용되고 있는가를 주의 깊게 보지 않는다면 비트겐슈타인이 말하는 두 문장 사이의 의미 차이를 알아차릴 수 없을 것이다.

결국 문법이란 단어의 사용과 그 사용을 지배하는 사용 규칙이라고 할 수 있다. 단어가 어떻게 사용되는가에 따라 의미가 결정된다고 할 때, 문법은 이제 말이 의미 있어지도록 해주는 바를 규정하는 규칙인 셈이다. 비트겐슈타인은 이제 언어를 정적으로 이해할 수 있는 무엇으로 보지 않고, 규칙의 지배를 받는 인간의 활동으로 보는 것이다.

이러한 입장은 후기 비트겐슈타인에서 언어게임이라는 아이디어를 발전시키는 밑거름이 되고 있음에 틀림없다. 언어를 게임에 비유함으로써 언어를 동적일 뿐 아니라 규칙에 의해 지배되는 체계로 이해하는 후기 비트겐슈타인의 생각은 이처럼 《논고》의 오류를 수정하는 과정에서 서서히 조금씩 모습을 갖추어나가고 있었던 것이다.

이렇게 정리해볼 수 있는 문법 개념은 그러나 비트겐슈타인에 의해 조금 불분명하게 다른 의미로 사용되기도 하였다. 특히 후기 저작에서 두드러지는 특징이기는 하지만 그는 문법 개념을 포괄적인 의미에서 철학적 활동의 한 축으로 보았던 것 같다. 이를테면 철학의 활동을 문법적 탐구라고 한다든지 철학을 문법의 후견인이라고 한다든지 하는 것이 그러한 측면을 잘 대변해준다고 볼 수 있는데, 아쉽게도 도대체 구체적으로 어떤 방식으로 문법이 철학과 관계되는지에 대해서는 그의 저작을 통해서 명쾌한 답을 얻을 수 없는 실정이다.

비트겐슈타인의 후기 저작에 등장하는 문법적 탐구의 아이디어에 대해서는 다음 장에서 다룰 것이므로 그때 자세히 언급하도록 하고, 이제 다음 절에서는 중기 저작에서 문법을 현상학과 관련짓고 있는 그의 입장에 대해서 살펴보자.

3
문법과 현상학

비트겐슈타인의 중기 저작에서 두드러진 특징 중에는 《논고》의 핵심적인 아이디어들을 대폭 수정하거나 포기하고 있다는 점 외에 또 하나 주목할 점이 있는데, 그것은 바로 그가 일정 기간 동안 지속적으로 현상학 또는 현상학적 언어라는 용어를 사용하였다는 것이다. 그러나 비트겐슈타인의 현상학은 오랜 기간 동안 크게 주목받지는 못했다. 그 이유는 현상학 또는 현상학적 언어에 대한 언급이 비교적 짧은 기간인 1929년부터 1932년 사이에 집중되어 있을 뿐 그 이전이나 이후의 저작에서는 거의 발견되지 않는다는 점, 그리고 비트겐슈타인 스스로 현상학 또는 현상학적 언어가 무엇을 의미하는지에 대해서 구체적으로 정의하거나 설명하지 않았다는 점에서 찾을 수 있다.

비트겐슈타인 철학의 전체적 흐름을 볼 때, 그가 독일의 철학자 후설Edmund Husserl이 시작한 현상학과 같은 의미의 현상학을 했다고 볼 수는 없다. 그럼에도 불구하고 비트겐슈타인의 현상학을 무시할 수 없는 이유는 그가 말하는 현상학이 논리 개념의 후예로 중기 저작에서 시작하여 후기에 이르기까지 활발하게 논의되고 있는 문법 개념과 밀접한 관련이 있는 것으로 보이기 때문이다.

철학적 전환기에 비트겐슈타인은 적어도 새로 발전시킨 문법 개념이 철학의 문제들, 특히 《논고》의 체계로는 해결할 수 없는 종류의 문제들을 해결할 수 있도록 해준다고 본다. 그런데 우리는 그러한 문법 개념의 아주 가까운 곳에 현상학의 아이디어가 같이 있었음을 알 수 있다.

당시 비트겐슈타인은《논고》에서와 마찬가지로 세계의 모습을 언어가 어떻게 충실하게 담아낼 수 있는지의 문제로 고민하고 있었고, 그러한 고민은 색채나 음향, 수, 공간 등과 같은 세계의 다양한 모습들의 다양한 문법을 잘 파악해야 해결될 수 있는 것으로 보았다. 즉 그는 여전히 세계에서 일어나는 일들을 언어로 재현해내는 방법에 대해 고민하고 있었던 것이다.

그런데 앞에서도 살펴보았듯이 색채의 경우 그것을 재현해내는 방식에는 전자기 파장에 따른 물리적 재현 방식이 있을 수 있고, 그와는 다른 방식도 있을 수 있다. 앞 절의 예를 다시 살펴보도록 하자.

(1) 주황은 빨강과 노랑 사이에 위치한다.
(2) 노랑은 빨강과 초록 사이에 위치한다.

(1)′ 빨강과 노랑을 혼합하면 주황이 된다.
(2)′ 빨강과 초록을 혼합하면 노랑이 된다.

(1)과 (2)는 일상적으로 스펙트럼에 의한 색채 배열에 따라 빨강, 주황, 노랑, 초록의 관계에 대해 말하고 있다. 그런데 비트겐슈타인은 이러한 재현방식에 문제가 있다고 주장하는 것이다. 물리적 분석으로는 아무 문제가 없을지 모르지만, (1)′와 (2)′에서 보듯이 우리가 실제로 물감을 이용하여 여러 색들을 섞다보면 우리의 눈에 드러나는 색채 현상은 단순한 물리적 분석만으로는 적절하게 재현될 수 없다는 것이다. 즉 물리적 분석은 빨강, 주황, 노랑, 초록 등의 색채 현상에 내재되

어 있는 문법적인 차이를 드러내지 못한다는 것이다.

물리적 분석에 기초한 (1), (2)의 경우 '사이에 위치한다'는 표현은 그저 스펙트럼의 배열 관계에 대해 말하는 것으로 잘못된 표현이 아니며 결코 틀렸다고도 할 수 없다. 그러나 '사이에 위치한다'는 표현을 색의 혼합에 의해 드러나는 색채 현상에 적용할 때는 실제 현상에 들어맞지 않는 (2)′와 같은 무의미한 표현을 만들어낸다는 것이다. 비트겐슈타인은 물리적 분석이 그러한 문법적 차이를 간과하는 것은 과학이 자연현상을 효과적으로 설명하기 위해 단순화하기 때문이라고 한다.

비트겐슈타인에게는 과학이 간과해버리는 그러한 차이를 현상의 다양성을 직접 연구함으로써 드러낼 수 있다고 생각한 시기가 있었던 것으로 보이며, 바로 그러한 현상에 대한 연구를 이름하여 현상학이라고 불렀던 것으로 여겨진다. 물론 현상학적 언어는 우리가 직접적으로 경험하는 세계에서 일어나는 색채 현상에 대해 왜곡 없이 직접적으로 재현해내는 언어를 의미할 것이다.

그러나 비트겐슈타인은 그러한 현상학적 재현 방식을 찾아내려는 시도를 포기하고, 대신 다양한 현상에 적용할 수 있는 적절한 문법을 알아내면 현상학적 재현 방식을 찾아낸 것과 다름없다는 결론에 도달하게 된다. 《철학적 의견》의 첫 페이지에 나오는 문법에 대한 이야기는 바로 그러한 생각을 드러낸다.

하나의 명제는, 그것이 어떤 표현법으로 쓰이거나 표현되건,
그 문법이 완전히 명료화될 때 완전히 논리적으로 분석된다.

나는 더 이상 현상학적 언어, 또는 내가 그렇게 불렀던 것처럼 '일차 언어'를 마음속에 나의 목표로 세우지 않는다. 가능하고 필요한 모든 것은 우리의 언어에서 본질적인 것을 비본질적인 것으로부터 분리해내는 것이다.

《논고》에서 드러난 색채 배제의 문제를 해결하기 위해서 비트겐슈타인은 〈논리적 형식〉에서 색채 현상에 대한 궁극적 분석을 꾀해야 한다고 말했다. 이것은 곧 현상에 대한 직접적인 탐구를 통해 현상을 있는 그대로 그려낼 수 있는 현상학적인 재현방식을 찾아내려는 시도로 이어졌던 것으로 여겨진다. 따라서 현상학이란, 세계에서 일어나는 일들을 언어적으로 재현해내는 데 있어서 논리에서 문법으로 발전하는 중간 단계에 비트겐슈타인이 모색했던 방법의 하나가 아니었겠는가 하는 추측을 해볼 수 있다.

결국 현상학적 언어의 불필요성을 주장하면서 문법이 그러한 언어를 대신할 수 있다는 결론에 도달하게 되지만, 비트겐슈타인이 현상학의 중요성을 완전히 배제해버린 것이라고 볼 수는 없다. 그가 현상학에 대해서 말할 때, 대체적으로 물리학과 대비하면서 언급한다는 점에서 그렇다. 특히 그러한 대비와 더불어 현상학이 물리학의 이론이나 법칙과 달리 문법과 동일시된다는 점은 매우 흥미롭다.

물리학은 자연현상에 대한 만족할 만한 설명을 하기 위해 (1), (2)와 같이 색채 현상의 특정한 모습만을 드러내는 반면, 현상학은 설명보다는 현상에 대한 기술에 초점을 맞추면서 문법을 드러낼 수 있는 가능성을 보여준다. 다만 문제는 아직 그러한 문법을 완벽하게 찾지 못했다는 것이다. 그래서 비트겐슈타인은 문법의 후견인으로서 철학의 역할을 강조하는 것이다. 그렇게 될 때 문법을 통해서 언어의 본질을 알게 되는 것이고, 이는 곧 세계의 본질을 알게 되는 것이라고 한다.

> 그러나 언어의 본질은 세계의 본질의 그림이다. 그리고 문법의 후견인으로서의 철학은 언어의 명제들에서가 아니라 기호들의 무의미한 조합을 배제시키는 언어의 규칙들에서 실로 세계의 본질을 파악할 수 있다. 《철학적 의견》 54절

그러나 이러한 문법에 대한 적절한 이해에 도달하지 못할 때 철학적 혼란은 제거되지 않은 채 남아있게 된다. 이를테면 그 경우 여전히 특정 현상에 대한 문법적 혼란을 마주하게 되는 것인데, 앞 절에서 소개한 예 (6), (7)에서와 같이 물리적 공간에 적용되는 어휘를 시각 공간에 적용하는 경우가 그러한 사례에 속한다고 하겠다.

(6) 종이에 정확히 지름 5cm의 원을 그려라.
(7) 지금 내 눈에는 정확히 지름 5cm의 원이 보인다.

'정확히'라는 표현은 (6)에서와 같이 물리적이고 기하학적 공간에서는 완벽한 어휘가 될 수 있지만, (7)과 같이 우리가 직접 경험하는 영역인 시각 공간에는 의미 있게 적용되기가 어렵다. 따라서 비트겐슈타인은 물리적 공간에서 의미 있는 단어를 무조건 시각 공간에 적용해서는 안 된다는 것이다. 그러한 혼란이 언어와 세계의 관계를 왜곡하

는 방향으로 유도한다는 것이다.

그는 언어가 여전히 세계를 재현해내는 훌륭한 도구일 수 있는데, 그렇게 하기 위해서는 현상적 세계를 재현하는 현상학적 언어를 찾으려는 시도가 아니라 물리적 재현 방식을 그대로 놔둔 채 문법적인 혼란만 제거하면 된다는 결론에 도달한 것이다. 그가 현상학의 불필요성을 역설하면서 "현상학은 문법이다"라고 주장하게 된 배경이 바로 여기에 있다. 결국 《논고》에서 시작된 언어와 세계의 관계에 대한 비트겐슈타인의 고민은 논리에서 출발하여 현상학적 언어를 거쳐 문법이라는 최종적인 결론에 도달하게 된 것이다.

제4장

후기 | 비트겐슈타인

1

/《철학적 탐구》의 문제의식

후기 비트겐슈타인의 대표작인 《철학적 탐구》는 《논고》와 달리 매우 오랜 기간 동안 철학적 사색을 한 결과물이다. 비트겐슈타인이 1945년에 쓴 "서문"에서 밝히고 있듯이 《탐구》는 그가 1929년 철학에 복귀한 이후에 발전시킨 생각들을 담고 있다. 비트겐슈타인은 1930년대 중반부터 1940년대 후반에 이르기까지 출판을 염두에 두고 《탐구》를 저술했는데, 첫 번째 버전은 1936~39년 무렵에 준비되었고, 두 번째 버전은 1942~44년, 그리고 사후에 출판으로 이어진 마지막 버전은 1945~49년경에 쓴 것이다.

비트겐슈타인은 《논고》 이후에 발전시킨 새로운 입장을 책으로 내기 위해 1938년과 1943년에 각각 케임브리지 출판사와 접촉했지만, 두 경우 모두 준비된 원고가 스스로 마음에 들지 않는다는 이유로 출판사로부터 승낙을 얻은 후에 출판을 포기하기로 마음을 바꾸었던 것으로 알려졌다. 아마도 그가 출판하기로 마음먹었다가 생각을 바꾼 두 경우는 《탐구》의 첫 번째와 두 번째 버전이었을 것으로 추정된다.

그는 한 순간 출판을 결심했다가도 다음 순간에 포기할 정도로 자신의 글에 만족하지 못하고 그에 대한 수정과 보완을 거듭하였던 것이다. 그렇게 시간이 지나면서 수정에 그치지 않고 새로운 아이디어로 발전되는 경우도 있었으나, 결국 마지막 버전은 그 스스로도 출판을 결심하지 못하고 원고를 남겨둔 채 세상을 떠났다.

그래서 어떤 의미에서 《탐구》는 미완성 작품이다. 유고의 저작권 및 처분권을 가지고 있던 두 제자에 의해 출판을 위한 편집이 이루어 질 때 《탐구》의 제1부는 비트겐슈타인이 정리해놓은 대로 출판사로 넘길 수 있었지만, 1940년대 후반에 쓴 제2부의 경우 편집자들의 적지 않은 고민과 결단이 필요했다. 앞서 소개했듯이 비트겐슈타인의 유고 연구를 토대로 이제는 제2부에 포함되었던 내용은 《탐구》의 일부가 아니라 독립적인 별개의 저작으로 여겨지고 있다.

오랜 세월에 걸친 사색과 숙고 끝에 나온 결과물이라면 그만큼 잘 정제되고 정리되어 이해하기 쉬울 것이라고 추측해볼 수도 있지만, 정작 출판되어 나온 《탐구》의 최종본은 오히려 그 반대이다. 《논고》의 경우와는 또 다른 이유에서 이해하기가 쉽지 않다. 물론 이러한 사정은 전적으로 비트겐슈타인에게 그 책임이 있다. 오랜 세월 동안 쓰고, 지우고, 새로 쓰고 하는 작업이 반복된 것이 하나의 이유일 것이고, 전통적인 글의 형태가 아니라는 것이 다른 하나의 이유일 것이다.

오랜 기간 동안 수정과 재수정을 반복하면서 때로는 다루던 주제를 포기하고 다른 주제로 건너뛰는 등의 과정에서 원래 품었던 생각과 고민을 완성품에서는 찾아보기 어렵게 된 측면이 분명히 있을 것이다. 또한 앞에서도 언급했듯이 매일매일의 일기처럼 써나가는 그의 철학적 생각들은 주제별로 분류되어있거나 논증적으로 정리되어 있지 않기 때문에 독자들에게는 어렵게 다가온다.

"서문"에서 비트겐슈타인은 자신의 글이 갖고 있는 이러한 결점에 대해 고백하면서도 어쩌면 그러한 방식의 글쓰기가 자신의 탐구의 본질과 연관되어 있을 것이라고 말한다. 자신이 다루고 있는 내용을 주제별로 순서대로 한데 묶는다면 좋겠지만 자신에게 그것은 불가능한 일이었으며, 오히려 생각들이 나오는 그대로의 자연적 경향대로 배열하는 것이 다양한 사유의 분야를 모든 각도에서 조망할 수 있는 기회를 제공한다는 것이다.

서양의 철학사에서 철학자들은 어떠한 철학적 주제에 대해서 나름의 주장을 하고 논리적 근거를 통해 그러한 주장의 정당성을 뒷받침하는 상당히 오랜 전통이 있다. 하지만 비트겐슈타인의 철학에서 그러한 논증적 태도는 찾아볼 수 없다. 오히려 자신의 주장을 철학적 주제에 따라 분류하고 뒷받침하는 근거를 제시함으로써 정당화하는 시도를 의도적으로 거부하고, 새로운 스타일의 글쓰기를 시도함으로써 철학하는 방식을 새롭게 개척하고 있다고 할 수 있다.

그렇다면 나름대로 독특한 방식의 철학이 다루고 있는 문제는 무엇일까? 이 점에 대해서는 여러 견해가 있을 수 있겠지만 근본적으로 비트겐슈타인의 철학적 관심이 《논고》의 그것에서 크게 변화했다고 보기는 어려울 것이다. 《탐구》의 서문에서 그는 자신이 다루고 있는 주제들로 의미, 이해, 명제, 논리, 수학의 기초, 의식의 상태 등을 열거하였다. 《논고》에서 다루었던 주제들이 명제와 사실의 관계를 통해서 논리를 바탕으로 한 의미의 기초에 관한 것이었음을 기억한다면, 《탐구》에서도 비트겐슈타인은 여전히 유사한 관심사를 가지고 있는 셈이다.

실제로 그가 《탐구》의 출판을 직접 고려하고 있을 때에도 그것이 《논고》와 하나의 책으로 묶여서 출판되어야 한다고 말했으며, 그러한 입장은 출판된 《탐구》의 서문에도 그대로 나와있다. 즉 《탐구》는 《논고》와 비교되었을 때, 그리고 자신의 과거 사유방식을 배경으로

해서만 제대로 보여질 수 있다는 이야기인데, 이것은 전후기 비트겐슈타인의 연속성을 간접적으로나마 지지해주는 근거가 된다.

이처럼 비트겐슈타인 스스로 《탐구》를 《논고》와 합본으로 출판해야 한다는 생각을 가졌다는 것은 《논고》를 완전한 실패작으로 보지 않았음을 의미하며 오히려 《탐구》를 이해하기 위한 하나의 방편으로 삼을 수 있다고 보았다는 점에서, 자신의 성숙한 철학은 젊은 시절의 입장이 지닌 문제점들을 해결하려는 과정에서 발전되어 나온 것임을 은연중에 드러내었다. 《탐구》에서 그는 언어게임이라는 새로운 아이디어를 발전시켰고, 그러한 새로운 아이디어는 후기 비트겐슈타인을 규정하는 핵심어로 여겨지지만, 그렇다고 해서 《논고》에서 나타났던 언어와 세계 사이의 관계에 대한 관심이 사라진 것은 결코 아니라는 점을 염두에 두어야 할 것이다. 우리가 세계를 이해하고 그렇게 이해한 바를 다른 사람과 소통하는 문제는 《탐구》에서도 여전히 비트겐슈타인의 주요 관심사에 속했던 것이다.

2
언어게임의 아이디어

전기 비트겐슈타인을 상징적으로 보여주는 핵심어가 명제를 그림에 비유한 그림이론이라면, 후기 비트겐슈타인을 압축적으로 대변하는 말은 **언어게임이론**language-game theory일 것이다. 물론 비트겐슈타인의 철학에 그림이론과 언어게임 이야기만 있는 것은 아니므로 그렇게 단순화해서 그의 철학을 설명하는 것이 그리 바람직하지는 않겠지만, 그래도 역시 전기 비트겐슈타인과 후기 비트겐슈타인의 주요 논점이 그림이론과 언어게임이론을 축으로 하여 전개되고 있다는 점을 감안한다면 그렇게 무리한 단순화는 아닐 것이다.

앞서 그림이론을 소개할 때도 언급했듯이 언어게임이론이라는 명칭을 비트겐슈타인 스스로가 쓴 적은 없다. 그는 철학은 이론이 아니라 활동이어야 한다고 생각했으며, 이러한 생각은 《탐구》에 이르기까지 일관된 것이었다. 철학은 새로운 이론을 만들어냄으로써 문제를 해결하는 그런 성격의 학문일 수 없다는 것이다. 따라서 언어게임이론이라는 표현은 다분히 비트겐슈타인의 의도에 적합하지 않다.

그러나 《논고》에서 그가 명제를 그림에 자주 비유했던 것과 마찬가지로 《탐구》에서는 언어를 게임에 비유한 언어게임이라는 말을 자주 사용하였다. 물론 그가 언어게임에 대한 명확한 정의를 내리거나 자세한 설명을 제공하지는 않았지만, 그의 언어관이 언어게임이라는 용어를 통해서 드러남을 어렵지 않게 감지할 수 있다. 따라서 그림이론이라는 표현이 유용한 것과 같은 이유에서 언어게임이론이라는 표현도 유용하게 사용할 수 있을 것이다.

언어게임이라는 개념은 성숙한 비트겐슈타인 철학의 결정판이라고 할 수 있는 《탐구》에서 집중적으로 다루어지고 있지만, 사실 그 아이디어는 하루아침에 생겨난 것이라 할 수 없고 중기 저작에서 그 뿌리를 찾아볼 수 있다. 앞의 제2장에서 문법 개념을 설명하면서 비트겐슈타인이 언어를 규칙의 지배를 받는 인간의 활동으로 보게 되었다는 점을 지적하였는데, 언어를 동적인 규칙 지배적 활동으로 보면서 이미 언어를 일종의 게임으로 보는 아이디어가 생겨난 것이다.

그가 언어게임이라는 용어를 본격적으로 사용하기 전부터 한동안 언어를 다양한 종류의 게임들과 비유하면서 상당 기간 고민한 흔적이 엿보인다. 언어를 게임에 비유한 대표적인 사례로서 계산과 체스를 들 수 있는데, 이 중에 언어를 계산과 같은 것으로 보는 입장은 얼마 지나지 않아서 사라졌고 뒤이어 등장한 체스에의 비유는 《탐구》에서도 일부 남아있다. 이것은 그가 마치 언어를 엄격한 연산규칙에 따르는 수적인 기호의 체계인 계산처럼 철저하게 규칙의 지배를 받는 것으로 여기다가 생각을 바꾸었음을 의미한다.

계산은 일반적으로 게임이라고 생각하지는 않지만 비트겐슈타인으로서는 계산 역시 다른 게임들과 마찬가지로 규칙을 따르는 인간의 활동이라는 점에 주목하였다. 그러다가 우리의 언어가 계산처럼 고정된 형식적인 규칙에 의해서만 움직인다고 볼 수 없고 숨바꼭질의 경우처럼 어느 정도 자의적이거나 임의적으로 규칙이 형성되는 측면이 있다는 것을 이내 깨닫게 된 듯하다. 즉 언어를 게임에 비유하는 입장에는 큰 변화가 없었지만, 게임을 규정하는 특징인 규칙의 성격에 대해서는 시간이 흐르면서 생각이 바뀌었다는 것이다. 이러한 비유는 이내 언어게임이라는 용어로 구체화된다.

처음에 언어게임이라는 용어를 소개하면서 비트겐슈타인은 그것을 우리가 매일 사용하는 복잡한 언어보다 단순한 형태로 제시하였다. 《청색책》에 등장하는 언어게임에 대한 설명은 다음과 같다.

나는 앞으로 반복해서 여러분의 관심을 내가 언어게임들이라고 부르는 것으로 환기시킬 것이다. 언어게임들은 우리가 사용하는 고도로 복잡화된 일상의 언어보다 단순한 기호들을 사용하는 방식들이다. 언어게임들은 그것들과 더불어 어린아이가 단어들을 사용하기 시작하는 그러한 언어의 형태들이다. 언어게임의 연구는 원초적 형태의 언어 또는 원초적 언어들의 연구다.

《청색책*The Blue Book*》17쪽

"단어의 의미란 무엇인가?"라는 질문으로 시작하는 《청색책》은 곧 정의의 문제를 건드리고, 이어서 위에 인용한 언어게임의 아이디어가 등장한다. 언어게임들을 어린아이가 말을 배우기 시작할 때의 언어의 형태에 비유하면서 원초적 언어들primitive languages이라고 소개하는 비트겐슈타인의 글을 읽다보면 독자들은 이제 보다 구체적인 설명을 기대하게 될 텐데, 정작 그는 '일반성에 대한 갈망'이라는 우리의 습성을 언급하면서 언어게임에 대한 설명을 대신한다.

그는 일반성에 대한 갈망이 몇 가지 철학적 혼란에서 온다고 말한다. 먼저 모든 개체에서 공통된 무엇을 찾아 일반명사에 이르려 하는 습성이 있는데, 다양한 언어게임들에 있어서는 그 모든 언어게임들에서 공통된 무엇을 찾으려 하지 말고 이들 게임들에서 발견되는 중첩되는 유사성에 주목하라고 한다. 즉 《탐구》에 등장하는 **가족유사성**family resemblance의 아이디어를 통해서 보편성을 추구하는 습성을 타파할 것을 주문하는 것이다.

이를테면 우리는 "아름다움이란 무엇인가?"에 대한 설명과 해답을 끊임없이 시도해왔지만 별 소득이 없이 철학적 혼란에 빠지기 일쑤였다. 이러한 경향성은 '아름다움'이라는 개념에 대한 이해가 보편적이고 본질적인 무엇에 대한 이해를 통해서 가능할 것이라는 잘못된 가정 때문에 생겨나는데, 비트겐슈타인은 언어게임과 같은 개념에는 그러한 경향성을 적용시키지 않기를 원한다.

또한 비트겐슈타인은 우리가 '아름다움'과 같은 하나의 단어를 이해할 때, 그 단어에 해당되는 심적 이미지나 심적 상태를 가지게 된다는 생각 역시 일반성에 대한 갈망을 초래하는 원인이 된다고 보았다. 이러한 생각은 《논고》에 제시된 하나의 이름은 하나의 대상에 대응한다는 생각에 대한 비판이라고 볼 수 있는데, 그가 하나의 단어에 고정불변의 의미가 있어야만 할 것 같이 여기는 생각이나 단어나 문장의 의미가 심리적 작용의 결과라는 생각에서 벗어나있음을 잘 보여준다.

비트겐슈타인은 철학자들이 일반성에 대한 갈망에 굴복하는 또 하나의 이유로 과학적 방법의 유혹을 들고 있다. 자연현상에 대한 설명을 가능한 최소의 자연법칙으로 환원함으로써 설명하려는 과학의 방법이 철학에 적용될 때 철학자들을 완전한 어둠 속으로 몰고 간다고 한다.

이와 같이 '일반성에 대한 갈망'에서 벗어날 것을 주문하는 비트겐슈타인의 입장을 정리해보면, 이는 곧 "언어게임이란 무엇인가?"와 같은 질문을 통하여 언어게임이라는 개념에 대한 이해에 도달할 수 있다는 생각을 버리라는 것이다. 대신 다양한 언어게임들은 그 전부가 게임들이기 때문에 게임이라고 분류되기 위한 유사성을 저마다 가지고 있을 것이고, 따라서 정의를 내리거나 상세한 설명을 통해서가 아니라 다양한 언어게임들 사이에 발견되는 유사성에 주목하는 것이 더 중요하다는 것이다.

　이러한 입장은 비단 언어게임의 이해에만 적용되는 것이 아니라 그가 이후에 전개할 철학의 성격을 예고하는 것이기도 하다. 이를테면, 이미 원자론적 언어관을 포기한 그가 의미에 대한 총체주의적 생각을 가지게 된 이상 하나의 단어에 대응하는 고정된 의미나 심적 이미지가 있다는 생각을 가질 수는 없을 것이다.

　또한 그가 과학적 방법으로부터 자유로워질 것을 주문하는 것 역시 《논고》의 언어관으로부터 탈피하면서 과거의 자신에 대해 간접적으로 비판하고 있는 셈이다. 《논고》에서 그가 모든 명제는 요소명제의 진리함수라고 하면서 명제의 일반형식은 어떤 것이어야 하는지에 대해서 말하였던 점은 바로 그 스스로가 일반성에 대한 갈망의 유혹으로부터 자유롭지 못했음을 보여주는 것이며, 그러한 태도가 곧 과학의 환원주의적 태도와 밀접하게 관련되어있다고 할 수 있는 것이다.

　이처럼 《청색책》에서는 언어게임의 아이디어가 등장하기는 하지만 그 전모가 드러나지는 않았다. 오히려 과거 자신이 저지른 실수에 대한 간접적인 비판을 더 비중 있게 보여주었다. 하지만 머지않아 《갈색책》에서 비트겐슈타인은 언어게임에 대해서 보다 발전된 생각을 드러내며, 이러한 생각은 내용적으로 큰 변화 없이 《탐구》에 소개된 언어게임의 아이디어로 발전하게 된다.

　《갈색책》의 앞부분에서 비트겐슈타인은 일련번호를 매겨가면서 일련의 언어게임들을 기술하였는데, 이러한 언어게임들은 《청색책》에서 제시한 것처럼 다분히 우리가 일상에서 사용하는 언어보다 단순한 요소들로 이루어져있다. 그가 예로 들고 있는 집짓는 사람 A와 B는 매우 단순한 방식으로 서로 의사소통을 한다. A는 블록, 기둥, 석판, 들보를 이용하여 집을 짓고, B는 A가 필요로 할 때 이들 재료를 건네준다. 이때 A가 필요한 재료를 B에게 이야기하면 B는 A에게 그것을 전달하게 되는데, 가장 단순한 언어(1)부터 시작하여 언어(5)로 확장되는 상황을 다음과 같이 설명한다.

(1) '블록', '기둥', '석판', '들보'라는 단어들만으로 이루어진 언어.

　예) "블록!"이라고 말하면, 블록을 가져온다.

(2) 언어(1)의 확장으로 숫자가 포함된 언어.

　예) "블록 다섯 개!"라고 말하면, 블록 다섯 개를 가져온다.

(3) 언어(2)의 확장으로 '이것', '저것'과 같은 단어(논리적 고유명)가 포함된 언어.

　예) "이 블록!"이라고 말하면, 지적된 블록을 가져온다.

(4) 언어(3)의 확장으로 '여기', '저기'와 같은 단어(논리적 고유명)가 포함된 언어.

　예) "석판, 거기!"라고 말하면, 지적된 곳으로 석판을 가져간다.

(5) 언어(1)~(4)들로 이루어지는 질문과 대답이 포함된 언어.

　예) "석판 몇 개?"라고 물으면, "다섯"이라고 답한다.

여기서 이들 언어는 전부 우리가 일상생활에서 사용하는 언어보다는 단순한 형태의 언어들이다. 하지만 비트겐슈타인은 이들 모두를 언어게임이라 부를 수 있으며, 각각은 하나의 완전한 의사소통의 체계라고 한다. 실제로 언어(1)의 경우에서 단순히 A가 "블록!"이라고 소리치는 것만으로 B는 A가 무엇을 원하는지 알 수 있으며 그의 지시에 따라 블록을 가져다줄 수 있다. 그러한 단순한 형태만으로도 완벽한 의사소통이 가능하다는 것이다.

비트겐슈타인이 이처럼 언어게임을 단순한 형태의 언어들에 비유하면서 말하고자 하는 것은 결국 우리가 일상적으로 사용하는 복잡한 형태의 언어도 사실은 그러한 단순한 형태의 언어와 그리 다르지 않다는 점이다. 특히 개별적인 대상들을 지칭하는 단어들로만 이루어진 언어(1)에 여러 요소들이 덧붙여짐으로써 언어(2)~(5)처럼 그 복잡성이 증가함을 보여주는 것과 같이 결국 일상어의 복잡성도 가장 단순한 형태에서 새로운 요소들을 차츰 덧붙이면서 확장되어온 것으로 볼 수 있다는 것이다.

이러한 생각은 다분히 어린아이가 모국어를 배우는 상황에 적절히 비유될 수 있다. 어린아이가 모국어를 배울 때 처음에는 완전한 형태의 언어를 구사한다고 볼 수 없고, 마치 집 짓는 사람의 언어처럼 단순한 요소들만을 가지고 의사소통이 이루어진다. 하지만 그렇다고 해서 어린아이가 언어를 이해하지 못한다고 할 수는 없으며, 시간이 흐르면서 차츰 더 복잡한 표현들을 사용할 수 있게 되면서 어른이 사용하는 언어의 수준에 이르게 되는 것이다.

비트겐슈타인은 원초적이고 단순한 언어들도 언어게임임에 틀림없다고 보며, 그 이유는 하나의 완전한 의사소통 체계를 이루는 한 요인으로 언어가 단지 정적인 상징체계인 것이 아니라 인간의 행동과 뗄 수 없는 역동적인 체계이기 때문이라고 보고 있다. 즉 우리는 음성이나 문자만으로 의사소통을 하지 않으며, 언어를 사용한다는 것은 일종의 활동이라는 것이다. 특히 모국어를 습득하는 과정은 가르치고 배우는 학습 활동이며, 어린아이는 어른과 그러한 학습 활동에 참여함으로써 자연스럽게 모국어를 배우게 된다.

언어게임을 단순하고 원초적인 형태의 언어라고 말하는 점과 집 짓는 사람의 언어를 통해서 설명하는 점, 그리고 언어게임에 모국어를 배우는 과정을 포함하는 점 등은 전부 《탐구》의 도입부에 다시 언급된다. 하지만 《탐구》에서는 그에 덧붙여서 언어와 행위들로 구성되어 엮어지는 것들 전체에 대해서도 언어게임이라고 부른다. 즉 비트겐슈타인은 언어게임이라는 개념을 몇 개의 다른 의미로 사용하고 있음을 알 수 있다. 이것을 정리해보면 다음과 같다.

(A) 단순한 형태에서 복잡한 형태에 이르는 다양한 언어들.
　　예) 집짓는 사람의 언어(1)~(5), 화학 기호와 같이 기술적인 언어.
(B) 어린아이가 학습을 통하여 모국어를 배우는 것.
　　예) 노란 물건에 대해 어른이 "노랑"이라고 말하면서 색채 개념을 가르치는 일.
(C) 인간의 의사소통 행위 전체.
　　예) 우리가 일반적으로 언어라고 부르는 것.

(A)의 경우처럼 단순히 개별적인 언어들을 언어게임이라고 부르는 것은 쉽게 이해할 수 있다. 집 짓는 사람의 언어와 같이 단순한 요소들로만 이루어진 언어도 언어게임이며, 역사적으로 볼 때 비교적 가까운 과거에 확립된 화학 기호와 같은 기술적 언어의 체계도 언어게임이라

는 것이다. 마찬가지로 한국어도 하나의 언어게임일 것이고, 영어도 하나의 언어게임일 것이다.

그런데 비트겐슈타인은 그러한 개별적인 언어들을 그 복잡성과 단순성의 차이와 관계없이 모두 언어게임이라 하고 있을 뿐 아니라 어린 아이가 모국어를 학습하는 과정까지 언어게임의 일부로 보고 있는 것이다. 모국어 학습은 자연스러운 삶의 일부이며, 혼자서 독립적으로 할 수 있는 것이 아니다. 어른의 도움 아래 일상적인 삶의 조건과 상황에서 행동하면서 익히게 되는 것이다. 상식적으로 그러한 조건과 상황은 언어 외적인 요소로 여기기 쉽지만 비트겐슈타인은 삶의 조건과 상황도 언어게임을 구성하는 요소로 본다.

하지만 비트겐슈타인이 사용하는 언어게임이라는 용어의 또 다른 특징은 그것이 우리가 언어라고 부르는 것을 의미하기도 한다는 점에 있다. 즉 경우에 따라서 비트겐슈타인은 언어게임이라는 표현으로 언어 전체를 뜻하기도 한다. 언어게임이라는 용어를 통하여 그는 우리가 삶 속에서 사용하는 언어를 일종의 게임으로 보고 있는 것이다.

이처럼 비트겐슈타인은 언어게임이라는 용어를 경우에 따라 (A), (B), (C)의 의미로 사용하고 있는데, 그중 어떤 의미로 사용하든 동적인 개념인 규칙 지배적 활동으로 규정하고 있다. 여기서 언어게임이 규칙 지배적이라는 포인트도 중요하지만, 사실 더 무게가 실려야 할 부분은 활동이라는 측면이다. 위의 집 짓는 사람의 언어(1)~(5)의 예에서 보듯이 집 짓는 사람의 언어를 이해하기 위해서 중요한 것은 A와 B가 서로 대화를 주고받는 구체적인 상황, 즉 언어가 사용되는 맥락이다. 그러한 상황 또는 맥락을 무시한 채 "블록!"이라는 말만 따로 떼어

놓고 보면, 어느 누구도 "블록!"이라는 표현이 무엇을 의미하는지 알 수 없을 것이다.

마찬가지로 (B)의 경우와 같이 비트겐슈타인이 모국어를 가르치고 배우는 것을 언어게임의 일부로 포함시키고 있는 것은 언어가 정적인 체계가 아니라 역동적인 것임을 의미한다. 하나의 명제는 논리적 분석에 의해 요소명제에 도달함으로써 그 의미의 기초에 이르게 되는 것이 아니라 마치 숨바꼭질이나 축구경기와 같이 언어라는 게임에 직접 참여함으로써 비로소 의미 있게 된다는 것이다.

3
의미와 사용

언어를 활동으로 보는 시각은 《탐구》에서 단어의 의미가 고정된 것이 아니라는 생각을 통해서 구체적으로 드러난다. 《논고》에서는 명제와 사실을 대응관계로 보았고, 명제는 이름들의 연쇄로, 사실은 대상들의 결합으로 보았다. 따라서 하나의 명제가 의미가 있게 되는 것은 명제를 이루는 이름들이 대상들을 적절하게 지칭하는 관계에 있기 때문이었다. 대상은 이름을 통해서 지칭되기 때문에, 내가 '로미오'라는 이름을 통해 한 사람을 의미할 수 있다는 것이다. 따라서 이러한 구도에서 로미오라는 사람은 '로미오'라는 이름의 담지자인 셈이다.

그러나 이제 비트겐슈타인은 색다른 질문을 통하여 그러한 자신의 과거의 입장에 도전한다. 우리는 분명히 '로미오'라는 이름이 그에 대응하는 사람을 통해서 그 뜻을 가지게 되었을 것이라고 생각한다. 하지만 로미오가 죽는다면 어떻게 될까? 로미오는 더 이상 이 세상 사람이 아니므로 '로미오'라는 이름에 대응하는 사람은 없는 것이다. 이 경우 '로미오'라는 이름의 담지자는 없어진 것이다. 그러나 '로미오'라는 이름의 담지자가 없어졌다고 해서 '로미오'의 의미도 동시에 없어진 것은 아니다. 우리는 로미오가 죽었다고 해도 여전히 로미오가 누구이며 어떤 사람이었는지 잘 알며, '로미오'라는 이름을 통해서 의사소통이 가능하다.

이러한 생각은 분명 《논고》에서의 입장과 다른 것이다. 《논고》에서 비트겐슈타인은 분명히 이름은 대상을 의미(지칭)한다고 말하였다 (《논고》 3.203). 그러나 이제 대상은 이름의 담지자이기는 하지만 이름의 의미는 아니라고 말하는 것이다. 《논고》에서 비트겐슈타인은 이름은 대상을 지시함으로써 그 의미를 얻게 된다고 보았다. 그 이유는 요소명제를 구성하는 이름은 더 이상 분석할 수 없는 단순 기호여야 하기 때문에 그 의미를 설명이나 정의를 통해서 제공할 수 없다는 것이다. 따라서 이때의 이름은 고유명과 같은 것이며, 고유명은 다른 의미가 없고 그저 하나의 사람이나 사물을 지칭함으로써 의미를 가지는 것과 마찬가지로 비트겐슈타인의 이름도 대상을 지시함으로써 의미를 가진다는 것이다.

그러나 이제 비트겐슈타인은 로미오가 죽었다고 해도 '로미오'라는 이름의 의미는 사라지지 않는다는 입장을 취함으로써 《논고》에서 보여주었던 단어의 의미의 논리적 기초에 대한 생각을 바꾸어버린 것이다. 《논고》에서의 입장이 이름의 담지자와 이름의 의미를 같은 것으로 본 것이라면, 《탐구》의 입장은 로미오의 예에서 보듯이 이름의 담지자와 이름의 의미를 같은 것으로 보지 않겠다는 것이다.

단어의 의미가 그 단어에 대응하는 대상과의 관계 속에서 생겨나는 것이 아니라면, 이제 궁금해지는 문제는 과연 《탐구》에서 의미의 기초를 어디에서 찾을 수 있는가 하는 것이다. 물론 비트겐슈타인은 이 문제에 대한 해답을 가지고 있었다. 그는 한 단어의 의미를 언어에서 그 사용이라고 설명할 수 있다고 한다(《탐구》 43절). 이때 단어의 사용이라는 것은 곧 그 단어가 쓰이는 언어게임의 맥락을 의미하는 것이다. 하나의 단어는 그것이 언어게임의 일부로 사용됨으로써 비로소 의미를 얻게 된다는 것이다.

물론 우리가 '로미오'라는 단어를 로미오라는 한 사람을 지칭하면서 설명할 수도 있지만, 비트겐슈타인이 말하고자 하는 바는 그러한 방식으로 설명하는 것이 그 단어의 의미를 설명하는 유일한 방법은 아니라는 것이다. 그것은 '로미오'라는 단어가 의미를 얻게 되는 다양한 방법 중 하나일 뿐이다. 오히려 우리는 우리가 다양한 방식으로 말을 할 때 '로미오'라는 단어가 어떻게 사용되는가에 주목한다면, 설사 로미오라는 인물을 직접 만나거나 알지 못한다 할지라도, 또 실로 로미오가 실존했던 인물이 아니라 그저 희곡 속의 주인공이었을 뿐이라 할지라도, 그 단어를 통해서 의사소통을 하는 데 아무 문제도 없을 것이다. 비트겐슈타인은 이러한 상황을 전설 속의 칼 엑스칼리버를 예로 설명하고 있다.

우리는 "엑스칼리버는 날카로운 날을 가지고 있다"는 문장은 엑스칼리버가 산산조각이 났다 하더라도 의미가 있다고 말했다. 이것은 이 언어게임에서 이름이 그 담지자가 없는 경우에도 역시 사용되기 때문이다.

《탐구》 44절

　이름의 담지자가 눈앞에 있는 경우 우리는 그것을 손가락으로 가리키면서 "이것은 엑스칼리버다"라고 말할 수 있을 것이다. 이와 같은 언어게임에서는 '엑스칼리버'라는 이름의 의미는 그 이름의 담지자와 동일한 경우이다. 하지만 우리는 '엑스칼리버'라는 이름의 담지자가 없는 경우에도 여전히 "엑스칼리버는 날이 날카롭다"는 말을 할 수 있으며, 그러한 표현을 통해서 의사소통이 가능하다. 그 이유는 '엑스칼리버'라는 이름이 의미를 가지게 되는 상황은 반드시 지시관계를 포함하는 언어게임만으로 국한되지 않기 때문이다.

　실로 우리는 아서왕 이야기를 읽으면서 엑스칼리버라는 칼에 대해서 자연스럽게 알게 되었고, 그 이야기를 이해하는 데 있어 그 칼이 실제로 존재했는지의 여부는 전혀 중요하지 않다. 마찬가지로 언어에서도 중요한 것은 우리가 사용하는 단어의 의미가 대상과의 대응관계를 통해서 얻어진다는 생각은 옳지 않다는 것이다. 우리는 언어게임에 참여함으로써 각각의 단어를 그것이 사용되는 언어게임의 문맥에서 자연스럽게 얻게 된 것이며, 단어와 대상의 대응관계라는 것도 그러한 언어게임의 다양한 문맥의 하나로 볼 수 있다는 것이다.

　비트겐슈타인은 이러한 새로운 입장을 《논고》에서의 자신의 입장을 간접적으로 비판하면서 드러내고 있다. 그는 《탐구》의 1절에서 아우구스티누스의 《고백록》에 담긴 언어에 대한 입장을 인용하고 있는데, 그것은 단어는 대상에 대한 이름이며, 문장은 이러한 이름들의 결합이라는 입장이다. 여기서 단어의 의미는 단어가 나타내는 대상이다.

이러한 입장은 그야말로 비트겐슈타인 자신이 《논고》에서 주장한 것이며, 지금 아우구스티누스를 통해서 간접적으로 비판하고 있지만, 비트겐슈타인의 비판은 그러한 입장이 완전히 틀렸다는 것은 아니다. 그는 그러한 입장이 인간 언어 본질의 특정한 그림을 우리에게 제공한다고 말한다. 즉 단어와 대상이 이름관계에 의해서 의미가 부여된다는 생각은 우리의 언어의 다양한 측면들 중 하나일 수 있지만, 그것이 전부는 아니라는 것이다.

로미오나 엑스칼리버의 예에서 보듯이 단어와 대상이 이름관계에 의해 그 의미가 직접적으로 연결된다는 생각은 이름의 담지자와 이름의 의미를 같은 것으로 볼 때에만 적용될 수 있는 것이다. 로미오가 눈앞에 있을 때 나는 그를 모르는 사람에게 손가락 제스처로 지적하면서 "이 사람은 로미오입니다"라고 소개할 수 있지만, 우리가 로미오가 누군지에 대해서 알게 되는 방법은 그런 직접적인 이름관계로 국한되지 않는다. 즉 전기 비트겐슈타인이나 아우구스티누스가 제시한 이름관계에 의존하는 언어관은 그 자체로 틀린 것은 아니며, 그러한 이름관계가 단어에 의미를 부여하는 유일한 방법이라는 생각이 잘못되었다는 것이다.

이름관계가 단어에 의미를 부여하는 유일한 방법이라는 생각을 비판하는 것은, 비트겐슈타인 스스로 언급하지는 않았지만, 플라톤에서 전기 비트겐슈타인까지 서양철학의 일관된 하나의 흐름에 대한 비판으로 여길 수 있다. 그것은 서양철학에서 무엇인가 본질적인 것에 대한 추구, 또는 앞서 말한 비트겐슈타인의 표현을 빌자면 일반성에 대한 갈망으로부터 벗어나려는 시도인 것이다. 바꾸어 말해 2000년 이상 서양철학의 흐름을 지배해온 플라톤적 이상에 대한 정면도전으로 이해할 수 있다.

통상적으로 "대화들"이라는 제목으로 알려진 플라톤의 저작들은 하나의 개념의 본질에 대한 철학적 이해에 도달하려는 시도라고 할 수 있다. 이를테면, 《에우튀프론》은 "숭경심이란 무엇인가?"에 답하려는 시도라 할 수 있고, 《라케스》는 "용기란 무엇인가?", 《리시스》는 "우정이란 무엇인가?" 그리고 《심포지움》, 《테아이테토스》, 《국가》는 각각 사랑, 지식, 정의의 본질에 대한 탐구라 할 수 있다. 플라톤은 그러한 본질은 이성의 눈에만 보인다는 입장을 제시하면서 이후의 철학의 흐름을 결정해버렸다.

철학자들의 물음은 늘 "존재란 무엇인가?", "선이란 무엇인가?", "진리란 무엇인가?"와 같이 보편적이고 본질적인 것에 대한 이해를 추구해왔다. 사실 《논고》에서 비트겐슈타인은 그러한 철학적 물음이 잘못된 것이었음을 간파하였고, 언어의 논리에 대한 올바른 분석을 통해서 그러한 물음에서 벗어나려고 했던 것이다. 하지만 그렇게 하는 와중에 전기 비트겐슈타인이 보여준 것은 결국 다름 아닌 "언어란 무엇인가?"에 대한 본질적 이해에 도달하려는 또 하나의 시도였던 것이다.

그가 명제의 일반형식이라고 불렀던 것도 결국은 언어의 논리에 대한 최종분석을 통해서 모든 명제를 관통하는 하나의 본질적 형태에 도달하려는 시도 이외의 것이라 할 수 없다. 그러나 이제 《탐구》에서 비트겐슈타인은 젊은 날의 자신의 오류를 깨달은 것이다. 그는 "본질이 우리로부터 숨어있다"고 생각하기 때문에 본질이 무엇인지 찾아낼 수 있다는 생각을 가지게 된다고 한다(《탐구》91~92절). 그는 다음과 같이 제안하면서 철학적 혼란에서 빠져나올 것을 요청한다.

> 철학자들이 하나의 단어 — '지식', '존재', '대상', '나', '명제', '이름' — 를 사용하면서 대상의 본질을 파악하려고 시도할 때, 그들은 늘 자신들에게 다음과 같이 물어야 한다. 그 단어는 실제로 그것의 고향인 언어게임이 사용되는 방식으로 실제로도 사용되는가?
>
> 우리가 하는 것은 단어들을 그것들의 형이상학적 사용으로부터 일상의 사용으로 되돌리는 것이다.
>
> 《탐구》116절

결국 철학자들이 탐구해온 개념들에 대한 본질적인 무엇을 찾으려는 시도 대신 그러한 개념들이 구체적으로 어떠한 언어게임에서 어떠한 방식으로 사용되고 있는지에 주목해야 한다는 것이다. 의미라는 것이 고정되어있다고 생각하지 말고, 다양한 문맥에서 사용되는 방식에 따라 다른 의미를 가질 수 있다는 점을 보라는 것이다.

비트겐슈타인은 우리가 '기호', '단어', '문장'이라고 부르는 것들에는 셀 수 없을 정도로 많은 서로 다른 종류의 사용이 있으며, 이러한 다양성은 고정된 것이 아니라고 한다(《탐구》23절). 따라서 "존재란 무엇인가?", "선이란 무엇인가?", 또는 "언어란 무엇인가?"와 같은 질문에 대한 단 하나의 정답은 결코 있을 수 없으며, 그에 대한 대답을 시도하려고 하기보다는 그러한 질문이 잘못되었다는 점에 초점을 맞추어야 한다는 것이다. "존재란 무엇인가?"를 묻지 말고, '존재'라는 단어가 어떤 문맥에서 어떻게 사용되는가, 또는 어떠한 언어게임에서 사용되고 있는가에 주목하라는 것이다.

이처럼 비트겐슈타인이 다양한 문맥, 다양한 언어게임을 말하고 있는 것은 그만큼 우리가 언어를 사용하면서 다양한 행위와 관계한다는 것과 깊은 관련이 있다. 언어게임을 하나의 활동으로 보고 있는 그로서는 우리가 삶에서 겪게 되는 다양한 행위들이 전부 언어활동과 연결될 수밖에 없다고 보는 것이다. 그래서 그는 언어를 말하는 것이 활동 또는 삶의 형식의 일부라고 말하면서, 언어게임의 다양성을 다음과 같이 예시하였다(《탐구》 23절).

명령을 내리고, 그에 따르는 것.

대상의 외관을 묘사하거나, 측정하는 것.

묘사(그림)로부터 대상을 구성하는 것.

사건을 보고하는 것.

사건에 대해 숙고하는 것.

가설을 세우고 테스트하는 것.

표와 그림으로 실험결과를 나타내는 것.

이야기를 꾸미기. 그리고 그것을 읽기.

연극 연기하기.

돌림노래 부르기.

수수께끼 추측하기.

농담을 하는 것.

산수의 문제 풀기.

한 언어에서 다른 언어로 번역하기.

묻기, 감사하기, 욕하기, 인사하기, 기도하기.

    결국 이처럼 다양한 언어의 사용은 사실은 인간이 살아가는 데 있어서 삶의 여러 방식과 뗄 수 없는 관계에 있으며, 언어가 사용되는 개별적이고 구체적인 맥락에 주목함으로써 단어나 문장의 의미를 이해할 수 있다는 것은 곧 누구든 직접 실행되고 있는 그 언어게임에 참여해야 이해에 도달할 수 있다는 것을 의미한다.

    그래서 비트겐슈타인은 "언어란 무엇인가?"라는 질문을 던지고 그에 답하려 시도할 때 위의 다양한 언어게임들에 공통된 무엇, 그들 언어게임들이 공유하고 있는 본질적인 무엇을 찾으려 하지 말고, 이들 각각의 언어게임에서 볼 수 있는 유사성에 주목하라고 한다. 그렇게 하면, 중첩되고 교차하는 유사성들의 복잡한 네트워크를 발견할 수 있을 것이라고 한다. 그는 이러한 유사성을 가족 구성원들 사이에 발견되는 모종의 유사성에 비유하여 **가족유사성**이라고 부른다.

    우리가 게임이라고 부르는 것들의 특징이 그렇다. 공을 이용한 게임은 나름대로의 규칙이 있다는 것 외에는 말판을 이용한 게임과 공통점이 별로 없다. 또 축구와 농구는 둘 다 공을 사용하는 게임이라는 것 외에는 사용하는 공의 모양이나 경기자의 수 등 공통점이 거의 없다. 이처럼 무수히 많은 게임들을 단일한 방식으로 설명할 길은 없다. 그러나 우리는 축구공과 농구공의 모양에서 유사성을 발견할 수 있으며, 축구와 농구 게임의 승패를 결정짓는 방식에서도 유사성을 발견할 수 있다. 또 축구와 바둑은 전혀 다른 종류의 게임이지만, 역시 승패를 결정짓는 방식에서 유사성이 있다고 할 수 있다.

이처럼 무수히 많은 게임들에 공통된 하나의 설명은 있을 수 없다. 우리는 단지 게임이라는 것이 사람들이 참여하는 활동이며, 각각의 게임마다 나름의 규칙이 있다는 정도만 말할 수 있을 뿐이다. 각각의 게임들에는 그저 조금씩 다른 게임들과 중첩되고 교차하는 유사성만 있을 뿐인 것이다.

같은 논리에서 비트겐슈타인은 무수히 많은 언어게임들을 관통하는 하나의 본질은 없으며, 그러한 언어게임들을 명쾌하게 설명해줄 수 있는 단일한 이론도 있을 수 없다고 하는 것이다. 우리는 "언어란 무엇인가?"에 대해서 본질적인 답을 얻을 수 없으며 그저 다양한 언어게임들 사이에 가족유사성이 존재한다는 점을 확인하는 데 만족해야 한다. 그리고 정말로 내가 어떤 단어의 의미에 대하여 궁금증을 가진다면, 직접 그 단어가 사용되는 언어게임에 참여함으로써, 즉 하나의 활동을 실행함으로써 이해에 도달할 수 있을 것이라고 한다.

4 / 규칙과 언어게임

언어게임을 규칙에 의해 지배되는 인간의 활동이라고 할 때, 규칙과 언어게임의 관계가 궁금해진다. 특히 전기 비트겐슈타인과 비교하여 단어의 의미와 관련된 규칙의 역할이 궁금해지지 않을 수 없다. 《논고》에서의 규칙, 즉 논리학의 규칙은 단일하고 고정된 것이었다. 이른바 논리적 형식은 우리가 임의로 취사선택할 수 있는 종류의 것이 아니라 일종의 강제된 것이었다. 따라서 단일하고 고정된 규칙 아래서 단어의 의미는 안정적으로 고정성을 보장받는다.

반면 언어게임에서 규칙은 논리학의 규칙과 같이 언제나 엄격한 것이라고 할 수 없다. 앞에서 말했듯이 다양한 언어게임에 다양한 규칙들이 있으며, 게임에 따라서는 규칙이 변화할 수도 있다. 또 언어게임 자체가 규칙에 의해 규정된다고 할 수도 없다. 비트겐슈타인은 테니스의 예를 들며, 테니스도 게임이지만 공을 얼마나 높이 또는 얼마나 세게 쳐야 하는지에 대한 규칙은 없다고 한다(《탐구》68절). 결국 단어의 의미 또한 문맥에 따라 그 사용 규칙이 달라질 수 있으며, 또 경우에 따라서는 새로운 의미가 생겨날 수도 있기 때문에 과연 규칙이 의미의 지배자 혹은 기초가 될 수 있는지 의문이 생긴다.

비트겐슈타인은 《탐구》에서 긴 지면(143~242절)을 할애하여 이 문제와 씨름하고 있다. 연구자들 사이에 꾸준히 논란의 대상이 된 이른바 **규칙 따르기의 논의**라고 알려진 이 중요한 부분에서 비트겐슈타인은 규칙을 따르는 것과 이해의 문제를 결부해서 논의를 진행한다. 여기서 그의 의문은 바로 "우리가 언어게임에서 그 게임의 규칙을 따를 줄 안다는 것은 무엇을 의미하는가?" 하는 점이다. 즉 하나의 단어의 사용 규칙을 이해한다는 것, 따라서 그 단어의 의미를 알게 된다는 것이 무엇을 뜻하는지에 대해서 고민하는 것이다.

먼저 그는 산수에서 계산을 제대로 해내는 과정을 언어에서 규칙따르기의 한 예로 들고 있다. 즉 산수에서 계산 행위를 일종의 게임(언어게임)으로 본다면, 계산에 사용되는 공식을 그 게임의 규칙(단어 사용의 규칙)으로 볼 수 있다는 것이다. 그러고는 규칙을 따르는 것이 산수의 공식을 잘 적용하는 것과 같다고 한다면, 그 경우 우리는 그 공식을 일순간에 파악해서 적용하는 것인지 아니면 그러한 공식을 이해하기 위해서 어떤 해석이 필요한지 묻는다.

그는 우리가 정확한 계산 공식을 갖고 있다고 해도 그 공식을 적용하는 데는 하나 이상의 명쾌한 적용 사례가 있을 수 있다고 한다. 따라서 일순간에 그 공식을 파악하는 것은 규칙을 따르는 것이 무엇인지에 대한 올바른 설명이 될 수 없다는 것이다. 결국 정확한 공식을 갖고 있어야 할 뿐 아니라 그러한 공식의 적용법 또한 알아야 되지 않겠는가 하고 반문한다. 즉 그 공식을 가지고 어떻게 계산을 하는지 아는 것이 이해의 기준이 된다고 볼 수 있지 않겠느냐는 것이다. 즉 단어 사용의 규칙뿐 아니라 그 규칙이 실제로 어떻게 적용되는지에 대해서도 알아야 우리가 하나의 언어게임에서 제대로 규칙 따르기를 할 수 있으며, 그 단어를 이해했다고 할 수 있지 않겠느냐는 것이다.

그러나 이내 비트겐슈타인은 우리가 정확히 언제 그 적용법을 안다고 할 수 있는지에 대한 의문을 제기한다. 우리는 그 적용법을 언제나 알고 있는 것인가? 아니면 우리가 실제로 규칙을 생각하고 있을 때만 알고 있다고 할 수 있는가? 비트겐슈타인은 단어나 규칙은 마음의 상태가 아니기 때문에 우리가 정확히 언제부터 한 단어를 이해하게 되는지, 또는 정확히 언제부터 하나의 공식을 알게 되는지 집어서 이야기할 수는 없는 일이라고 한다.

여기서 비트겐슈타인이 우리가 단어를 이해할 때 마음속에 아무 일도 일어나지 않는다고 말하는 것은 아니다. 마음속에 단어에 대응하는 대상의 이미지를 그릴 수도 있을 것이고, 단어가 가져다주는 자기만의 독특한 느낌을 가질 수도 있을 것이다. 또 이런 경우에는 이 단어를 이렇게 사용하고, 저런 경우에는 저렇게 사용하는 것이라는 생각을 결코 하지 않는다는 것은 아니다. 하지만 그는 그처럼 마음속에서 일어나는 일들이 한 단어를 이해하는 데 결정적인 역할을 하지는 않는다는 것이다.

다시 비트겐슈타인은 읽기 연습을 하는 한 소년의 예를 들어 그가 지시에 잘 복종하는 대신 복종하는 척하는 경우를 소개한다. 만약 규칙이 공식이나 표처럼 형식적으로 적용 가능한 것이라면, 우리는 그 규칙의 의미를 제대로 이해하지 않고서도 기계적으로 규칙을 따를 수 있을 것이다. 결국 그 소년이 틀리지 않고 글을 잘 읽어낸다고 해서 그가 글을 정말로 이해하고 읽은 것인지 판단하는 궁극적인 기준이 될 수 없다는 것이다. 실로 우리가 이제 막 글을 이해하면서 읽게 된 소년에게서 그가 정확히 어느 시점에서부터 글을 읽을 줄 알게 되었는지를 집어낸다는 것은 불가능하며 무의미한 일일 것이다.

결국 비트겐슈타인이 말하고자 하는 것은 언어에는 단어들의 사용 규칙들이 있고, 그 규칙들에 위배되지 않게 단어들을 사용함으로써 의사소통이 가능하지만, 그렇다고 해서 그 사용 규칙에서 단어의 의미를 찾을 수는 없다는 것이다. 그렇다면 단어의 사용 규칙은 어떻게 얻어지는 것인가? 규칙을 제대로 따르는 것인지 아니면 따르는 척하는 것인지를 구별해주는 궁극적인 기준은 어디에 있다고 할 수 있는가?

비트겐슈타인은 소년이 읽기를 능숙하게 할 수 있게 되었다는 것은 곧 하나의 기술을 터득한 것과 같다고 한다. 단어를 이해한다는 것도 특별한 종류의 정신적 과정이 아니며, 그저 인간이 다른 사람들과의 관계 속에서 언어게임이라는 활동에 참여하여 그 게임을 실행하는 과정에서 마스터하게 된 일종의 테크닉이라는 것이다. 그래서 우리가 한 단어를 이해하게 되는 것 역시 독립적으로 그 단어의 규칙을 암기하거나 그 단어의 규칙이 어떻게 적용되는가를 알게 되어서라기보다는 그 단어가 사용되고 있는 언어게임에 참여하여 그 언어게임을 실행하는 과정에서 그 의미와 쓰임에 대해서 자연스럽게 알게 되었다는 것이다.

결국 규칙은 그 규칙이 준수되어야 할 방법을 규정한다고 할 수 없다. 하나의 규칙과 그 규칙을 따르는 올바른 방식은 그 규칙이 적용되고 있는 언어게임을 배경으로 해서만이 적절히 이해될 수 있다. 비트겐슈타인은 이 점을 하나의 비유를 통해 보여준다.

> 나는 이렇게 묻겠다. 규칙의 표현 ─ 말하자면 표지판 ─ 은 나의 행동과 무슨 관계가 있는가? 여기에 어떤 종류의 연관성이 있는가? ─ 아마 이런 것이 아닐까? 나는 이 표지에 특정한 방식으로 반응하도록 훈련되었고, 이제 그렇게 반응한다.
>
> 《탐구》198절

여기서 비트겐슈타인은 규칙을 표지판에 비유하고 있다. 우리가 표지판을 보고 그것을 따른다는 것은 무엇을 의미하는가? 그가 말하였듯 우리는 하나의 표지판을 보고 어떻게 행동하도록 훈련받아왔다. 하나의 표지판이 독립적으로 우리에게 어떤 의미를 부여하는 것이 아니라, 그 표지판은 우리 삶의 다양한 행동 속에서만 의미를 가질 수 있는 것이다. 특정한 표지판이 세워지기 전에 이미 사람들의 삶과 다양한 행동이 있었고, 그러한 상황에서 특정한 행동 방향을 제시하기 위해 표지판이 세워졌을 뿐이다. 표지판은 인간의 관습의 결과물이며, 결코 관습이 표지판의 결과물이라 말할 수 없는 것이다.

> 더 나아가 나는 표지판의 규칙적 사용, 즉 관습이 존재하는
> 한에 있어서만 한 사람이 표지판을 따를 수 있다고 지적했다.
>
> 《탐구》 198절

규칙은 그것을 규칙적으로 사용할 때만 의미를 가지는 것이다. 하나의 규칙이 전적으로 의미를 제공하는 것이 아니라는 것이다. 그렇다면 규칙적인 사용이란 무슨 뜻인가?

> 규칙에 복종하는 것, 보고하는 것, 지시를 내리는 것, 체스 게
> 임을 하는 것은 관습(관행, 관례)이다.
>
> 《탐구》 199절

규칙에 복종하기, 보고하기, 지시를 내리기, 체스 게임하기 등은 곧 비트겐슈타인이 언어게임이라 부르는 것을 정의하는 특징들이다. 결국 규칙(표지판)은 이미 언어게임(관습)이 존재하고 있을 때 의미가 있

는 것이다. 누군가가 자신의 사적 용도로 사용하기 위해 사적 규칙을 만들 수 있을 것이다. 그러나 이 사적 규칙은 이미 언어게임이라는 인간의 활동이 존재하지 않는다면 그 자체로는 의미 있다고 할 수 없다.

단어의 사용 규칙, 단어의 의미, 그리고 그것을 이해하는 것 모두는 전부 언어게임의 실행이 가져온 결과라고 할 수 있다. 따라서 한 단어의 의미나 하나의 규칙이 무엇인지에 대해서 언어게임에 의존하여 설명할 수 있지만, 그와 반대로 하나의 언어게임이 무엇인지를 그 언어게임의 규칙들을 통해서 설명할 수는 없다.

비트겐슈타인이 명쾌하게 언어게임이 무엇인지에 대해서 설명하지 않은 이유도 이러한 언어게임의 특성에서 찾아볼 수 있을 것이다. 언어게임을 그것의 구성요소들로 설명하는 것은 불가능하다는 생각인 것이다. 언어게임을 가장 잘 설명하는 것은 바로 언어게임의 실행에 직접 참여하는 것이다.

《논고》에서 논리적 형식이 무엇인지에 대해서 다른 명제를 이용해서 말할 수 없다고 한 것과 마찬가지로, 이제《탐구》에서도 비트겐슈타인은 언어게임이 무엇인지에 대해서는 언어게임 밖에서 말로 설명할 수 없으며 그 게임 자체를 실행함으로써만 그것이 무엇인지 알 수 있다는 것이다.

결국 한 단어의 의미가 어디서 오느냐에 대한 질문에 우리는 그저 그 단어가 사용되는 언어게임의 맥락에서 왔다고 말하면 충분하다. 다른 어떤 방식으로 설명될 수 없고 그저 언어게임의 실행에 참여함으로써 가장 잘 설명될 수 있다는 말은 곧 언어게임은 그 외부에서 정당화될 수 있는 것이 아니라는 말이다. 비트겐슈타인은 이 점을 다음과 같이 표현하고 있다.

> 나의 정당화가 바닥나면 나는 암반에 도달한 것이며, 나는 삽을 거둔다. 그러면 나는 "이것이 그저 내가 하고 있는 것이다"라고 말하게 된다.

《탐구》 217절

> 우리의 실수는 우리가 '원현상'이 일어나고 있는 것으로 보아야 할 곳에서 설명을 찾으려 한다는 것이다. 즉 그곳은 우리가 다음과 같이 말해야 할 곳이다: 이 언어게임이 **실행된다**.

《탐구》 654절

> 어린아이들이 배우는 원초적 언어게임은 정당화를 필요로 하지 않는다. 정당화하려는 시도는 거부되어야 한다.

《탐구》 200쪽

5 / 사적 경험과 사적 언어

이른바 규칙 따르기 논의를 통해 단어에 의미를 부여하는 것은 규칙이 아니라 언어게임이라는 것을 분명히 한 비트겐슈타인은 이제 눈에 보이거나 손으로 만질 수 있는 일상적인 대상들뿐 아니라 보거나 만질 수 없는 내적인 대상들의 경우에는 의미가 어떻게 부여될 수 있는지에 대해 논의를 시도한다.

볼 수도 없고 만질 수도 없는 내적인 대상이란 곧 내적 감각을 말한다. 누군가가 "나는 배가 고프다"라고 말한다면, 그 말을 들은 사람들은 그의 배고픔을 그의 말을 통해서 간접적으로 알 수 있을 뿐 그의 배고픔을 직접 확인할 방도는 없다. 누군가가 "나는 이가 아프다"라고 치통을 호소하는 경우도 마찬가지다. 물론 그가 통증에 못 이겨 얼굴을 찡그리거나 턱을 손으로 감싸며 치통을 호소할 수 있겠지만, 그러한 외적인 제스처가 그의 내적 감각인 치통을 다른 사람들에게 직접 보여주는 것은 아니다.

이처럼 사람의 내적 감각이란 철저하게 그 감각을 느끼는 사람에게는 직접적이고 확실하게 알려지지만 그를 제외한 다른 사람에게는 간접적으로만 전달된다. 따라서 내적 감각은 본질적으로 **사적**private이다. 결국 감각에 대해서 말하는 **감각어**sensation-words의 사용은 화자가 자신의 감각을 확인하고 나중에 재확인하는 것에 의존할 수밖에 없다. 눈앞에 보이는 책상은 **공적**public인 대상이므로 다른 사람들도 나와 똑같이 확인하는 것이 가능하지만, 나의 치통은 손가락으로 지적할 수도 없고 다른 사람과 함께 확인할 수도 없으므로 결국 나 스스로 느낀 통증을 나중에도 동일한 통증으로 재확인할 수 있어야 한다.

따라서 공적인 접근 및 확인 가능성이 없는 사적 감각과 그것을 표현하는 감각어를 다루는 데는 어려움이 있어 보인다. 이제 비트겐슈타인이 보려고 하는 것은 이러한 특수성에도 불구하고 사적인 내적 감각 역시 눈에 보이는 외적 사물과 다름없이 의미 있게 의사소통될 수 있는 개념적 근거에 관한 것이다. 이에 관한 논의(243~363절)에서 비트겐슈타인은 **사적 언어**private language라는 표현을 쓰며, 이 논의가 시작되는 《탐구》의 243절에서는 말하고 있는 그 한 사람만 이해할 수 있는 언어의 가능성을 언급하고 있기 때문에 **사적 언어 논의**private language argument라는 이름으로 널리 알려졌다.

> 하지만 한 사람이 그의 내적 경험들 — 그의 감정, 기분 등 — 을 그가 사적으로 사용하기 위해 적거나 음성으로 표현할 수 있는 언어를 상상할 수 있을까? — 우리는 우리의 일상언어에서 그렇게 할 수 있지 않은가? — 하지만 그것은 내가 뜻하는 바가 아니다. 이 언어의 개별적인 단어들은 말을 하고 있는 사람에게만 알려질 수 있는 것들, 즉 그의 직접적인 사적 감각들을 지칭한다. 그래서 다른 사람은 그 언어를 이해할 수 없다.
>
> 《탐구》243절

사적 언어가 비트겐슈타인의 언어게임의 개념에 따라서 원리적으로 불가능하다는 것은 이미 앞에서 설명한 바 있다. 규칙 따르기 논의에서 언어게임의 실행이 전제되지 않고서는 단어의 사용을 규제하는 규칙들이 모두 무의미할 것이라는 점을 설명했다. 한 단어의 의미를 이해하기 위해서 우리는 그 단어가 사용되고 있는 언어게임의 실행에 참여해야 한다.

누군가가 사적 용도로 사용하기 위해 단어의 사용 규칙을 만든다 해도 그의 사적 사용 규칙은 의미를 가질 수 없다. 이미 실행되고 있는 언어게임이 없기 때문이다. 규칙(표지판)보다 언어게임(관습)의 실행이 먼저이기 때문이다. 우리가 말하는 규칙과 단어의 의미는 전부 언어게임이라는 인간 행위의 부산물이다. 결국 언어게임이 단어의 의미를 규정한다는 바로 그 생각이 사적 언어의 가능성을 배제한다.

비트겐슈타인이 말하는 언어게임은 본질적으로 공적이다. 언어게임에 참여한다는 것은 혼자만의 언어 사용을 배제함을 의미한다. 물론 각자가 느끼는 감각은 사적이며 각자에게만 알려진다. 치통은 그것을 느끼는 사람에게만 알려지며 다른 사람은 그의 치통을 직접 경험할 수 없고 추측만 할 수 있을 뿐이다. 하지만 언어게임은 말하는 사람에게만 알려지거나 이해될 수 있는 것이 아니다.

비트겐슈타인이 언어게임에 대해 기술하면서 언어를 가르치고 배우는 행위로부터 시작한 것은 결코 우연이라고 할 수 없다. 어린아이가 언어를 배우는 과정, 비트겐슈타인이 하나의 언어게임이라고 규정했던 그러한 언어학습은 도저히 사적인 과정일 수 없다. 언어게임이란 일종의 공적인 틀public framework이다.

그렇다면 사적인 감각의 경우는 어떤가? 나한테는 언제나 의미 있는 나의 감각이 다른 사람에게도 의미 있게 전달될 수 있는 근거는 무엇인가? 실제로 일상생활에서 우리는 자신의 감각에 대해서 이름을 부여한다고 해도 과언이 아니다. 두통이 있을 때 머리를 손가락으로 가리키며 "나는 머리가 아프다"고 말할 수 있으며, 배가 아플 때는 배를 가리키며 "나는 복통이 있다"고 말하곤 한다.

단어는 감각을 어떻게 지칭하는가? — 여기에는 아무 문제도

없어 보인다. 우리는 매일 감각에 대해 말하고, 그것에 이름을
부여하지 않는가?

《탐구》244절

일상생활에서 감각을 지칭하는 데 아무 문제가 없다면 도대체 무엇
이 문제인가? 비트겐슈타인에게서 문제는 감각과 그 감각을 지칭하는
감각어가 어떻게 유의미하게 연결될 수 있는가 하는 점이다. 《논고》
의 언어관을 더 이상 가지고 있지 않은 그로서는 이름에 대상이 대응하
는 방식으로 의미가 연결된다고 설명할 수는 없다.

하지만 어떻게 이름과 이름 지워지는 대상 사이에 연관성이
확립되는가? 이 질문은 다음과 같다: 어떻게 한 인간이 감각에
대한 이름의 의미 ─ 예를 들어 '통증'이라는 단어의 의미 ─ 를
배우는가?

《탐구》244절

여기서 비트겐슈타인이 역시 언어를 습득하는 방법에 주목하여 감
각과 감각어의 연결점을 찾을 것을 제안하는 것은 바로 감각어의 의미
도 언어게임의 실행에서 주어진다는 것을 암시한다. 언어를 가르치고
배우는 일은 누군가의 마음속 혹은 상상 속에서 일어날 수 없는 일이
다. '통증'이라는 단어의 의미를 얻는 방법 역시 감각어를 가르치고 배
우는 것에 주목하라고 주문하는 비트겐슈타인은 감각어 역시 실행되
고 있는 감각의 언어게임을 배경으로 해서만 의미를 가진다는 것을 말

하는 것이다.

이러한 논의를 통하여 비트겐슈타인이 우리 각자에게 사적인 감각이 있다는 것을 부정하려는 것은 아니다. 그의 요점은 감각 자체는 사적이겠지만, 그에 대한 표현은 감각어의 가르침과 배우기가 일어나는 언어게임의 공적인 틀 안에서 의미 있다는 것이다. 그는 구체적으로 그러한 감각어의 학습은 어떻게 일어나는지 예를 들어 보인다.

> 하나의 가능성은 다음과 같다: 단어들은 감각의 원초적이고, 자연적 표현들과 연결되고, 그들의 자리에서 사용된다. 어린아이가 다쳐서 운다. 그러고 나서 어른들이 그 아이에게 말하면서 소리치는 것 그리고 나중에는 문장들을 가르친다. 그들은 어린아이에게 새로운 통증행위를 가르친다.
>
> "그러면 당신은 '통증'이란 단어가 울음을 의미한다고 말하는 것인가?"— 그렇지 않고 반대로 통증의 음성적 표현이 울음을 대신한 것이며 울음을 기술한 것은 아니다.
>
> 《탐구》244절

위에서 비트겐슈타인은 우리가 내적 감각을 가질 때 그러한 감각이 울음이나 신음, 찡그림과 같이 외적으로 표현된다고 한다. 그는 이것을 감각의 **원초적 표현** 또는 **자연적 표현**이라고 말한다. 아이가 다쳐서 울 때 그는 그의 아픔을 울음이라는 통증행위를 통해 자연스럽게 표현하는 것이다. 아플 때 우는 것은 누가 가르쳐서 그렇게 하는 것이 아니라 본능적이고 자연스러운 행위다.

그런데 아이가 아파서 울 때 어른이 다가가서 "어디가 아프니? 다리에 멍이 들었구나"와 같이 말한다면, 이제 어른은 아이에게 하나의 통증행위인 울음 대신에 또 하나의 통증행위인 "아프다"는 언어적 표현을 가르친 셈이다. 즉 비트겐슈타인은 울음이 원초적이고 자연적인 통증행위라면, "아프다"라는 표현은 언어적 통증행위라는 것이다. 결국 "나는 치통이 있다"는 언어적 표현 역시 울음이나 찡그림과 더불어 통증행위의 일부에 지나지 않는다는 것이다. 다만 언어적 표현이 다른 통증행위와 다른 점은 그것이 학습된 것이라는 점에 있다.

비트겐슈타인의 이러한 입장은 내적인 감각에는 외적으로 드러나는 표시가 있다는 점에 기초한 것이다. 그는 만일 인간이 통증이 있을 때 울지도 않고, 찡그리지도 않고, 신음소리도 내지 않는다면, 어린아이에게 '치통'과 같은 통증어의 사용을 가르치는 일은 불가능할 것이라고 한다. 본질적으로 인간의 감각에는 그에 동반하는 행위가 있어서 내적인 감각을 외적으로 표현할 수 있다는 것이다. 감각과 감각행위는 마치 동전의 양면과 같아서 우리는 다른 사람의 감각을 직접 느낄 수는 없지만, 감각에 외적으로 동반하는 감각행위를 통해서 그 사람의 감각을 간접적으로 전달받을 수 있다는 것이다.

이때 한 사람의 내적인 감각은 사적인 것이겠지만, 그의 감각에 동반하는 감각행위는 결코 사적일 수 없다. 그가 아파서 얼굴을 찡그린다면, 찡그림이라는 감각행위는 본질적으로 공적인 것이다. 그의 통증 자체는 공적으로 접근 불가능하지만, 통증의 외적 표현인 찡그림은 누구나 볼 수 있는 공적 접근이 가능한 감각행위인 것이다.

앞의 인용문에서 비트겐슈타인은 언어적 표현을 그러한 찡그림과

거의 동등한 위치에 놓음으로써, 즉 언어적 표현을 감각행위의 일종이라고 함으로써 내적인 감각을 나타내는 언어적 표현인 감각어 또한 사적인 것일 수 없음을 보인다. 나만이 느낄 수 있고, 나에게만 확실히 알려지는 치통은 사적이겠지만, 그러한 치통의 결과 부은 잇몸을 누구나 확인할 수 있듯이 '나의 치통'이라는 언어적 표현 또한 누구나 이해할 수 있다는 것이다.

결국 본질적으로 사적인 내적 감각도 그에 동반하는 자연적이고 원초적인 감각행위에 의해서 공적인 틀 안으로 들어올 수밖에 없으며, 그러한 공적인 틀은 궁극적으로 언어게임의 학습을 통해 언어적 표현으로 대치된다는 것이다.

> 그러면 나의 내적 경험들을 기술하고 나 혼자만 이해할 수 있는 언어는 어떤가? 나는 어떻게 나의 감각들을 표현하는 단어들을 사용하는가? ― 우리가 일상적으로 그렇게 하듯이? 그렇다면 감각을 표현하는 나의 단어들은 나의 감각의 자연적 표현들과 결합되는가? 그러한 경우에 나의 언어는 '사적인' 것이 아니다. 다른 사람도 나처럼 그것을 이해할 수 있다.

《탐구》 256절

여기서 감각을 나타내는 단어와 자연적 표현이 결합될 수 있다는 것이 중요하다. 실로 우리는 찡그리거나 울면서 동시에 아프다고 말한다. 즉 감각어인 '치통'과 같은 단어가 의미 있게 사용되는 데 울음이나 찡그림과 같은 자연적 표현이 결정적인 역할을 한다. 우리 각자가 가지는 사적인 내적 감각은 그에 동반하는 자연적 표현들을 매개로 하여 공적인 틀인 언어게임과 연결될 수 있다. 그렇게 됨으로써 사적 경험에 대한 표현들은 더 이상 사적이지 않게 되는 것이다.

하지만 내적 감각이란 것이 다른 사람들에게는 결코 보여질 수 없는 것이기 때문에 언어게임을 통해 습득한 감각어가 모든 감각에 대한 의사소통을 가능하게 해줄 수 있다는 입장에 대해 반론을 제기할 수 있을 것이다. 앞의 절에서 예로 든 읽는 척하는 아이와 마찬가지로 우리는 이가 아픈 것처럼 가장하는 아이의 경우를 생각해볼 수 있다. 아이가 연기를 잘 한다면, 다른 사람들은 쉽게 속아 넘어갈 수 있을 것이다.

이 경우 아이가 진짜 이가 아파서 "이가 아프다"고 말하는 경우와 아프지도 않은데 그렇게 말하는 경우를 구분해줄 기준을 제시할 수 없다면, 아픈 척하면서 "이가 아프다"라고 말하는 경우는 진정한 통증에 대한 문장이라고 할 수 없으므로 통증어의 의미가 과연 통증 자체와 무슨 관련이 있느냐고 반문할 수 있을 것이다.

그러나 이러한 경우는 감각의 언어게임 자체에 문제가 있기 때문에 그런 문제가 발생한다고 할 수 없다. 물론 우리는 실제로 아픈 경우에 "아프다"라고 말할 뿐 아니라 아프지 않은 경우에도 "아프다"라고 말하면서 아픈 척할 수 있다. 그렇기 때문에 다른 사람이 "아프다"라고 할 때 그의 말을 그대로 신뢰하는 대신 의심할 수도 있는 것이다.

여기서 비트겐슈타인의 입장은 실제로 아파서 "아프다"라고 하는 경우와 아픈 척하면서 "아프다"라고 하는 경우를 구분할 수 있다는 것이다. 단, 사람의 마음속을 들여다볼 수 없기 때문에 그러한 구분은 언어게임의 차원에서 가능하게 된다. 말하자면 "아프다"라는 말이 두 경우에 서로 다른 언어게임에서 사용되고 있다는 이야기다. 한 경우는 바로 실제의 통증을 표현하기 위해 "아프다"라고 말하는 정상적인 의미의 통증의 언어게임이고, 다른 한 경우는 통증을 가장하는 거짓말의 언어게임인 셈이다.

거짓말의 언어게임에서 "아프다"라는 표현이 진짜 통증과 아무 관계도 없는 표현이라서 통증어의 의미와 관련하여서 문제점을 제기한다고 볼 필요는 없다. 왜냐하면 비트겐슈타인은 여기서 "아프다"는 통증어의 원래 의미는 실제로 통증을 느끼는 경우의 언어게임에서 비롯되었다고 보기 때문이다. 즉 어린아이는 그가 실제로 아플 때 "아프다"라고 말하는 상황을 통해서 통증어의 언어게임을 배우게 된 것이며, 아프지도 않은데 "아프다"라는 거짓말을 할 수 있게 되는 것은 이미 통증어의 언어게임을 터득한 후에나 가능해진다는 이야기다. 의미와 관련하여 통증의 언어게임이 1차적인 것이고, 거짓말의 언어게임은 2차적이라는 것이다.

어린아이가 처음 배우게 되는 통증의 언어게임에서는 아이가 실제로 느끼는 통증이 통증어에 직접 반영된다. 이 경우에는 '치통'이라는 단어가 실제 치통을 지칭한다는 점에서 언어와 세계 사이에 직접적인 접점이 존재한다고 할 수 있다. 아이는 실제로 치통이 있을 때 "아프다"라고 말할 것이며, 치통이 없다면 "아프지 않다"라고 말할 것이다. 그 자신에게 너무나도 확실하게 느껴지는 통증에 대해서 착각하거나 혼동할 여지는 없으므로, 이 경우에는 그가 느끼는 치통을 지칭하기 위하여 '치통'이라는 단어를 사용하는 것이 옳은지 옳지 않은지를 가려내기 위한 어떠한 기준도 필요하지 않다.

누군가가 통증의 언어게임을 실행함으로써 '치통'이라는 단어를 사용하도록 훈련받았다면, 그는 그 단어의 완벽한 사용자가 될 수밖에 없다. 그와 동일한 언어게임의 참여자 또한 완벽한 사용자가 된다. 이 단계에서는 아픈 척한다든지 또 다른 사람이 그의 치통에 대해서 의심하는 행위는 아예 일어나지 않을 것이다. 그러나 일단 이러한 통증의 언어게임에 숙달하고 나면, 사람들은 다른 여러 방식으로 행동을 하게 되므로 아픈 척하는 경우가 비로소 발생하게 되는 것이다. 그러한 단계에서 아프지 않은데 "나는 이가 아프다"라고 말한다면, 이것은 이미 통증의 언어게임이 아니다.

이 경우 원래 '치통'의 의미가 생겨난 맥락을 벗어난 방식으로 그 단어를 사용하는 것이기 때문에 통증의 언어게임이 아니라 거짓말의 언어게임을 실행하고 있는 것이다. 이러한 경우에는 아픈 척하는 행동을 실제로 아픈 경우와 구별해주는 기준이 반드시 필요하다. 결국 아픈 척하는 경우의 예는 사적 감각인 통증을 표현하는 통증어의 의미가 확보된 이후에 생겨날 수 있는 문제이므로, 사적 경험의 외적 표현인 통증행위를 매개로 하여 언어게임을 실행함으로써 통증어의 의미가 생겨난다는 입장에 대한 심각한 반론이 될 수 없다.

결국 사적 경험과 사적 언어를 통해서 비트겐슈타인이 말하고자 하는 점을 정리해보면, 사적 경험은 가능해도 사적 언어는 불가능하다는 것이다. 하지만 사적 경험은 그것이 외적인 표현으로 나타남으로써 공적인 틀에 들어오게 되는 것이며, 언어게임이란 다름 아닌 그러한 공적인 틀로서 내적 감각에 대해서도 의미 있는 의사소통을 가능하게 해준다는 것이다.

6
삶의 형식

앞에서 어린아이에게 "아프다"라는 말을 가르칠 수 있는 본질적인 이유 중의 하나로 내적이고 사적인 감각인 통증이 외적이고 공적인 통증행위를 동반하기 때문이라고 하였다. 비트겐슈타인이 원초적이고 자연적인 표현이라고 말한 통증행위는 비단 인간뿐 아니라 동물들에게는 흔히 발견되는 특징이다. 강아지는 통증이 있을 때 "아프다"라고 말하지 못하며 그저 신음소리를 낼 뿐이다. 즉 원초적인 통증행위를 통해 자연스럽게 통증을 드러내는 것이다.

그러나 인간의 경우는 원초적이고 자연적인 통증행위 외에 언어적 표현이라는 또 다른 통증행위를 배우게 된다. 언어로 통증을 드러내는 것 역시 통증행위의 일종이기 때문에 언어라는 것이 학습된다는 특징을 제외하고는, 언어적 표현이 통증에 대한 원초적 표현보다 더 차원 높은 것이라고 말할 어떤 이유도 없다. 비트겐슈타인에게 있어서 인간이 언어를 사용한다는 것은 강아지가 짖을 수 있다는 것과 별다를 바가 없다. 즉 강아지에게 짖는 행위가 자연스러운 것과 마찬가지로 인간에게는 언어를 사용하는 것이 너무나 자연스럽다는 것이다.

이러한 입장은 비트겐슈타인의 철학을 종종 행동주의behaviorism로 잘못 해석하게 만들곤 한다. 단순화하여 설명하자면 행동주의는 인간의 마음과 관련된 개념들을 전부 행동과 관련된 개념들로 환원하려는 시도다. 그런데 비트겐슈타인이 내적 감각인 통증은 외적인 통증행위에 의해 드러날 뿐 아니라 "아프다"와 같은 통증어 역시 통증행위의 일종이라고 말하기 때문에 일부 철학자들은 마음에 대한 그의 입장이 행동주의이거나 적어도 행동주의와 매우 유사한 것이라고 보았던 것이다.

그러나 비트겐슈타인의 입장은 결코 행동주의가 아니다. 그가 통증과 통증행위의 관계를 말하는 것은 사실이지만, 그렇다고 해서 그가 하나의 개념을 다른 개념으로 설명하기 위해 그렇게 하고 있는 것은 아니다. 게다가 그가 행동주의뿐 아니라 마음에 대한 다른 어떤 주의나 주장을 하고 있다고 볼 수도 없다. 이미 지적한 바와 같이 그는 어떤 이론을 통하여 철학의 문제를 해결하려는 태도를 취하지 않았다. 그는 그저 언어게임이라는 개념을 통해서 인간이 언어를 사용한다는 것의 의미에 대해서 말하고 있을 뿐이다.

통증어의 경우, 통증이 원초적 통증행위를 통해 알려지는 것이 많은 동물들에게서 자연스러운 것이듯이, 인간에게 고유한 학습된 통증행위라는 것이다. 인간은 인간이기 때문에 통증어를 사용할 수 있는 것이며, 그것은 강아지에게 짖을 수 있는 능력이 있는 것과 마찬가지로 인간에게 주어진 능력이다. 비트겐슈타인은 인간에게 주어진 그러한 조건들을 **삶의 형식** forms of life이라는 용어로 표현한다.

통증이 찡그림과 같은 통증행위로 드러나는 것은 하나의 삶의 형식이며, 그러한 통증행위가 통증어의 사용이라는 또 하나의 통증행위에 의해 대치될 수 있는 것도 인간 모두에게 공통적으로 주어진 삶의 형식 때문이다. 그래서 비트겐슈타인은 "하나의 언어를 상상하는 것은 하나의 삶의 형식을 상상하는 것을 의미한다"(《탐구》19절)라고 말한다.

그는 설사 사자가 말을 한다 해도 우리는 그것을 이해할 수 없을 것이라고 한다(《탐구》 223쪽). 마찬가지로 인간이 짖는다고 해서 그러한 행위가 강아지에게 의미 있게 다가가지는 못할 것이다. 사자가 말을 할 수 없는 것은 사자에게 지능이 모자라거나 발성기관이 발달하지 못해서라기보다는 사자는 인간이 아니기 때문이다(《탐구》 25절). 사자가 인간의 언어를 흉내낼 수 있다 할지라도 그것이 언어가 될 수 없는 이유는 사자는 인간과 언어사용과 관련된 삶의 형식을 공유하고 있지 않기 때문이다.

결국 우리가 통증을 느낄 때 찡그리는 행동을 매개로 하여 통증어를 배우는 것이 자연스럽게 이루어진다고 할 때, 비트겐슈타인이 말하는 언어게임이라는 것이 단순히 언어적인 요소로만 이루어지는 것이 아니라 비언어적 요소와 결합되어있음이 분명해진다.

하나의 단어의 의미를 알기 위해서 우리는 그 단어가 사용되는 문맥에 주목해야 할 뿐 아니라 동시에 그 단어가 사용되는 언어게임이라는 활동에 직접 참여해야 한다. 이러한 활동을 통해 우리는 때로는 말과 더불어 손가락 제스처를 사용하기도 하고, 찡그리는 표정을 짓기도 하며, 억양을 높였다 낮추었다 하며 강조를 하기도 한다.

우리는 그러한 자연스런 행동과 더불어 언어를 배웠지만, 그러한 행동들은 너무나도 자연스러워서 우리의 언어게임에서 눈에 띄게 드러나지 않는다. 그래서 우리는 언어에 대해서 생각할 때 언어적 요소에만 주목하게 되지만 그렇게 접근해서는 곤란하다는 것이다. 결국 언어게임도 우리의 자연스런 행동의 일부에 지나지 않는다는 것이다. 비트겐슈타인은 그러한 자연스런 인간의 행동 전체를 지금 삶의 형식이라고 부르고 있는 것이다(《탐구》 23절).

그는 이제 그가 말하는 삶의 형식을 자연사natural history와 결부시킨다. 그가 언어게임을 이루는 요소라고 하는 명령하고, 질문하고, 열거하고, 수다떠는 것이 마치 걷고, 먹고, 마시고, 놀이하는 것과 같이 인간의 자연사의 일부라고 말한다(《탐구》 25절). 즉 언어게임은 인간에게 공통된 행위들의 일부인 것이다. 인간에게 두 발로 걷는 것이 자연스러운 일이듯이 언어를 사용하는 것도 자연스러운 일이다.

삶의 형식에 대한 이러한 생각은 단순히 인간이 언어를 말하는 것이 자연스러운 행동이라는 것 이상의 의미를 가지고 있다. 왜냐하면 통증어를 가르치기 위해서 반드시 필요한 행동이 찡그림이라는 얼굴 표정이라면, 인간의 행동 체계에서 통증어의 의미는 찡그림의 의미와 동등한 역할을 한다고 볼 수 있기 때문이다.

즉 모든 사람이 '치통'이라는 단어를 동일한 의미로 사용할 수 있는 것은 그들이 '치통'이라는 단어로써 치통이라는 특정한 감각 상태를 의미하기로 약속했기 때문이 아니라 그들이 지닌 통증행위가 동일하기 때문이라는 것이다. 누구나 이가 아플 때 찡그리며 볼을 만진다면, '치통'이라는 단어는 그러한 행위를 대치한 것이므로 누가 느끼는 치통이든 서로 의사소통이 가능해진다. 그래서 비트겐슈타인은 다음과 같이 사람들 사이에서 일치하는 것은 삶의 형식에서의 일치라고 한다.

> 인간이 말하는 바가 참과 거짓인 것이며, 그들은 그들이 사용하는 언어에서 일치한다. 그것은 의견의 일치가 아니라 삶의 형식의 일치다.
>
> 《탐구》 241절

받아들여져야만 하는 것, 주어진 것은 — 말하자면 — 삶의 형식이다.

사람들이 일반적으로 색채의 판단에 있어서 일치한다고 말하는 것은 말이 되는가? 그렇지 않다고 한다면 어떨까? — 어떤 사람은 다른 사람이 파랗다고 말한 꽃이 빨갛다고 말하는 식으로 말이다. — 그러나 그들의 '빨강'과 '파랑'이라는 단어를 우리들의 '색채어'라고 말할 이유가 있을까?

그들은 이들 단어의 사용법을 어떻게 배울까? 그들이 배운 언어게임은 우리가 '색채의 이름'의 사용이라고 부르는 것과 같은 것인가? 여기에는 분명 정도의 차이가 있다.

《탐구》 226쪽

4절에서 단어의 의미가 어디에서 왔는지에 대해서는 더 이상의 정당화가 필요하지 않다고 했다. 우리는 한 단어의 의미를 그 단어가 사용되고 있는 언어게임의 실행에 참여함으로써 배울 수 있다. 언어게임의 이성적 정당화는 불필요하다는 것이다. 언어게임 또한 주어진 삶의 형식이기 때문이다. 통증을 느낄 때 찡그리는 얼굴 표정을 보고 왜 특정한 방식으로 찡그리는지에 대해 이성적 정당화를 꾀하는 것이 무의미한 것과 마찬가지로 왜 이러저러한 방식의 언어게임을 실행하는지에 대해 그 기초를 묻거나 정당화를 꾀하는 것은 무의미하다.

이러한 생각의 연장선 위에서 비트겐슈타인은 그의 마지막 저작물인 《확실성에 관하여》에서는 언어가 논리적 혹은 이성적 추론의 결과물이 아니라고 말하기에 이른다(《확실성》 475절). 언어 역시 강아지의 짖음과 마찬가지로 동물적인 무엇이라는 것이다(《확실성》359절).
다시 말해 인간이 언어를 사용하는 것이 대단한 이성 능력의 산물인
것처럼 생각하기 쉽지만, 인간의 언어 능력은 마치 새가 날 수 있는
능력을 가진 것과 마찬가지로 지극히 자연스러운 삶의 형식일 뿐이라
는 것이다.

7 / 확실성

삶의 형식은 《탐구》에 등장하는 개념이기는 하지만 비트겐슈타인
의 다른 철학적 용어들과 마찬가지로 자세히 설명되어 있지는 않다.
게다가 비트겐슈타인의 출판된 저작 전체를 통틀어 대여섯 번 정도밖
에 나타나지 않는 개념이다. 그럼에도 불구하고 하나의 언어게임을 상
상하는 것은 삶의 형식을 상상하는 것이라고 할 만큼 후기 비트겐슈타
인의 주요 개념 중의 하나임에 틀림이 없을 것이다.

이처럼 삶의 형식이라는 개념에 대해서 정형화된 설명을 제공하고
있지는 않지만, 비트겐슈타인은 《탐구》이후의 저작에서도 삶의 형
식과 같이 인간에게 자연스럽게 여겨지는 행동이나 조건들에 대한 생
각을 여전히 발전시키고 있었다. 특히 《확실성에 관하여》라는 책에
서는 우리가 확실하다고 생각하는 것들의 영역에 대해서 논의하면서
그러한 영역이 삶의 형식과 관련된 것임을 강하게 시사한다.

일반적으로 근대 이래로 확실한 지식은 필연적으로 참이 되는 성격

을 가진 논리적 관계를 다루는 문장들로 대표되고, 그 외의 사실에 관한 문장들은 반드시 참이 된다고 볼 수 없기 때문에 우연적 지식으로 분류해왔다. 특히 필연적 지식을 제공하는 문장들을 분석명제, 우연적 지식을 제공하는 문장들을 종합명제라고 부르는데, 분석명제의 경우 원래의 문장을 부정하면 모순에 빠진다는 점에서 더 이상의 정당화의 문제가 발생하지 않는 반면, 종합명제의 경우는 경험적 테스트를 통해서 그 명제의 정당성을 확보하게 된다.

이러한 분류는 전기 비트겐슈타인 역시 견지하고 있었다. 의미를 결여하지만 언제나 참이 되는 수학과 논리학의 명제와 참, 거짓을 구분할 수 있는 자연과학의 명제를 명확히 구분했음을 이미 앞에서 다룬 바 있다.

그런데 《확실성》에서 비트겐슈타인은 그러한 젊은 시절의 자신의 입장과 다른 생각을 구체화하였다. 너무나 확실해서 우리가 결코 의심할 수 없는 문장들이 있는데, 그는 그 예로서 "나에게 손이 있다", "세계는 존재한다", "지구는 과거 오랜 세월 동안 존재해왔다"와 같은 문장을 들었다. 이러한 문장들은 참, 거짓의 여부를 경험적 테스트를 통해서 가려야 할 문장들이다. 《논고》식으로 말하면, 이들 각각의 문장은 그에 대응하는 사실의 충실한 그림이 될 때 참이 되는 것이다. 즉 "5+7=12"와 같이 단순한 이성적 계산에 의해서 그 문장이 참인지의 여부를 가려낼 수 없다는 것이다.

그러나 이제 성숙한 비트겐슈타인은 위의 예문들뿐 아니라 심지어는 "물은 100°C에서 끓는다"와 "지구는 둥글다"는 문장들도 확실하다고 말한다(《확실성》292, 299절). 우리가 통상적으로 정당화가 필요하다고 여기는 문장들에 대해서 정당화가 필요 없다고 말하는 것이다. 그는 이러한 명제들에 대해서는 그것들이 참이 아닐지도 모른다는 식으로 의심하거나 그것들이 참이라는 것을 정당화하려는 시도가 무의미해진다고 한다.

물이 섭씨 100도에서 끓는다든지 지구가 둥글다는 사실은 입증된 사실로 최초에 그 사실이 밝혀졌을 때는 엄격한 증거와 정당화를 요구받았음에 틀림없다. 그러나 놀랍게도 비트겐슈타인은 이제 이러한 명제들에 대해 의심하는 것은 불가능한 것으로 보고 있다(《확실성》308절). 도대체 비트겐슈타인은 어떠한 생각에서 그렇게 파격적인 주장을 하는 것일까?

"나에게 손이 있다"는 문장을 보자. 비트겐슈타인은 정상적인 신체를 가진 사람들이 서로 대화하는 상황에서 어떤 사람이 자신에게 손이 있다는 것을 의심하는 상황이 발생할 수 있겠는가에 대해 심각하게 묻고 있는 것이다. 설사 사고로 한쪽 손을 잃은 사람이 대화에 참여한다 해도 상황이 크게 바뀌지는 않을 것이다. 손을 잃은 사람 역시 원래는 두 손이 있었고, 그러한 정상적인 상황에서 언어사용을 습득했을 것이기 때문이다. 즉 비트겐슈타인은 인간에게 자연스럽게 주어진 삶의 형식과 그의 일부로서 실행되는 언어게임 개념을 염두에 두고 논의를 하고 있는 것이다.

중학교의 역사와 과학 시간에도 동일한 논리가 적용될 수 있다. 학생들에게 역사적 사실을 가르치는 일이 가능하기 위해서는 지구가 오랜 세월 동안 존재해왔음을 의심해서는 안 된다. 만약 어떤 학생이 그 점에 대해서 의심하고 있다고 가정해보자. 그 학생은 수업시간에 교사가 가르치는 어떤 내용도 받아들일 수 없을 것이다. 그는 계속해서 수많은 역사적 사건들이 일어나기 이전에 먼저 지구가 존재했었다는 것에 대한 확실한 증거를 요구할 것이기 때문이다.

물론 그러한 증거를 제시하는 것은 불가능하거나, 가능하다 해도 다른 모든 학생들에게는 별 의미가 없는 일일 것이다. 그러나 그 학생이 의심을 거두고 "지구는 과거 오랜 세월 동안 존재해왔다"는 명제를 확실한 것으로 받아들이지 않는 한 교사가 그 학생에게 역사를 가르치는 일 자체가 불가능할 것이다.

지구가 둥글다는 사실이나 물이 100도에서 끓는다는 사실에 대해서 의심하는 학생에게도 유사한 이유로 과학을 가르치는 일은 불가능할 것이다. 이러한 학생은 바로 그러한 명제들을 의심함으로써 역사 혹은 과학 전체를 의심하고 있는 것이기 때문이다. 바꾸어 말해 그 학생은 역사 혹은 과학이 사용하는 언어(게임) 전체를 의심하는 것이나 다름없다.

결국 이러한 예들을 통해서 비트겐슈타인은 언어게임 자체의 본성에 대해서 말하고 있다고 볼 수 있다. "나에게 손이 있다"라든가 "세계는 존재한다"와 같은 명제들에 대해서는 의심하는 것이나 그에 대한 정당화를 시도하는 것 모두가 무의미한 일이다. 그 이유는 그러한 명제들은 우리가 일상적으로 언어게임을 실행하기 위해서 먼저 받아들일 수밖에 없는 그런 종류의 명제들이기 때문이다. 그러한 명제들에 대해서 의심하는 것은 그런 명제들이 의미 있게 사용되고 있는 언어게임 전체에 대해 의심하는 것이며, 그것들을 정당화하려는 시도 역시 마찬가지다.

이러한 확실성을 보장받는 문장들은 바로 우리의 지식 체계를 떠받치는 기초가 되고 있다고 할 수 있다. 즉 지식이 가능해지는 기초로서 확실성의 영역을 인정해야 한다는 것이다. 실로 "나에게 손이 있다"는 문장에 대해서 "나는 나에게 손이 있다는 것을 안다"와 같이 구태여 '안다'는 표현을 덧붙일 필요가 없는데, 그것은 그 문장 자체가 너무나도 확실하기 때문이라는 것이다. 결국 안다는 것은 언어게임의 실행이나 우리의 인식에 있어서 일차적인 것이라고 할 수 없으며, 우리에게는 무엇을 알기 이전에 무조건 받아들일 수밖에 없는 어떤 것이 있다는 것이다.

비트겐슈타인은 그렇게 받아들일 수밖에 없는 영역을 확실성의 영역으로 본다. 그는 **아는 것**이 가능하기 위해서는 먼저 **믿음**이 가능해야 한다고 한다(《확실성》137, 160절). 그러한 믿음은 의심이나 정당화가 무의미한 기초가 없는 믿음이다(《확실성》166절). 실로 의심이라는 것도 확실성을 전제로 한다고 할 수 있다(《확실성》115절). 무엇에 대해서 의심할 수 있기 위해서 우리는 의심할 수 없는 영역을 전제할 수밖에 없는데(354절), 그 의심할 수 없는 영역이 곧 믿음의 영역이라는 것이다. 즉 의심은 믿음 다음에 오는 것이다(《확실성》160절).

믿음이 먼저 있은 다음에 의심이 가능하다는 것은 규칙 따르기의 예와 적절히 비교할 수 있을 것이다. 말하자면 규칙을 어기는 것보다는 규칙을 잘 따르는 것이 먼저라고 할 수 있다. 규칙을 잘 따르는 것이 무엇인지를 우리가 너무나 잘 알고 있을 때 규칙을 어기는 것이 가능하게 되는 것이지, 규칙을 따르는 행위가 잘 확립되어있지 않은 상황에서는 규칙과 불규칙의 구분이 무의미할 것이라는 얘기다.

거짓말과 참말의 관계도 유사한 사례라고 할 수 있다. 거짓말이라는 것이 가능하기 위해서는 잘 확립된 참말의 체계가 먼저 있어야 한다. 즉 참말이 일차적인 것이고 거짓말은 그러한 참말의 체계가 통용되는 상황을 배경으로 해서만이 의미가 있는 것이다. 이와 같은 논리로 확실성의 영역을 이해할 수 있다. 의심이 가능해지기 위해서는 확실성이 전제되어야 한다는 것이다. 우리가 안다고 하는 것도 바로 그것이 앎으로 인정되기 위해서는 그 이전에 무조건 받아들일 수밖에 없는 믿음의 체계, 즉 확실성의 영역이 확립되어 있어야 한다는 이야기다.

이처럼 비트겐슈타인은 우리의 지식 체계를 떠받치는 기초로서 확실성의 영역을 인정해야 한다고 하면서, 그러한 확실성의 영역 자체는 기초가 없다고 말한다. 다만 그러한 확실성은 반복적으로 실행해온 언어게임에서 나온다고 한다. "나에게 두 손이 있다"라는 문장은 분명 경험적 명제이지만 우리가 어려서부터 두 손을 가지고 태어난 인간으로써 오랜 세월 동안 그에 걸맞은 언어게임을 실행한 결과로 볼 수 있으며, 바로 그 때문에 그러한 명제에 대해서 되물을 가능성을 원천적으로 배제하도록 한다는 것이다. 그는 다음과 같이 말한다.

> 이제 나는 이러한 확실성을 성급함 또는 피상적인 무엇으로서가 아니라 하나의 삶의 형식으로 여기고자 한다. …
> 그러나 이는 내가 그것을 정당화되거나 정당화되지 않는 것을 넘어서는 곳에 놓여있는 무엇, 동물적인 무엇으로 생각하려 한다는 것을 의미한다.
>
> 《확실성》 358절, 359절

인간이 두 손을 가지고 태어나는 것은 자연스러운 일이며 비트겐슈타인이 삶의 형식이라고 부르는 것이다. 이러한 부분이 언어게임의 실행과 더불어 "나에게 두 손이 있다"라는 문장을 확실한 것으로 만들어 준다는 것이다. 강아지가 통증을 느낄 때 왜 웃지 않고 신음소리를 내냐고 묻는 것이 무의미한 것과 마찬가지로 "나에게 두 손이 있다"는 문장의 정당성을 찾으려는 시도 또한 무의미한 것이 된다.

앞에서 치통이 찡그림을 동반하고 그러한 자연스런 행동으로부터 '치통'이라는 통증어가 의미 있게 사용된다고 한 것과 마찬가지로 이제 사람들에게 두 손이 있는 것은 치통으로 인한 찡그림만큼이나 자연스런 현상이라는 것이다. 즉 자연사의 일부로서 우리는 두 손을 가지게 된 것이다. 따라서 그러한 자연스런 삶의 형식과 더불어 오랜 세월 실행해온 언어게임이 "나에게 두 손이 있다"는 문장에 대해 의심하는 것을 무의미하게 만든다는 것이다. 그래서 비트겐슈타인은 그러한 확실성을 가져다주는 것은 곧 언어게임의 본질에 속하는 문제라고 한다 (《확실성》370절).

물론 비트겐슈타인은 언어게임의 본질이 무엇인지 말하지 않는다. 그는 그저 지속적으로 반복되어온 경험적 사실들이 언어게임의 기초의 일부를 이룬다고 말할 뿐이다(《확실성》558절). 이러한 경험적 사실들은 고정된 사실도 아니고 불변의 사실도 아니다. 또 그가 말하는 삶의 형식이라는 것이 자연사의 사실과 밀접한 관계를 가지고 있기는 하지만 인간의 생물학적 특성이나 조건만을 말하는 것은 아니다. 그것은 우리가 삶에서 너무나 자연스럽게 여기는 다양한 요소들을 말한다고 하겠다. 그런데 이러한 자연스런 요소들은 고정된 것이 아니기 때문에 새로운 언어게임의 가능성을 열어두게 된다.

> 당신은 언어게임이 이를테면 예측 불가능한 무엇이라는 것
> 을 염두에 두어야만 한다. 무슨 뜻인가 하면, 언어게임은 토대에
> 기초하지 않는다는 것이다. 그것은 이성적으로 정당화되는(또
> 는 이성적으로 정당화되지 않는) 것이 아니다.
> 그것은 거기에 있다 ─ 우리의 삶처럼.
>
> 《확실성》 559절

인간의 삶의 영역에서 과거에 없었던 새로운 사실이 생겨날 수 있으며, 이러한 사실들은 언어게임에 영향을 미치게 될 것이다. 반복되어 온 경험적 사실들이 언어게임의 기초의 일부를 이룬다고 할 때, 이는 새로운 사실이 새로운 언어게임을 가능하게 해준다는 이야기가 된다.

이를테면 비트겐슈타인은 《확실성》에서 "사람이 달 표면을 걷는 것은 불가능하다"와 같은 문장에 대해서는 의심 자체가 무의미해지는 확실한 문장으로 보았다. 아주 오랜 세월 동안 사람이 두 발로 땅 위를 걷는 것은 너무나도 자연스러운 것이어서 철학적으로 눈에 띄는 행동이 될 수 없었다. 하지만 "사람이 달 위를 걷는다"라고 말하면 그것은 무척 이상한 표현이 된다. 그것은 마치 사자가 말을 하는 상황에 비견될 만한 생각이었을 것이다.

그러나 1969년 아폴로 11호의 우주비행사가 달 위를 걸었다는 새로운 사실은 더 이상 "사람이 달 위를 걷는다"는 문장을 이상한 표현이 아닌 것으로 만들어버렸다. 새로운 역사적 사건이 "사람이 달 위를 걷

는다"는 문장도 의미 있게 사용되는 새로운 언어게임의 기초로 작용하고 있는 것이다(《확실성》617~620절).

결국 후기 비트겐슈타인에서 가장 중요한 개념인 언어게임을 가능하게 해주는 확실한 하나의 기초 또는 절대불변의 기초와 같은 것은 없다는 결론을 내릴 수 있다. 그저 우리가 오랜 기간 동안 실행해온 언어게임을 통해 받아들여 온 믿음의 체계로서 확실성의 영역이 있다는 것만을 인정할 수 있다는 것이다. 그러한 확실성의 영역은 우리가 경험하는 사실들과의 끊임없는 상호작용을 통해서 우리가 계속해서 실행하는 언어게임에 의해 의미 있어지는, 거부할 수도 정당화할 수도 없는 그런 성격을 가진다.

8 / 철학과 문법적 탐구

앞에서 설명한 바와 같이 《논고》에서 비트겐슈타인은 모든 철학은 언어 비판이라고 하면서 자연과학과 같은 단계에 위치하는 것이 아니라고 했다. 이러한 철학에 대한 입장은 후기 비트겐슈타인에서도 크게 변화하지 않은 채 일관적으로 나타난다. 특히 《논고》에서 의미 있는 명제들은 전부 다 사실들에 관한 문장들로 자연과학에서 다루는 것이라 할 때, 철학은 명제들의 논리적 명료화의 작업이라는 영역을 확보하게 된다.

《탐구》에서도 비트겐슈타인은 철학이 과학과 뚜렷하게 구분되는 분야임을 강조한다. 단 이제 언어는 단일한 논리에 의해 지배되는 언어가 아니라 다양한 문맥에서 각기 다르게 쓰이는 일상생활의 언어다. 그는 이러한 일상언어에 대한 분석을 말하면서 철학은 문법의 후견인으로서 언어의 명료화를 꾀해야 한다고 말한다(《의견》 54절). 과학과 다른 성격을 가진 철학이 여전히 언어의 명료화라는 역할을 수행해야 하며, 그러한 작업이 문법적 분석을 통해서 이루어져야 한다는 생각을 하는 것이다. 그는 그러한 작업의 성격에 대해서 다음과 같이 말한다.

> 우리는 우리가 현상을 관통해야 할 것처럼 느낀다. 그러나 우리의 탐구는 현상을 향한 것이 아니라 현상의 '가능성'을 향한 것이라고 말할 수 있다. ⋯ 우리의 탐구는 따라서 문법적인 것이다.
>
> 《탐구》 90절

즉 과학이 현상에 관한 학문이라면, 문법적 탐구인 철학은 현상의 가능성에 대한 학문이라는 것이다. 그래서 과학은 현상을 설명하려고 하는 반면, 철학은 현상의 가능성을 있는 그대로 기술하려는 시도라는 것이다. 그는 또 이어서 다음과 같이 말한다.

> 우리의 고찰이 과학적인 것일 수 없다는 것은 참이었다. 우리의 선입관과는 반대로, 그것이 무엇이든 그러한 것을 생각할 수 있다는 것을 경험적으로 알아내는 것은 우리의 관심사가 될 수 없었다. ⋯ 우리의 고찰에서는 어떠한 가설적인 것도 있어서는

안 된다. 우리는 모든 설명을 제거하고, 기술만이 홀로 그 자리를 차지해야 한다. 이러한 기술은, 말하자면 그 목적에서, 철학적 문제들로부터 그 빛을 얻는다. 물론 이 문제들은 경험적인 문제들이 아니다.

《탐구》 109절

결국 비트겐슈타인은 철학의 관심사는 과학의 그것과 같을 수 없다는 점을 다시 확인하고 있는 것이다. 과학의 주요 역할이 관찰과 실험을 통해서 자연현상에 대한 설명을 꾀하며, 그 과정에서 설명의 단순화를 위해서 가설적 요소를 적극적으로 활용하는 반면, 철학은 그렇지 않다는 것이다.

그는 철학이 설명을 꾀하거나 가설적인 것을 채용하지 않는다고 본다. 철학은 근본적으로 경험적 탐구가 아니라는 것이다. 도리어 철학은 과학에서 탐구하는 모든 새로운 발견과 발명 이전에 가능한 것에 대한 학문이라고 한다. 철학은 무엇을 설명하거나 연역해내려 하지 않는다는 것이다(《탐구》 126절).

비트겐슈타인은 철학을 바로 그러한 과학의 경험적 탐구를 가능하게 해주는 조건들에 대한 탐구라고 보았으며, 그러한 탐구를 문법적 탐구라고 일컬었다. 다만 그는 그가 말하는 문법의 의미를 명확하게 설명하지 않았기 때문에 우리로서는 더 이상 명료화가 불가능하지만, 적어도 후기 비트겐슈타인의 문법 개념이 전기 비트겐슈타인의 논리 개념에서 발전되어 나온 것임에 틀림없으므로 이러한 점에 비추어 문법에 대한 이해를 꾀할 수는 있을 것이다.

《논고》에서의 논리적 형식은 우리가 선택할 수 있는 것이 아니었다. 논리는 그저 우리에게 주어지는 것이며, 우리는 그렇게 주어진 논리와 더불어 세계를 명료하게 재현하는 데 주목해야 했다. 그러나 이제 《탐구》에서의 문법은 주어진 영역으로 국한된다고 할 수 없다. 문법은 논리처럼 정적인 것이 아니며, 우리가 의사소통을 위해 참여하는 언어게임의 맥락에서 그 규칙을 찾을 수 있기 때문이다.

논리적 형식이 명제의 의미를 가능하게 해주는 것으로서의 역할을 했듯이 문법이 명제가 무엇을 의미하는가의 가능성을 규정하는 역할을 한다면, 그러한 의미의 가능성은 궁극적으로 언어게임이 결정하는 것이다. 어떤 단어나 명제의 의미를 알기 위해서는 언어게임에 참여하는 수밖에 없다.

사실에 대응하는 명제에 고정된 의미가 있다는 비트겐슈타인의 젊은 날의 입장에서는 그러한 상관관계를 지배하는 논리적 형식이 중요했고 따라서 논리적 분석이 주요 화제였다. 하지만 그의 성숙한 철학이 담겨있는 언어게임이론에서는 명제와 사실 간의 엄밀한 대응관계에 집착하지 않으며 단어의 의미와 관련된 문법의 규칙은 고정적이라기보다는 언어게임의 맥락에서 규정되는 것이다.

따라서 후기 비트겐슈타인에서는 우리 언어의 명료화를 위한 문법적 탐구는 끊임없이 실행되고 있는 다양한 언어게임에 참여하면서, 단어와 문장들의 의미가 어떻게 생겨나고 사용되는가의 문제에 부딪치는 것이다. 그리고 바로 그러한 활동이야말로 철학이 해야 할 임무라는 것이다. 그리고 그러한 활동은 새로운 이론을 만들어서 설명하는 것이 아니라 이미 주어진 맥락에 대한 적절한 이해를 통해 이루어져야 한다.

비트겐슈타인은 우리가 언어 사용에서 혼란에 빠져있으며, 그러한 혼란이 철학의 문제들을 가져왔다고 본다. 그는 그러한 언어의 혼란을 공회전을 하고 있는 엔진에 비유하기도 하며(《탐구》132절), 놀고 있는 언어에 비유하기도 한다(《탐구》38절). 그는 이러한 문제와 관련하여 우리에게 단어의 사용에 대한 명료한 전망이 결여되었다고 보는데, 이는 문법의 명료성 결여 때문이라고 한다(《탐구》122절). 이에 대해 우리는 문법적 탐구를 통해 언어가 작동하는 방식을 봄으로써 철학적 문제들을 해결할 수 있다고 한다(《탐구》109절).

그러나 그러한 문제의 해결은 새로운 이론의 구축이나 정보를 제공함으로써 가능한 것이 아니고 우리가 늘 알고 있었던 것들을 잘 정돈함으로써 해결된다고 한다(《탐구》109절). 따라서 그는 우리에게 결여된 명료성을 확보함으로써 철학의 문제들이 완전히 사라지도록 해야 한다고 말한다(《탐구》133절). 이것은 엄밀한 의미에서 문제의 해결이라기보다는 문제를 해소해버리는 것이다.

결국 《논고》에서와 마찬가지로 후기 비트겐슈타인의 경우도 철학의 문제들이 언어의 혼란에서 왔다는 생각을 유지하고 있다. 단 후기 비트겐슈타인의 철학에 대한 생각이 지닌 독특한 특징은 철학의 문제가 새로운 이론을 만들어내거나 아직 우리가 모르는 해결 방안을 찾아냄으로써 해결된다고 보지 않았다는 데 있다. 즉 철학의 문제를 해결하기 위해서 철학은 무엇이 문제였는지를 정확히 볼 수 있어야 하며, 새로운 이론이 문제를 해결해주는 것이 아니라는 점을 깨달아야 한다는 것이다.

9
후기 비트겐슈타인의 영향

후기 비트겐슈타인의 대표작인 《탐구》는 20세기 철학에서 가장 영향력 있는 책 중의 하나로 여겨지고 있다. 비트겐슈타인 사후 《탐구》가 출간될 당시에도 영국 철학계에서 그 영향력은 대단한 것이었다. 케임브리지에서 수학한 그의 제자들 중 일부는 옥스퍼드 대학으로 건너가서 비트겐슈타인의 철학을 전파하기도 했는데, 마침 그곳에서는 제2차 세계대전 후에 라일Gilbert Ryle에 의해서 일기 시작한 새로운 철학적 분위기와 맞물리면서 적지 않은 영향을 미쳤다.

실제로 라일은 옥스퍼드보다 먼저 독일 관념론의 굴레로부터 벗어난 케임브리지로 건너가서 무어, 러셀, 비트겐슈타인의 철학을 연구했으며, 1930년대에는 비트겐슈타인과 직접 만나 철학적인 대화를 나누기도 했다. 또 옥스퍼드에서는 비트겐슈타인이 당시 그의 학생들에게 받아 적게 했던 지금은 《청색책》과 《갈색책》으로 알려진 타자본이 손에서 손으로 전해져 은연중에 철학자들에게 영향을 미쳤던 것으로 여겨지고 있다. 비트겐슈타인이 생전에 옥스퍼드를 가리켜 '철학의 사막'이라고 일컬었던 것을 생각하면, 그의 철학은 그야말로 황량한 사막에서 오아시스와 같은 역할을 한 셈이다. 하지만 그의 철학은 그저 필요한 물을 제공했을 뿐 그곳에서 어떤 꽃이 필 것인지를 규정한 것은 아니었다.

실로 1949년에 출간된 라일의 《마음의 개념The Concept of Mind》에는 마음의 문제를 다루는 데 있어서 비트겐슈타인과 유사한 어휘가 사용되었음을 알 수 있다. 라일은 내적이고 사적인 마음의 세계를 외적으로 드러나는 행동들에 의해 분석이 가능하다는 입장을 보였는데, 철학적 행동주의라고 할 수 있는 이러한 입장은 비트겐슈타인의 마음에 대한 입장과 유사한 측면이 없지는 않지만, 앞에서 언급했듯이 비트겐슈타인과 같은 입장인 것으로 보기는 어렵다. 일부에서는 라일이 비트겐슈타인과의 대화를 통해 은연중에 비트겐슈타인의 마음에 대한 아이디어로부터 착안했을 수도 있다는 진단을 내리기도 한다.

후기 비트겐슈타인의 옥스퍼드에 대한 영향은 라일에게 국한되는 것은 아니다. 이어서 오스틴 J. L. Austin, 그라이스 Paul Grice, 스트로슨 Peter Strawson 등과 같은 일련의 철학자들에 의해 발전된 일상언어분석의 전통은 실제 언어 사용의 맥락에서 단어의 의미를 따질 수 있다는 《탐구》의 입장과 유사한 내용을 담고 있다.

그러나 후기 비트겐슈타인이 옥스퍼드 학파에 미친 영향은 전기 비트겐슈타인이 빈 서클의 학자들에게 영향을 준 정도에 비교될 수 있을 것이다. 즉 표면적인 유사성에도 불구하고 빈 서클의 입장이 《논고》의 그것과 많이 달랐던 것과 마찬가지로 옥스퍼드 학파의 일상언어분석에서 발전된 언어철학에서의 이른바 화용론 pragmatics 적 접근은 《탐구》의 입장과 같은 것이라고 볼 수 없다.

화용론에서는 언어를 일종의 행위로 보고 있다. 즉 말을 한다는 것은 단순히 음성이나 문자를 통해서 생각을 전달하는 것이 아니라 일종의 말행위 speech acts 라는 것이다. 이러한 입장은 언어게임을 인간의 행동과 떼어서 생각할 수 없는 일종의 활동으로 본 후기 비트겐슈타인과 유사하다고 할 수 있을 것이다.

하지만 옥스퍼드의 일상언어분석에서는 비트겐슈타인의 경우처럼 삶의 형식과 같은 비언어적인 요소 역시 의미를 논의하는 데 결정적인 역할을 한다는 생각은 발견되지 않는다. 따라서 옥스퍼드 철학자들이 스스로 후기 비트겐슈타인의 영향을 인정하고 있음에도 불구하고, 비트겐슈타인의 철학이 얼마나 직접적인 연관성을 가지고 그들에게 전파되거나 발전적으로 계승되었는가를 평가하는 것은 어려운 일로 보인다.

《탐구》라는 책의 성격은 영미 철학에서 비트겐슈타인을 끊임없는 연구의 대상으로 만들어버렸다. 《탐구》에서 비트겐슈타인은 전통적인 글쓰기의 방법을 따르지 않은데다 논증적으로 철학적 입장을 제시하지 않았기 때문에 철학자들에게는 지속적인 연구의 대상이 되지 않을 수 없었다. 《탐구》의 주요 개념에 대해서 해석자의 수만큼이나 다양한 해석이 존재하는 것은 그의 철학의 대강을 이해하려는 아마추어 철학자들에게는 무척 곤혹스러운 일이겠지만, 어쩌면 그만큼 비트겐슈타인의 철학사적인 가치를 입증하는 현상인지도 모른다.

다른 한편으로 보면, 어쩌면 일부의 지적처럼 비트겐슈타인의 철학은 분석철학자들에 의해 체계적으로 오해되고 있는지도 모른다. 이러한 징후는 이미 《탐구》에 대한 러셀의 평가에서 드러났다.

나는 비트겐슈타인의 《철학적 탐구》에서 나를 흥미롭게 하는 것을 하나도 찾을 수 없었으며, 왜 하나의 학파 전체가 그 책에서 중요한 지혜를 발견하는지 이해할 수 없다. 내가 가까이 알았던 전기 비트겐슈타인은 정열적으로 강렬한 사유에 중독되어 내가 그와 마찬가지로 중요성을 느낀 어려운 문제들에 대해 깊이 인식하고 있었고, 진정한 철학적 천재성을 지니고 있었다(설사 그렇지 않다 할지라도 적어도 나는 그렇게 생각했었다). 그와 반대로 후기 비트겐슈타인은 진지하게 사유하는 것에 지쳐버렸고 또 그러한 활동을 불필요한 것으로 만드는 이론을 만들어낸 듯하다. 나는 한 순간도 이러한 나태한 귀결들을 가져다주는 그 이론이 맞는 것이라고 믿지 않는다. 하지만 나는 그 이론에 대해서 압도적으로 강한 편견을 가지고 있다는 것을 알고 있는데, 왜냐하면 만약 그 이론이 맞는다면 철학은 기껏해야 사전 편찬자에게 약간의 도움이 되는 것일 테고, 최악의 경우 가치 없는 탁자 앞에서의 흥밋거리가 될 것이다.

Bertrand Russell, *My Philosophical Development*, 161쪽

한때 스승이었던 러셀은 사실 《논고》 이후에 비트겐슈타인이 발전시킨 철학적 아이디어에 대해서 달갑지 않게 생각했다. 물론 사적으로도 소원해지긴 했지만, 위에 인용한 평가는 마치 비트겐슈타인이 철학자로서 해서는 안 될 일을 하기라도 한 것처럼 매우 혹독하다고 아니할 수 없다.

실로 후기 비트겐슈타인의 영향은 그가 활동했던 케임브리지를 비롯한 영어 사용권의 철학으로 국한되는 것은 아니었다. 물론 영미 철학계에서 그 영향력이 가장 두드러지기는 했지만, 영미권과 다른 전통을 발전시킨 독일과 프랑스 중심의 유럽 철학에서도 비트겐슈타인의 영향이 다양하게 스며들어 있음을 부인하기 어렵다. 일부에서는《논

고》는 모더니즘으로 분류할 수 있으며,《탐구》는 포스트모더니즘의 색채를 띤 저작으로 볼 수 있다는 해석까지 등장했다.

언어게임의 아이디어는 해석학과 연관지어 논의되기도 하였으며, 철학적 문제에 대한 후기 비트겐슈타인의 아이디어는 프로이트의 심리학과 관련되어 논의되기도 했다. 또한 리오타르Jean-François Lyotard 와 같은 포스트모던 철학자는《탐구》의 영향을 인정하면서 언어게임의 아이디어를 활용하기도 하였다.

아마도 20세기의 철학에서 비트겐슈타인만큼 다양한 분야에 영향을 준 경우는 별로 없을 것이다. 1999년 새로운 세기를 앞두고 미국의 시사주간지《타임》은 20세기에 가장 영향력 있는 인물 백 명을 선정했는데, 그 중에 철학자로서는 유일하게 비트겐슈타인이 포함되었다. 그 백 명을 소개하는《타임》의 특별호에서 미국의 철학자 데닛Daniel Dennett은 비트겐슈타인에 대해서 다음과 같이 썼다.

어떤 사람들은 결국에는 비트겐슈타인의 유산이 훨씬 가치 있는 것으로 판명될 것이라고 말한다. 어쩌면 그럴지도 모른다. 여느 카리스마적인 사상가들과 마찬가지로 비트겐슈타인은 그가 남긴 말들에 대한 궁극적인 의미에 대해 서로 다른 의견으로 다투는 데 그들의 삶을 바치는 열렬한 신봉자들을 계속해서 매혹하고 있다. 이들 사도들은 선택할 수 있는 많은 비트겐슈타인이 있음을 깨닫지 못한 채 자신들의 비트겐슈타인에 근시안적으로 집착한다. 나의 주인공은 마음의 미스터리들에 직면할 때 우리 자신이 가진 확신들에 대해 의심하도록 하는 새로운 방법

들을 보여준 비트겐슈타인이다. 누구에게나 《논고》나 《탐구》
를 처음 접하는 것이 해방감과 유쾌함을 주는 경험이라는 사실
은 변함이 없을 것이다.▪

데닛이 진단한 것처럼 아직 철학사에 있어서 비트겐슈타인의 위치
를 평가하기는 이를 것이다. 어떤 철학자들은 비트겐슈타인의 철학이
그것이 지닌 가치 이상으로 과대평가되었다고 주장하기도 하며, 일부
철학자들의 여론조사에서는 비트겐슈타인이 철학사에서 아리스토텔
레스, 플라톤, 칸트, 니체 다음으로 많은 공헌을 한 것으로 나타나기도
하였다. 그러나 오늘의 시점에서 확실하게 말할 수 있는 것은, 아리스
토텔레스의 유명한 말처럼, 알고자 하는 욕구를 가진 인간, 특히 그러
한 욕구를 직업으로 한 철학자들이 비트겐슈타인의 철학에 대해 알고
자 하는 욕구를 가까운 미래에 멈출 것처럼 보이지는 않는다는 점일
것이다. 결국 그의 철학에 대한 진정한 평가는 지금이 아니라 그러한
욕구를 충족시키려는 노력이 가져다줄 미래의 결과들에 의해 내려질
것이다.

▪ 데닛, 〈루트비히 비트겐슈타인: 철학자〉, 《타임》, 1999.3.29. http://content.time.com/
time/magazine/article/0,9171,990616,00.html

부 록

용어 해설
국내에 출간된 비트겐슈타인 관련 저작
비트겐슈타인 연보
참고문헌

용어 해설

가족유사성 family resemblance: 서로 공유하고 있는 단일한 본질을 찾을 수 없음에도 불구하고 가족 구성원들 사이에는 서로 조금씩 닮아있다. 이처럼 가족들 간에는 서로 교차하고 중첩하는 유사성만이 존재한다는 데 착안하여, 언어를 게임에 비유한 후기 비트겐슈타인은 언어게임들을 관통하는 하나의 본질은 없으며 그들 사이에 가족유사성만 있다고 주장한다.

검증원리 the verification principle: 빈 서클과 논리실증주의의 핵심 주장 중의 하나로서 "문장의 의미는 그 검증방법이다"라는 비트겐슈타인의 언급에 영향받은 것으로 여겨지고 있다. 여러 가지 변형된 형태가 있으나 일반적으로 "한 문장은 그것이 원리적으로 검증 가능할 때, 그리고 오직 그 경우에만, 유의미하다"는 원리다. 이 원리에 따르면, 기호들의 형식적인 관계를 다루는 논리학과 수학의 명제들을 제외하고는, 사실에 대한 문장들, 즉 자연과학에서 다루는 문장들만이 유의미하게 된다. 이 원리를 이용하여 카르납은 철학에서 다루는 대부분의 문제와 문장들을 사이비 문제와 사이비 문장들이라고 주장했다.

그림이론 picture theory: 비트겐슈타인의 《논리철학논고》에 제시된 명제와 의미에 대한 핵심적인 입장이다. 인간이 사실 세계에 대해서 알 수 있는 것은 사실을 재현representation해낼 수 있기 때문인데, 이러한 사실과 명제 사이에 성립하는 재현 관계를 비트겐슈타인은 그림이라 는 메타포를 사용하여 나타내고 있다. 명제는 마치 사실을 그림 그리 듯이 사실이 담고 있는 바를 말로 대신 드러내 준다는 것이다.

논리실증주의logical positivism: 논리경험주의logical empiricism라고 불리기 도 하는 20세기 철학의 한 흐름으로 좁은 의미에서 종종 빈 서클의 입 장과 동일시되곤 한다. 논리실증주의의 핵심이론인 검증원리는 형이 상학의 무의미성을 주장하는 무기로 사용되었다. 양차 세계대전 사이 에 막대한 영향력을 누렸으나, 제2차 세계대전 후 오스틴J. L. Austin, 스트로슨P. Strawson과 같은 영국의 옥스퍼드 학파와 콰인W. V. Quine 등 의 공격을 받으면서 영향력이 급격히 약화되었다.

논리적 원자론logical atomism: 1905년 〈지시에 관하여On Denoting〉라는 논문에서부터 논리적 원자론에 해당하는 생각을 발전시킨 러셀은 1918년의 대중 강연 "논리적 원자론의 철학"에서 그 결정적인 모습을 드러냈다. "세계는 논리적 원자들로 이루어져 있다"는 말로 대변될 수 있는 이 입장에서 '원자론'은 특정 카테고리에 속하는 아이템(개별자) 들을 기초적인 것으로 본다는 의미이며, '논리적'이라는 표현은 서로 다른 카테고리에 속한 아이템들을 연결하고 구성하는 수단으로써 엄 격한 논리적 방법을 이용한다는 의미이다. 그에게서 원자는 감각 소여 sense-data라고 부른 감각의 파편들이며, 이들을 포함하여 관계와 속성들을 지칭하는 이름들이 모여 원자명제를 이루고, 원자명제들이 논리적 결합사에 의해 분자명제를 형성한다고 보았다.

논리적 형식 logical form: 비트겐슈타인의 그림 이론에서 명제가 사실의 그림이 될 수 있는 이유는 명제와 사실 간에 공유된 무엇 ― 즉 구조적 동일성 ― 이 있기 때문이다. 이러한 공유된 무엇을 비트겐슈타인은 논리적 형식(또는 그림 형식, 재현 형식)이라고 불렀다. 결국 논리적 형식은 이름들이 어떻게 배열되어 하나의 의미 있는 명제를 만드는가를 규정하는 것이다.

논리주의 logicism: 수학철학의 문제들을 해결하려는 시도에서 나온 입장으로 러셀과 프레게가 논리주의를 취한 대표적인 인물들이다. 한마디로 "수학은 논리학이다"라는 말로 요약될 수 있는 이 입장은 수학을 논리학으로 환원하려는 시도이다. 쉽게 말해 자명한 몇 개의 논리학의 공리로부터 1, 2, 3과 같은 수 개념과 나아가서는 수학의 문장 전체를 정의하거나 도출해낼 수 있다는 것이다.

문법 grammar: 중기 비트겐슈타인 이후의 저작에서는 《논고》에서 등장한 논리라는 개념 대신 문법 또는 문법적 탐구라는 표현이 자주 등장한다. 비트겐슈타인에게서 문법은 논리 개념의 후예로 볼 수 있으며, 논리보다 훨씬 다양한 영역을 커버하는 개념으로 사용되고 있다. 《논고》에서 논리는 논리적 형식과 진리함수의 논리만을 의미했지만, 문법 개념은 그러한 논리를 포함하되 색채나 음향과 같은 다양한 언어

사용에 다르게 적용될 수 있는 규칙을 의미한다.

분석명제analytic proposition: 한 명제가 그 명제를 구성하는 단어들의 의미에 의해서 참이 될 때 그 명제를 분석명제라고 한다. "총각은 결혼하지 않은 성인 남자다"나 "정삼각형은 삼각형이다"와 같은 명제가 그 예가 될 수 있다. 이들 명제는 경험에 의존하지 않고서도 참이라는 것을 알 수 있는데, 논리학이나 수학의 명제들처럼 경험적 내용을 담고 있지 않은 명제들이 이에 속한다. 비트겐슈타인 역시 《논고》 6.11에서 논리학의 명제들이 아무 것도 말하지 않는 분석명제들이라고 말한다. 반대로 한 명제가 참인지의 여부를 그것이 포함하고 있는 단어들에 의해 알 수 없을 때 **종합명제**synthetic proposition라고 한다. 이 경우 참/거짓의 여부는 경험적으로 알려지며, 자연과학의 명제들이 이에 속한다.

사적 언어 private language: 《탐구》에서 비트겐슈타인은 말하고 있는 사람에게만 알려지는 언어를 사적 언어라고 정의하고 있다. 여기서 비트겐슈타인의 관심은 과연 사적 언어가 가능한가에 관한 것이라기보다 감각을 경험하는 사람에게만 알려지는 내적 감각에 대한 언어적 표현이 어떻게 가능한가의 문제였다. 그러나 사적 언어의 가능성의 문제는 데카르트 이래 근대철학의 기초와 관계된 문제이기도 하기 때문에 뜨거운 논란의 대상이 되었다. "나는 생각한다"만이 가장 확실한 지식이 될 수 있다고 생각한 데카르트나 나의 직접적인 경험에 최상의 신뢰를 부여한 경험주의자들의 경우 사적 언어의 가능성을 부정할 수 없다.

언어게임 language-game: 후기 비트겐슈타인의 언어에 대한 입장을 대변해 주는 용어다. 언어게임은 때로는 언어 자체를 의미하기도 하며, 때로는 사용되고 있는 서로 다른 다양한 언어들을 의미하기도 한다. 언어게임 이론에서 비트겐슈타인은 의미의 기초를 언어게임의 실행 자체에서 찾고 있기 때문에 원자론적 의미론인 그림이론 입장에서 의미의 총체주의적 입장으로 전환했다고 할 수 있다.

진리함수 truth function: 논리학 입문에서 진리표를 그려서 하나의 논증이 타당한지의 여부를 가리는 유용한 방법으로 소개되는 진리함수는 《논고》에서 비트겐슈타인에 의해 도입된 것이다. 그에 따르면 복합명제는 요소명제들에 대한 진리함수적 연산의 결과인데, 이것은 복합명제의 진리값이 그것을 이루고 있는 요소명제들의 진리값에 의해 규정된다는 것을 의미한다. 따라서 비트겐슈타인은 요소명제가 가진 그림적 성격을 요소명제 이외의 다른 모든 명제들로 확대하기 위한 방법으로 진리함수를 도입한 것이다.

유형론 the theory of type: 이른바 러셀의 패러독스를 해결하려는 시도에서 나온 것이다. 이 패러독스는 다음과 같은 집합에서 생겨난다: "자기 자신을 구성원으로 하지 않는 모든 집합들의 집합". 이 집합은 자기 자신을 구성원으로 하는가? 구성원으로 한다면, 자기 자신을 구성원으로 하지 않는다는 이 집합의 정의에 위배되기 때문에 안 된다. 반면 구성원이 되지 않는다면, 역시 이 집합의 정의에 의해 구성원이 되어야 하기 때문에 안 된다. 러셀은 유형론에서 대상, 속성, 관계 등을 서로 다른 계층의 유형으로 분리함으로써 패러독스를 피할 수 있다고 생각했다. 그래서 일반적 대상들을 타입 0, 그러한 대상들의 속성들을 타입 1, 타입 1의 속성들을 타입 2 등으로 나누고 이들을 동일한 단계에서 다룰 수 없다고 보았다.

항진명제tautology: 영어 단어 tautology는 원래 동어반복이라는 의미였으나 비트겐슈타인에 의해 필연적으로 참이 되는 명제를 뜻하는 항진명제라는 새로운 의미가 추가되었다. 《논고》 4.46에 나오는 정의는 다음과 같다: "진리조건들의 가능한 그룹들에 두 극단적 사례들이 있다. 그 중 한 사례에서 명제는 모든 요소명제들의 진리가능성들에 대해서 참이다. 우리는 그러한 진리조건들을 항진적tautological이라고 말한다." 비트겐슈타인은 논리학과 수학의 명제들은 모두 항진명제라고 한다.

행동주의behaviorism: 행동주의의 여러 유형 중에서 철학에서 의미 있는 것은 논리적 행동주의라고 하는 입장이다. 마음을 나타내는 개념들의 의미는 한 사람만이 알 수 있는 사적인 상태를 나타내는 것이 아니라 공적으로 접근 가능하고 알려질 수 있다는 생각을 바탕으로 한다. 심리적 개념들은 전부 관찰 가능한 성향을 나타내는 용어로 번역할 수 있다는 것이다. 그래서 "A는 목이 마르다"와 같은 내적 상태에 관한 진술의 경우 관찰 가능한 행동 — 이를테면 물을 찾아서 벌컥벌컥 마시는 것 — 과 관련된 문장으로 번역할 수 있다는 것이다.

화용론 pragmatics: 말하는 사람의 의도와 사용에 의해 하나의 문장이 어떻게 특정한 맥락에서 의미를 가지게 되는지에 주목하는 입장으로 언어철학에서는 제2차 세계대전 후 오스틴, 스트로슨, 그라이스 Paul Grice 등 옥스퍼드의 일상언어학파에 의해서 주도되었다. "나는 배가 고프다"와 같은 문장은 단순히 화자의 배고픈 상태를 묘사하기 위해 사용될 수도 있지만 때로는 "배가 고프니 밥을 달라"는 완곡한 명령으로 사용될 수도 있으므로, 단순한 단어의 배열에 의한 이해로는 한 문장의 의미를 제대로 설명할 수 없다는 것이다. 따라서 이들 철학자는 언어를 사용하는 것은 일종의 행위 — 말행위 speech acts — 라고 주장하였다.

국내에 출간된 비트겐슈타인 관련 저작

1. 비트겐슈타인의 저작 번역본

비트겐슈타인 선집(이영철 옮김, 책세상, 2006)

(1) 《논리철학논고 *Tractatus Logico-Philosophicus*》

(2) 《소품집 *Philosophical Occasions 1912-1951*》

(3) 《청색책·갈색책 *The Blue and Brown Books*》

(4) 《철학적 탐구 *Philosophical Investigations*》

(5) 《쪽지 *Zettel*》

(6) 《확실성에 관하여 *On Certainty*》

(7) 《문화와 가치 *Culture and Value*》

《수학의 기초에 관한 고찰 *Remarks on the Foundations of Mathematics*》(박정일 옮김, 서광사, 1997)

《수학의 기초에 관한 강의 *Lectures on the Foundations of Mathematics*》(박정일 옮김, 사피엔스 21, 2010)

《심리철학적 소견들 *Remarks on the Philosophy of Psychology*》(이기홍 옮김, 아카넷, 2013)

2. 국내 저자들의 저작

박만엽, 《비트겐슈타인 수학철학》, 철학과현실사, 2008
비트겐슈타인의 수학철학에 대해 깊이 연구해온 저자의 연구서로 수학기초론에 대한 비트겐슈타인의 비판과 더불어 비트겐슈타인의 수학에 대한 논의에 있어서의 주요 쟁점들에 대해 논쟁적으로 다루고 있다.

남경희, 《비트겐슈타인과 현대 철학의 언어적 전회》, 이화여자대학교 출판부, 2005
전후기 비트겐슈타인의 철학 자체에 대한 논의와 더불어 그의 철학의 주요 쟁점들이 지닌 철학사적 의의를 고대 철학과의 비교로부터 근대 철학에서 나타나는 맥락과의 관계에 이르기까지 함께 다루고 있다. 또한 비트겐슈타인 이후의 영미철학의 주요 흐름에 대해서도 언어적 전회의 맥락에서 분석하고 있다.

엄정식, 《비트겐슈타인의 사상》, 서강대학교 출판부, 2003
비트겐슈타인의 사상을 철학사적 관점에서 다루고 있는 책으로 1부와 2부에서는 비트겐슈타인의 철학관과 가치론에 대해 조명하고 있으며, 3부에서는 분석철학이라는 큰 흐름 속에서 고찰하고 있다.

이승종, 《비트겐슈타인이 살아있다면》, 문학과 지성사, 2002
"논리철학적 탐구"라는 부제를 달고 있는 이 책은 본격적인 비트겐슈타인 철학에 대한 연구서다. 저자는 비트겐슈타인의 철학적 변화와 발전에서 가장 중요한 키워드의 하나가 모순이라는 관점에서 그의 전후기 철학에서 모순의 문제와 관련된 여러 논의들을 탐구하고 있다.

박영식, 《비트겐슈타인 연구》, 현암사, 1998

이 책은 국내 연구자가 쓴 비트겐슈타인 연구서다. "〈논리철학논고〉의 해명"이라는 부제를 단 이 책에서 저자는 검증성이라는 키워드에 주목하여 전기 비트겐슈타인에 대한 해석을 시도하고 있다.

분석철학연구회, 《비트겐슈타인의 이해》, 서광사, 1984

이 책은 국내 분석철학 연구자 11명의 논문들로 이루어져 있다. 이들 논문은 의미, 진리, 가치, 종교 등 비트겐슈타인 철학의 다양한 주제를 다루고 있어서 비트겐슈타인 철학의 특정 주제에 대해 관심을 가진 연구자들에게 도움이 될 것이다.

엄정식 편역, 《비트겐슈타인과 분석철학》, 서광사, 1983

이 책에는 "철학에서의 언어"와 "분석과 신비"라는 편역자의 논문들 외에도 폰 리히트의 "비트겐슈타인의 전기적 소묘"와 하르트낙의 《비트겐슈타인과 현대철학 *Wittgenstein and Modern Philosophy*》의 번역 또한 포함하고 있어서 유용하다. 편역자의 논문들은 20세기 철학의 한 경향인 언어분석의 맥락에서 비트겐슈타인의 철학을 개괄적으로 잘 소개하고 있으며, 번역된 두 글 역시 비트겐슈타인의 삶과 철학에 대한 간략하면서도 가치 있는 글들이다.

3. 외국 저작의 번역본

윌리엄 바틀리 3세(이윤 옮김),《비트겐슈타인, 침묵의 시절: 1919~1929》, 필로소픽, 2014

비트겐슈타인의 전기로 분류할 수 있는 이 책은 1970년대 초판 출판 당시 그 전기로서의 내용보다는 비트겐슈타인의 동성애적 성향을 폭로한 것 때문에 엄청난 논란에 휩싸였다. 저자는 자신의 주장을 뒷받침하는 주요 증거로 암호화된 비트겐슈타인의 일기에 나온 내용들을 들고 있는데, 문제의 일기는 이 책의 서문을 쓴 월터 카우프만이 우연히 입수하게 된 것을 저자에게 건넨 것으로 알려져 있다.

노먼 맬컴(이윤 옮김),《비트겐슈타인의 추억》, 필로소픽, 2013

비트겐슈타인의 제자 맬컴이 비트겐슈타인 사후 펴낸 회상록으로 1958년 첫 출간 이래 꾸준히 읽혀져왔다. 이 번역본은 2001년에 나온 제2판을 번역한 것으로 비트겐슈타인의 또 다른 제자였던 폰 리히트의 "전기적 소묘"와 맬컴이 비트겐슈타인과 교유했던 경험담, 그리고 비트겐슈타인이 맬컴에게 보낸 편지들을 수록하고 있다. 철학자 이전에 인간 비트겐슈타인의 면모를 엿볼 수 있는 책이다.

A. 아프메드(하상필 옮김),《비트겐슈타인의 철학적 탐구를 위한 길잡이》, 서광사, 2013

이 책은 *Wittgenstein's Philosophical Investigations*(Continuum, 2010)의 번역본으로 영국의 컨티넘 출판사에서 발간한 철학 고전을 쉽게 해설하는

"리더스 가이드" 시리즈의 한 권이다. 후기 비트겐슈타인의 대표작인 《철학적 탐구》의 주요 주제들을 챕터별로 설명하고 있다.

레이 몽크(남기창 옮김), 《비트겐슈타인 평전: 천재의 의무》, 필로소픽, 2012

1990년 영국에서 출간된 비트겐슈타인의 전기로서 비트겐슈타인의 삶과 철학을 매우 충실하게 다루고 있다. 이 전기의 출간은 비트겐슈타인의 삶과 그의 철학의 연관성에 대한 관심을 불러일으켰다. 긴 분량에도 불구하고 비트겐슈타인에 관심 있는 모든 이에게 일독을 권할 만한 책이다. 철학에 관심이 없더라도 지적인 독자들을 결코 지루하게 하지 않을 저작이다. 원저는 Ray Monk, *Ludwig Wittgenstein: The Duty of Genius*(Penguin Books, 1990)이다.

데이비드 에드먼즈·존 에이디노(김태환 옮김), 《비트겐슈타인과 포퍼의 기막힌 10분》, 옥당, 2012

이 책의 원제는 *Wittgenstein's Poker*(Faber and Faber, 2001)로서 "두 위대한 철학자가 벌인 10분 동안의 논쟁"이라는 부제를 달고 있다. 영국의 저널리스트인 저자들은 초빙 강연차 케임브리지에 온 포퍼와의 설전 끝에 격앙한 비트겐슈타인이 벽난로의 부지깽이를 휘두르며 위협했다는 에피소드로 한 권의 흥미로운 지적 교양물을 만들어 냈다. 빈 출신의 두 유대계 철학자의 삶의 여러 모습은 물론 그들의 철학까지도 간략하게 소개하고 있다.

R. M. 화이트(곽강제 옮김), 《비트겐슈타인의 논리철학론 이렇게 읽어야 한다》, 서광사, 2011.

이 책은 *Wittgenstein's Tractatus Logico-Philosophicus*(Continuum, 2006)의 번역본으로 영국의 컨티넘 출판사에서 발간한 철학 고전을 쉽게 해설하는 "리더스 가이드" 시리즈의 하나이다. 전기 비트겐슈타인의 대표작인 《논리철학논고》의 배경과 주제 및 해설을 제시하고 있다.

솔 A. 크립키(남기창 옮김), 《비트겐슈타인의 규칙과 사적 언어》, 철학과현실사, 2008

이 책은 《철학적 탐구》의 주요 쟁점 중 하나인 '규칙 따르기의 역설'을 회의주의의 관점에서 해석한 크립키의 저서다. 《탐구》 해석과 관련하여 많은 영향을 주었으나 크립키 자신의 주관적인 관점이 뚜렷하게 제시된 해석으로 평가받기도 한다. 원제는 Saul A. Kripke, *Wittgenstein on Rules and Private Language*(Harvard, 1982).

레이 몽크(김병화 옮김), 《How to Read 비트겐슈타인》, 웅진지식하우스, 2007

《비트겐슈타인 평전: 천재의 의무》의 저자인 레이 몽크가 쓴 비트겐슈타인의 철학을 주요 저작에 대한 간략한 해설과 더불어 소개하는 개설서. 이 책이 다른 개설서와 다른 점은 비트겐슈타인의 원작의 일부를 발췌해서 수록하고 그에 대한 해설을 제공하는 방식으로 구성되어 있다는 것으로, 원저자의 글을 일부라도 직접 경험할 수 있는 장점이 있다.

요하임 슐테(김현정 옮김),《비트겐슈타인》, 인물과사상사, 2007

영향력 있는 비트겐슈타인 연구자 중 하나인 슐테가 비트겐슈타인의 철학을 쉽게 해설한 책이다. 앞부분에서는 비트겐슈타인의 생애를 비교적 자세히 다루고 있으며, 이어서 전기, 중기, 후기 비트겐슈타인의 주요 내용과 그 영향을 소개하고 있다. 원저는 비트겐슈타인 저작을 모음집 형태로 출간한 독일의 주어캄프 출판사에서 출간되었다.

P. M. S. 해커(전대호 옮김),《비트겐슈타인》, 궁리, 2001

이 책은 100쪽 남짓의 짧은 지면에 후기 비트겐슈타인의 철학, 특히 마음의 문제를 간략하게 기술하고 있다. 영국의 루트리지(Routledge) 출판사의 "위대한 철학자들(The Great Philosophers)" 시리즈의 일부로 출간된 것의 우리말 번역이다. 충분히 상세한 설명은 아니지만 비트겐슈타인의 심리적 개념들에 대한 입장을 한 눈에 파악할 수 있게 해준다.

앤서니 케니(김보현 옮김),《비트겐슈타인》, 철학과 현실사, 2001

이 책은 비트겐슈타인의 유고의 일부를 영어로 번역하기도 했던 영국의 철학자 케니(Anthony Kenny)의 저작 *Wittgenstein*(Penguin Books, 1973)의 우리말 번역본이다. 비트겐슈타인의 생애에서부터 전후기 철학의 주요 주제 대부분을 망라하여 비교적 쉽게 써진 책이다. 중량감 있는 개설서로 볼 수 있으나 저자의 입장이 뚜렷이 드러나 있다.

데이비드 피어스(정영목 옮김), 《비트겐슈타인》, 시공사, 2000

피어스(David Pears)는 맥기니스(Brian McGuinness)와 더불어 1961년에 출간된 《논리철학논고》의 두 번째 영역본의 번역을 담당했다. 비트겐슈타인에 대한 영향력 있는 해석자 중의 한 명인 피어스의 이 책은 비트겐슈타인 개설서라고 할 수 있지만, 내용이 그리 쉽지만은 않다.

크리스 벳첼(안정오 옮김), 《비트겐슈타인》, 인간사랑, 2000

독일에서 출간된 비트겐슈타인 개설서. 이 책의 특이점이 있다면 비트겐슈타인의 철학적 발전을 전기, 중기, 후기로 나누어 차례대로 제시하지 않고, 언어게임의 아이디어부터 소개하고 있다는 것이다.

쿠르트 부흐테를·아돌프 휘프너(최경은 옮김), 《비트겐슈타인》, 한길사, 1999

독일어로 된 비트겐슈타인 전기로서 길지 않은 분량으로 그의 생애와 간략한 철학의 주요 흐름을 소개하고 있다. 일반인들에게 비트겐슈타인을 소개하는 좋은 기회가 될 수 있으나 우리말 번역시 적절한 철학 용어를 전혀 고려하지 않아 혼란을 준다.

R. 수터(남기창 옮김), 《비트겐슈타인과 철학》, 서광사, 1998

비트겐슈타인의 철학을 비교적 쉽게 소개하려는 의도로 쓴 *Interpreting Wittgenstein: A Cloud of Philosophy, a Drop of Grammar*(Temple Univ. Press, 1990)의 우리말 번역본이다. 제1부에서 저자는 비트겐슈타인의 독특한 철학관에 대해 다루고 있으며, 제2부에서는 심리철학적 문제를 다루고 있다. 부록으로 전기 비트겐슈타인의 이해에 도움이 되는 러셀의 기술의 이론을 설명하고 있는 것 또한 이 책의 장점이다.

뉴튼 가버·이승종(이승종·조성우 옮김),《데리다와 비트겐슈타인》, 민음사, 1998

영미의 분석철학과 프랑스 해체주의라는 서로 다른 두 전통의 대표적 인물
인 비트겐슈타인과 데리다에 대해서 다루고 있는 이 책은 두 철학자의 입
장이 지닌 공통점과 차이점을 잘 보여주고 있다. *Derrida and Wittgenstein*
(Temple Univ. Press, 1995)의 우리말 번역본으로 일반인에게는 좀 어렵게
느껴지겠지만, 상이한 두 전통을 정면으로 다루고 있다는 점에서 현대철학
에 관심을 가진 독자들에게 권할만한 책이다.

존 히튼·주디 그로브스,《비트겐슈타인》, 이두글방, 1995

비트겐슈타인의 철학을 만화로 풀어본 책이다. 체계적인 입문서라고 할
수는 없지만 그래도 비트겐슈타인에 대한 친근감을 불러일으킬 수 있는
책이다. 여러 영향력 있는 사상가들을 소개하는 "무엇이 세계를 움직이는
가?"라는 시리즈 중의 하나이다.

K. T. 판(황경식·이운형 옮김),《비트겐슈타인의 철학이란 무엇인가》, 서광사, 1989

판의 저작 *Wittgenstein's Conception of Philosophy* (University of California
Press, 1971)의 우리말 번역이다. 비트겐슈타인의 철학 전반에 대해서 비
교적 간략하게 다루고 있다.

조지 핏쳐(박영식 옮김), 《비트겐슈타인의 철학》, 서광사, 1987

1964년에 출간된 책으로 비트겐슈타인의 철학을 전기와 후기로 나누어 소개하는 해설서의 성격을 지니고 있다. 비트겐슈타인을 처음 접하거나 좀 더 연구해 보고자 하는 독자들에게 오랜 기간 널리 읽힌 책으로 비트겐슈타인 사후 약 10년 간의 비트겐슈타인 연구의 흐름을 잘 보여준다.

서광선·정대현 편역, 《비트겐슈타인》, 이화여자대학교 출판부, 1980

이 책은 맬컴과 케니의 비트겐슈타인에 대한 전기적 에세이와 더불어 비트겐슈타인의 강의 노트 및 일부 저작에 대한 번역으로 구성되어 있다.

비트겐슈타인 연보

1889 4월 26일 빈에서 태어남.

1902 첫째 형 한스 미국 체사피크 만에서 실종. 자살한 것으로 추정됨.

1903 린츠의 실업학교에 입학.
쇼펜하우어의 《의지와 표상으로서의 세계》, 바이닝거의 《성과 성격》을 비롯하여 물리학자 헤르츠, 볼츠만 등의 저서를 읽음.

1904 셋째 형 루돌프 베를린의 한 술집에서 청산염을 마시고 자살.

1906 린츠의 실업학교 졸업. 베를린의 샤를로텐부르크의 기술공과대학 입학.

1908 영국의 맨체스터 대학으로 유학. 항공공학 연구에 몰두함.
러셀의 《수학의 원리들》, 프레게의 《산술의 근본법칙》을 읽음.

1910 11월. 프로펠러 모델 디자인. 이듬해 8월 특허출원.

1911 여름. 프레게를 만나기 위해 독일의 예나로 찾아감.
프레게로부터 케임브리지 대학의 러셀을 찾아가라는 권유를 받음.

10월. 사전 약속 없이 러셀의 연구실에 찾아가 자신을 소개함.

1912 2월. 케임브리지의 트리니티 대학에 등록. 러셀의 문하에 들어감.

무어의 강의를 들음.

동급생인 데이비드 핀센트와 교유.

6월. 윌리엄 제임스의 《종교적 경험의 다양성》을 읽음.

10월. 케임브리지의 천재들의 비밀결사조직 '케임브리지 사도들'에 가입.

12월. 케임브리지의 철학 모임 '도덕과학 클럽'에서 발표. 방학 중 예나로 프레게를 방문.

1913 1월. 아버지 칼 비트겐슈타인 암으로 사망.

《케임브리지 리뷰》에 코피P. Coffey의 《논리의 과학》에 대한 서평 기고.

5월. 러셀이 집필 중이던 《지식의 이론》 원고를 혹평해 러셀 출판 포기.

10월. 영국을 떠나 노르웨이 등 북구에서 체류.

케임브리지로 돌아가지 않고 노르웨이의 오지에서 몇 년 동안 살기로 결정.

1914 3-4월. 무어 노르웨이로 비트겐슈타인 방문. 비트겐슈타인으로부터 〈논리학에 관한 노트Notes on Logic〉를 받아 적음.

5월. 무어에게 구술한 글이 학사학위 논문으로 부적합하다는 편지에 무어와 절교 선언.

7월. 건축가 아돌프 로스와 시인 릴케를 포함한 오스트리아의 예술가들에게 거액의 재정적 지원.

8월. 제1차 세계대전 발발로 오스트리아 군에 자원 입대. 크라코프의 포병연대에 배치됨.

톨스토이의 《복음서》와 도스토예프스키의 《카라마조프가의 형제들》에 감동 받아 늘 지니고 다님.

9월. 파리의 법정에서 자동차 사고를 묘사한 모형 인형 기사를 읽고 그림이론 아이디어 착안. 자신의 일기장에 철학적 사색을 기록함.

11월. 니체의 《반기독교인》을 읽음.

1915 7월. 폭발사고로 부상을 입음.

8월. 소속된 포병부대 소칼로 이동.

1916 3월. 자원하여 러시아 전선의 전투부대에 배치됨.

8월. 전투 중 용감한 행동으로 훈장과 더불어 소위로 진급.

10월. 장교 훈련을 받기 위해 올뮤츠에서 지내는 동안 파울 엥겔만과 친구가 됨.

12월. 빈에서 크리스마스 보냄.

1917 1월. 러시아 전선에 포병 장교로 복귀.

7월. 다시 용맹성으로 훈장을 받음.

1918　2월. 중위로 진급.

　　　3월. 이탈리아 전선으로 이동.

　　　4월. 장염으로 군병원에 입원.

　　　6월. 다시 포대 관측장교로 전투에 참여. 훈장을 받음.

　　　여름. 휴가 중 《논리철학논고》의 원고를 완성함.

　　　10월. 둘째 형 쿠르트 군대에서 총으로 자살.

　　　11월. 휴전과 더불어 이탈리아에서 전쟁 포로가 됨.

1919　1월. 카시노의 수용소에 억류됨. 8월에 풀려날 때까지 러셀,
　　　프레게, 엥겔만에게 《논고》의 원고를 보냄.

　　　9월. 초등학교 교사가 되기 위해 사범학교에 등록. 물려받은
　　　막대한 유산을 전부 포기함.

　　　12월. 헤이그에서 러셀과 만나 《논고》에 대해 설명함.

1920　7월. 사범학교 과정 수료.

　　　가을. 트라텐바흐에서 초등학교 교사 생활 시작.

1921　여름. 노르웨이를 방문.

　　　가을. 《자연철학 연보》에 《논고》가 *Logisch-Philosophische
　　　Abhandlung*이라는 제목으로 출판됨.

　　　겨울. 18살의 킹스 칼리지 학생 프랭크 램지 《논고》를 영어
　　　로 번역.

1922　여름. 인스브루크에서 러셀과 만남. 그 만남 이후 러셀과 절교.

　　　가을. *Tractatus Logico-Philosophicus*라는 제목으로 《논고》의

독영 대역본이 영국에서 출판됨.

11월. 푸흐베르크의 초등학교로 전근.

1923 9월. 푸흐베르크로 찾아온 램지와 함께 《논고》를 읽고 설명함.

1924 9월. 오테르탈의 초등학교로 또 다시 전근. 이곳에서 초등학생들을 위한 철자사전을 완성 출판함.

1925 8월. 영국 방문. 런던과 케임브리지에서 케인스 등 지인들과 만남.

1926 4월. 한 학생의 체벌이 문제가 되어 교사직을 완전히 포기함. 빈 인근의 수도원에서 정원사로 일함.

6월. 어머니 레오폴디네 사망.

가을. 건축가 친구 엥겔만과 누이 그레틀을 위한 저택 설계와 건축에 참여.

스위스 출신의 여성 마르그리트 레스핑거와 교제 시작.

1927 2월. 슐리크와의 첫 만남. 빈 서클에 참여 권유를 거절함. 빈 서클의 멤버 슐리크, 바이스만, 파이글 등과 주기적으로 모임.

1928 3월. 바이스만, 파이글과 함께 수학자 브라우어의 강연에 참석.

가을. 누이 그레틀의 저택 완성.

1929 1월. 케임브리지로 돌아감. 무어와의 만남 재개.

26세의 램지를 지도교수로 케임브리지 대학에 학생 신분으로 등록.

이탈리아 출신의 경제학자 피에로 스라파와 친구가 됨.

6월. 무어와 러셀을 심사위원으로 한 구두시험에서 《논리철학논고》가 박사학위 논문으로 통과됨.

7월. 〈논리적 형식에 관한 몇몇 의견들〉을 씀.

1930 1월. 케임브리지에서 강의 시작.

3월. 연구비 신청을 위해 후에 《철학적 의견》으로 출판된 글을 케임브리지 대학에 제출. 그 결과 5년간의 펠로십이 주어짐.

1931 여름. 마르그리트를 노르웨이로 초청. "철학적 문법"이라는 잠정적 제목의 책 집필을 시도. 사후 원고의 일부가 《철학적 문법》(1969)으로, 원고 전체가 《대타자본》(2005)으로 출간됨.

1933 《청색책》을 다섯 명의 학생들에게 구술함.

1934 《갈색책》을 두 명의 학생들에게 구술함.

1935 9월. 정착을 염두에 두고 소련 방문. 모스크바의 카잔 대학 교수직을 제안 받음.

1936 8월. 펠로십이 끝나자 노르웨이로 여행.

1937 9월. 제자 프랜시스 스키너를 노르웨이로 초대.

1938 오스트리아가 독일에 합병되자 영국 시민권 신청.

1939 2월. 무어의 뒤를 이어 철학 교수직에 선임됨.

봄. 영국 국적 취득.

여름. 유대계였던 누이들의 신변 문제 해결을 위해 베를린, 빈, 뉴욕을 차례로 방문함.

1941   제2차 세계대전이 발발하자 대학을 떠나 병원에서 자원봉사.

1943   뉴캐슬에서 한 의학 연구팀의 실험보조원으로 근무.

1944   10월. 교수직에 복귀.

1945   여름. 출판을 염두에 두고 집필한 《철학적 탐구》의 제1부에 해당하는 원고의 일부를 타자본으로 정리함.

1946   《탐구》 제1부의 나머지 부분을 완성.

1947   5월. 옥스퍼드의 학회에서 강연.

가을. 교수직 포기. 아일랜드에서 1년 반 동안 지냄.

1949   7-10월. 제자 맬컴의 초청으로 미국 방문.

11월. 케임브리지에서 전립선암 진단 받음.

1950   1월. 괴테의 《색채이론》을 읽음.

사후 《색채론》과 《확실성에 관하여》로 출간된 원고 집필 시작.

4월. 옥스퍼드 대학의 존 로크 강연의 연사로 초청되었으나 거절함.

1951   2월. 주치의 베번 박사의 집으로 들어감. 임종 이틀 전까지 원고 집필 계속.

4월 29일. 멋진 삶을 살았다고 사람들에게 전해달라는 말을 마지막으로 세상을 떠남.

참고문헌

1. 비트겐슈타인의 저작

Culture and Value(Oxford: Basil Blackwell, 1980)

Culture and Value, revised 2nd ed.(Oxford: Blackwell, 1998)

Notebooks 1914-1916, 2nd ed.(Chicago: University of Chicago Press, 1979)

On Certainty(Oxford: Blackwell, 1969)

Philosophical Grammar(Oxford: Basil Blackwell, 1969)

Philosophical Investigations(Oxford: Basil Blackwell, 1953)

Philosophical Investigations, 4th ed.(Oxford: Basil Blackwell, 2009)

Philosophical Occasions: 1912-1951(ed. James Klagge and Alfred Nordmann, Indiananpolis: Hackett, 1993)

"Letters from Ludwig Wittgenstein to Georg Henrik von Wright", *Philosophical Occasions: 1912-1951*(ed. James Klagge and Alfred Nordmann, Indiananpolis: Hackett, 1993)

Ludwig Wittgenstein: Cambridge Letters(Oxford: Blackwell, 1997)

Philosophical Remarks(Oxford: Blackwell, 1975)

The Big Typescript: TS213(Oxford: Blackwell, 2005)

The Blue and Brown Books(Oxford: Basil Blackwell, 1958)

Tractatus Logico-Philosophicus(trans. C. K. Ogden, London: Routledge & Kegan Paul, 1922/1933)

Tractatus Logico-Philosophicus(trans. David Pears and Brian McGuinness, London: Routledge & Kegan Paul, 1961)

266

2. 2차 문헌

가버, 뉴튼(이승종 옮김), 〈비트겐슈타인의 과학관〉, 박영식 외 지음, 《언어철학연구 I》, 현암사, 1995

강진호, 〈전기 비트겐슈타인, 논리, 형이상학〉, 《철학적 분석》 제20호, 한국분석철학 회, 2009

남기창, 〈비트겐슈타인은 데카르트적 의미로서의 사적 감각의 존재를 인정하는가?〉, 《철학》 제41집, 1994

박병철, 〈논리철학논고에 나타난 비트겐슈타인의 논리〉, 여훈근 외 지음, 《논리와 진 리》, 철학과현실사, 1996

＿＿, 〈분석철학과 비트겐슈타인〉, 《철학적 분석》 제15호, 한국분석철학회, 2007

＿＿, 〈비트겐슈타인과 빈 서클의 물리주의〉, 《철학》 제60집, 한국철학회, 1999

＿＿, 〈비트겐슈타인과 철학〉, 《철학연구》 제51집, 철학연구회, 2000

＿＿, 〈비트겐슈타인의 색채관〉, 《철학》 제54집, 한국철학회, 1998

엄정식, 〈Kant와 Wittgenstein의 비판철학〉, 《철학》 제21집, 한국철학회, 1984

＿＿, 〈Wittgenstein과 과학적 탐구〉, 《철학》 제30집, 한국철학회, 1988

이승종, 〈인간의 얼굴을 한 자연주의〉, 《철학연구》 제36집, 철학연구회, 1995

이영철, 〈비트겐슈타인의 철학관〉, 《철학적 분석》 제10집, 한국분석철학회, 2004

최세만, 〈비트겐슈타인의 과학비판〉, 박영식 외 지음, 《언어철학연구 I》, 현암사, 1995

Ayer, A. J. ed., *Logical Positivism*, New York: The Free Press, 1959

Ayer, A. J., "The Vienna Circle", *Rationality and Science,* ed. Eugene Gadol, Wien: Springer, 1982

＿＿, *Wittgenstein*, Chicago: The University of Chicago Press, 1985

Bouwsma, O. K., *Wittgenstein: Conversations, 1949-1951*, ed. J. L. Craft and R. E. Hustwit, Indianapolis: Hackett, 1986

Carnap, Rudolf, "Intellectual Autobiography", *The Philosophy of Rudolf Carnap*, ed. P. A. Schilpp, La Salle, IL: Open Court, 1963

＿＿, "The Elimination of Metaphysics through Logical Analysis of Language", *Logical Positivism*, ed. A. J. Ayer, New York: The Free Press, 1959

____, *Philosophy and Logical Syntax*, Bristol: Thoemmes, 1997

Child, William, *Wittgenstein*, Oxford: Routledge, 2011

Cirera, Ramon, *Carnap and the Vienna Circle*, Amsterdam: Rodopi, 1994

Conant, James, "On Wittgenstein (II)", *Philosophical Investigations* 24, 2001

____, "The Method of the Tractatus", *From Frege to Wittgenstein,* ed. Erich
   Reck, Oxford: Oxford University Press, 2002

Crary, Alice and Rupert Read, *The New Wittgenstein*, London: Routledge, 2000

Diamond, Cora, "On Wittgenstein (III)", *Philosophical Investigations* 24, Wiley-
   Blackwell, 2001

____, "Throwing Away the Ladder: How to Read the *Tractatus*", *Philosophy* 63,
   1988

Eagleton, Terry, *Wittgenstein: The Terry Eagleton Script*, London: The British
   Film Institute, 1993

Edmonds, David and John Eidinow, *Wittgenstein's Poker*, New York:
   HarperCollins, 2001

Garver, Newton, *This Complicated Form of Life*, Chicago: Open Court, 1994

Glock, Hans-Johann, *A Wittgenstein Dictionary*, Oxford: Blackwell, 1996

Grayling, A. C., *Wittgenstein*, Oxford: Oxford University Press, 1988

Griffin, Nicholas ed., *The Selected Letters of Bertrand Russell* Vol. 1., London:
   Allen Lane, 1992

Hacker, P. M. S., *Wittgenstein's Place in Twentieth-Century Analytic Philosophy*,
   Oxford: Blackwell, 1996

Haller, Rudolf, *Questions on Wittgenstein*, Lincoln: The University of Nebraska
   Press, 1988

Hartnack, Justus, *Wittgenstein and Modern Philosophy*, 2nd ed., Notre Dame:
   University of Notre Dame Press, 1986

Hintikka, Jaakko, "An Impatient Man and His Papers", *Synthese* 87, 1991

Hintikka, Merrill B. and Jaakko Hintikka, *Investigating Wittgenstein*, Oxford:
   Blackwell, 1986

Janik, Alan and Stephen Toulmin, *Wittgenstein's Vienna*, New York: A Touchstone Book, 1973

Janik, Alan, *Wittgenstein's Vienna Revisited*, New Brunswick, NJ: Transaction Publishers, 2001

Kant, Immanuel, *Critique of Pure Reason*, trans. N. K. Smith, London: Macmillan, 1933

Kenny, Anthony, *The Legacy of Wittgenstein*, Oxford: Blackwell, 1984

Klagge, James ed., *Wittgenstein: Biography and Philosophy*, Cambridge: Cambridge University Press, 2001

Lee, Desmond ed., *Wittgenstein's Lectures: Cambridge, 1930-1932*, Oxford: Blackwell, 1980

Leitner, Bernhard, *The Wittgenstein House*, New York: Princeton Architectural Press, 2000

Levy, Paul, *Moore: G. E. Moore and the Cambridge Apostles*, Oxford: Oxford University Press, 1981

Malcolm, Norman, *Ludwig Wittgenstein: A Memoir*, Oxford: Oxford University Press, 1958/2001

McGinn, Marie, *Wittgenstein and the Philosophical Investigations*, London: Routledge, 1997

McGuinness, Brian and G. H. von Wright eds., *Ludwig Wittgenstein: Cambridge Letters*, Oxford: Basil Blackwell, 1995

McGuinness, Brian ed., *Ludwig Wittgenstein and the Vienna Circle*, Oxford: Basil Blackwell, 1979

McGuinness, Brian ed., *Wittgenstein and His Times*, Oxford: Blackwell, 1982

McGuinness, Brian, *Wittgenstein: A Life-Young Ludwig 1889-1921*, Berkeley: The University of California Press, 1988

Monk, Ray, *Ludwig Wittgenstein: The Duty of Genius*, London: Penguin Books, 1990

Moore, G. E., "An Autobiography", *The Philosophy of G. E. Moore*, ed. P. A.

Schilpp, Evanston and Chicago: Open Court, 1942

Neurath, Otto, "Sociology and Physicalism", *Logical Positivism*, ed. A. J. Ayer, New York: The Free Press, 1959

Pascal, Fania, "Wittgenstein: A Personal Memoir", *Wittgenstein: Sources and Perspectives*, ed. C. G. Luckhardt, Ithaca, NY: Cornell University Press, 1979

Pears, David, *Ludwig Wittgenstein*, Cambridge, MA: Harvard University Press, 1986

____, *The False Prison*, 2 vols., Oxford: Clarendon, 1987-1988

Ramsey, Frank, "Critical Notices of the *Tractatus*", *Mind* 32, 1923

Rhees, Rush ed., *Ludwig Wittgenstein: Personal Recollections*, Totowa, NJ: Rowman And Littlefield, 1981

Russell, Bertrand, *My Philosophical Development*, London: Unwin Hyman, 1975

____, *The Autobiography of Bertrand Russell*, London: Routledge, 1991

____, *The Philosophy of Logical Atomism*, La Salle, IL: Open Court, 1985

Schulte, Joachim, *Wittgenstein: An Introduction*, Albany, NY: SUNY Press, 1992

Sluga, Hans and David G. Stern eds., *The Cambridge Companion to Wittgenstein*, Cambridge: Cambridge University Press, 1996

Sluga, Hans, *Wittgenstein*, Oxford: Wiley-Blackwell, 2011

Spiegelberg, Herbert, "The Puzzle of Wittgenstein's *Phänomenologie* (1929-?) (with Supplement 1979)", *The Context of the Phenomenological Movement*, ed. Herbert Spiegelberg, The Hague: Martinus Nijhoff, 1981

Stern, David, "Availability of Wittgenstein's Philosophy", *The Cambridge Companion to Wittgenstein*, eds. Hans Sluga and David Stern, Cambridge: Cambridge University Press, 1996

____, "Recent Work on Wittgenstein, 1980-1990", *Synthese* 98, 1994

von Wright, G. H., "The Wittgenstein Papers", *Philosophical Occasions: 1921-1951*, ed. James Klagge and Alfred Nordmann, Indianapolis: Hackett, 1993

Ludwig Wittgenstein

비트겐슈타인 철학으로의 초대

초판 1쇄 발행 | 2014년 5월 20일
초판 5쇄 발행 | 2023년 4월 1일

지은이 | 박병철
펴낸이 | 이은성
디자인 | 백지선
펴낸곳 | 필로소픽

주소 | 서울시 종로구 창덕궁길 29-38, 4-5층
전화 | (02) 883-9774
팩스 | (02) 883-3496
이메일 | philosophik@naver.com
등록번호 | 제2021-000133호

ISBN 978-89-98045-46-3 93100

필로소픽은 푸른커뮤니케이션의 출판브랜드입니다.